"船舶智能制造关键共性技术"丛书

船舶分段车间数字化
多工位协同制造技术

单忠德　张　倩　马晓平　陈好楠　主　编

哈尔滨工程大学出版社
Harbin Engineering University Press

内 容 简 介

本分册针对船舶制造过程中切割、焊接、打磨、装配等关键制造环节,开展了多工位数字化协同控制技术、多源数据协同集成技术等关键技术分析论述。通过建立船舶制造过程中的多工位协同数学模型探究多工位动态协同机制,完成船舶制造多工位协同控制系统软件开发。通过多源数据分析与集成技术有效消除多源数据中的不确定因素,吸收各种数据源的优点,使不同工艺环节手段优势互补,提高监测结果的准确性,减少船舶制造过程缓存、提高柔性、缩短节拍,提高船舶分段制造的智能化水平,同时为船舶行业的转型升级奠定基础。

图书在版编目(CIP)数据

船舶分段车间数字化多工位协同制造技术 / 单忠德
等主编. —哈尔滨:哈尔滨工程大学出版社,2023.11
ISBN 978 - 7 - 5661 - 4034 - 0

Ⅰ. ①船… Ⅱ. ①单… Ⅲ. ①造船 - 智能制造系统 -
车间管理 Ⅳ. ①U671 - 39

中国国家版本馆 CIP 数据核字(2023)第 129291 号

船舶分段车间数字化多工位协同制造技术
CHUANBO FENDUAN CHEJIAN SHUZIHUA DUOGONGWEI XIETONG ZHIZAO JISHU

选题策划	史大伟 雷 霞 汪 璇 周长江
责任编辑	唐欢欢 张 曦
封面设计	李海波

出版发行	哈尔滨工程大学出版社
社　　址	哈尔滨市南岗区南通大街 145 号
邮政编码	150001
发行电话	0451 - 82519328
传　　真	0451 - 82519699
经　　销	新华书店
印　　刷	哈尔滨午阳印刷有限公司
开　　本	787 mm×1 092 mm　1/16
印　　张	13
字　　数	321 千字
版　　次	2023 年 11 月第 1 版
印　　次	2023 年 11 月第 1 次印刷
书　　号	ISBN 978 - 7 - 5661 - 4034 - 0
定　　价	70.00 元

http://www.hrbeupress.com
E-mail:heupress@ hrbeu.edu.cn

《船舶分段车间数字化多工位协同制造技术》
编委会

主编

单忠德　　张　倩　　马晓平　　陈好楠

副主编

姚　飙　　刘　波　　徐朝月　　吴　乐　　赵宏剑

编写人员

贾　沛	段海涛	孙静涛	朱雪玲	张炳均	李新杰
庄肖栋	储云泽	于　航	郗金波	姜　军	周文鑫
汪　璇	王　旭	牛延丹	周荣富	黄敏健	饶　靖
马秋杰	张　然	沈文轩	吴　韩	周同明	苏华德
马彦军	顾继安	潘冬伟	高　杰	习　猛	瞿雪刚
罗　金	万　莉	钱振华	伍英杰	宋建伟	张亚运
王素清	沈　伟	刘玉峰	唐诗渊	唐永生	李　迎
张　俭					

前　言

随着全球新一轮科技革命和产业变革深入发展,新一代信息技术与先进制造技术加速融合,为制造业高端化、智能化、绿色化发展提供了历史机遇,世界造船强国纷纷规划建设智能船厂,以智能制造为抓手,力图抢占全球制造业新一轮竞争制高点。船舶制造是典型的离散型生产,具有船厂空间尺度大、船舶建造周期相对较长、工艺流程复杂、单件小批量生产、中间产品种类繁多、物理尺寸差异大、作业环境相对恶劣等行业特点,对智能制造技术提出了特殊要求。

近年来,在国家的关心指导、行业的不断努力下,我国船舶工业实现了跨越式发展,产业规模迅速扩大,国际市场份额大幅跃升,造船三大指标位居世界前列,船舶工业核心设施和技术能力大幅提升,形成了长三角、珠三角和环渤海湾三大造船基地;造船核心设施能力达到国际领先水平,骨干船厂建立起以中间产品组织生产为特征的现代总装造船模式,并不同程度地开展了智能化转型探索工作,取得了一定成效。但是我国船舶工业大而不强的问题依然存在,造船质量、效率与世界先进造船国家相比还存在一定差距,我国船舶制造业处于数字化制造起步阶段,各造船企业发展水平参差不齐,三维数字化工艺设计能力不足,关键工艺环节装备自动化水平不高,基础数据缺乏积累,互联互通能力薄弱,集成化水平低等问题亟待解决。未来的 10~20 年是我国由造船大国向造船强国迈进的关键时期,也是我国造船企业通过技术创新实现转型升级、由大到强的重要发展机遇期,风险更大,挑战更为激烈。

为贯彻落实海洋强国、造船强国国家战略,国家相关部委先后发布了《推进船舶总装建造智能化转型行动计划(2019—2021 年)》(工信部联装〔2018〕287 号)、《船舶总装建造智能化标准体系建设指南(2020 版)》(工信厅科〔2020〕36 号)等规划文件,旨在加快新一代信息通信技术与先进造船技术的深度融合,提高我国造船效率和质量,推进船舶总装建造数字化、智能化转型。2016 年 12 月 20 日,工业和信息化部、财政部批复"船舶智能制造关键共性技术专项"项目立项,专项以船舶智能车间为对象,研究突破船舶智能制造关键共性技术,形成船舶智能制造核心技术和系统集成能力,使我国船舶企业建造技术水平跃上一个新台阶,缩短与国际先进造船国家的差距。通过"船舶智能制造关键共性技术专项"四年的研究,形成了一批船舶智能制造关键技术研究成果。为更好地推广科研成果,实现行业共享,项目组将专项的主要研究成果编辑成一套"船舶智能制造关键共性技术"丛书,该丛书以船舶智能车间为对象,通过对面向智能制造的船舶设计技术、船舶智能制造集成技术应用以及互联互通的船舶智能制造车间基础平台开发的相关研究总结,形成船舶智能制造关键共性技术的知识文库,为我国造船企业推进智能制造提供方向指引和知识支撑,助推提升企业造船效率和质量水平,为进一步构建智能船厂,实现我国由造船大国向造船强国的转变打下坚实基础。

本丛书共十一分册,各分册主要内容如下:

第一分册《船舶智能制造数字化设计技术》主要介绍船舶智能制造的数据源头数字化设计技术,包括基于统一三维模型的详细设计及审图、设计与生产集成、三维工艺可视化作业指导以及面向智能制造的产品数据管理系统开发与应用等内容。

第二分册《船舶智能制造工艺设计》主要介绍船体构件加工成形、船体焊接、管子加工、船体结构件装配、分段舾装、涂装等关键工艺环节的工艺模型设计、工艺特征描述、工艺路线设计、工艺知识库构建。

第三分册《船舶智能制造模式》主要介绍造船企业智能化转型的目标图像,分析国内骨干造船企业智能制造技术总体水平与差异,构建以信息物理系统为核心的船舶智能制造系统架构,研究船舶智能制造的设计、管控生产模式,并给出实施路径与评估评价方法。

第四分册《船舶智能制造车间解决方案》主要介绍船舶智能车间通用模型、面向智能制造的船舶中间产品工艺路线制定,提出船体分段、管子加工与分段涂装智能车间解决方案。

第五分册《船舶中间产品智能生产线设计技术》主要介绍国内骨干船厂中间产品生产线的发展现状以及对自动化、智能化程度的需求,研究型材切割、条材切割、船体小组立、平面分段、管子加工等典型中间产品生产线的设计方案,设计开发智能控制系统并验证,支持各类中间产品智能生产线的应用。

第六分册《船舶智能制造的统一数据库集成平台》主要介绍数据库顶层设计、数据库设计规范、数据库标准接口和数据库集成开发技术。

第七分册《船厂大数据技术应用》主要介绍船厂大数据应用的顶层设计、大数据质量保证、大数据分析和应用使能工具等技术,并对基于大数据的派工管控协同优化、分段物流分析与智能优化、船厂能源管控优化进行应用研究。

第八分册《船舶车间智能制造感知技术》主要介绍船舶分段制造车间定位技术、船舶制造中间产品几何信息感知技术、车间资源状态信息采集技术、船舶焊接与涂装车间环境感知应用技术。

第九分册《船舶制造车间组网技术》主要介绍船舶制造车间复杂作业环境下的网络构建和覆盖、制造过程物联,构建基于物联网的可控、可管、可扩展和可信的船舶分段制造车间网络空间架构。

第十分册《船舶智能制造海量数据传输与融合技术》主要介绍基于三维模型的海量数据传输技术及海量异构数据融合、管理技术。

第十一分册《船舶分段车间数字化多工位协同制造技术》主要介绍船舶分段制造车间切割、焊接等多工位协同作业、协同机制分析技术与船舶制造现场多数据源协同集成技术。

本丛书是项目团队花费大量时间和精力研究、编写的成果,希望能够得到广大读者的认可和支持。同时,我们也期待着读者的宝贵意见和建议,以便我们不断改进和完善本丛书的内容,为读者提供更加优质的服务和产品。

最后,我们要感谢所有参与本丛书编写和出版的人员及单位,他们的付出和支持是本丛书能够顺利出版的重要保障;还要感谢所有关注和支持智能制造技术发展的人,让我们共同推动智能制造技术在船舶行业的广泛应用和发展,为实现船舶工业数字化、智能化转型而不懈努力!

编　者

2023 年 5 月

目　　录

第1章 数字化多工位协同制造技术

1.1 概 述

目前,在船舶制造过程的分段车间中,切割后的零件需要进行理料配材、坡口加工、自由边打磨、曲板加工等加工工序,以作为中小组立工位的生产物料。在现有生产模式下,船舶生产制造按照分段作业下达生产计划。钢料加工车间计划无法为每个工位提供每日作业计划,切割—加工工位间物料加工的步调及节奏难以达到一致,导致生产过程中停工/怠工频繁,常常造成组立工位生产计划的延迟。实际过程中,为降低切割—加工工位对组立工位生产进度的影响,通常采用增加切割—加工工位的中间产品缓冲量的方法。

为了解决分段车间内工位之间的信息不对称、节奏不一致等问题,在实现车间生产过程中的工位信息、设备信息、物料信息、环境信息、班组信息等感知—组网—传输基础上,本章将详细论述分段车间内工位之间的数字化多工位协同制造技术,以实现资源、人员、工具的协同调度以及分段车间内多工位之间的协同制造,进而实现船舶生产车间的精确化、柔性化,提高船舶分段制造生产效率。

本章主要针对多工位数字化协同控制技术开展详细分析,针对船舶制造过程中出现的紧急插单、资源短缺、设备故障等异常情况以及任务计划颗粒度大等问题,通过分析船舶制造的工艺流程,建立相关数据模型,并进一步探究多工位动态协同机制,监控决策分析,建立船舶制造过程中的多工位协同数学模型,开发船舶制造多工位协同控制系统软件,最后进行系统示范应用,以此使船舶制造过程减少缓存、提高柔性、缩短节拍。

1.2 多工位协同工艺数据流

船舶分段产品在生产过程中,涉及切割—加工—配发—小组(部组件)—中组(拼板、片体)—大组等多个工位、工序,工序流程长且相互之间交叉关联,数据复杂多变。因此,进行多工位协同工艺数据流分析是分析多工位协同制造技术的前提和必要条件。

多工位协同工艺数据流在调研船舶制造车间的基础上分析船舶分段制造过程的生产工艺流程、制造逻辑链以及各生产环节间的约束关系等,在此基础上进行多工位协同作业的数据模型建立工作。

1.2.1 船舶制造车间生产数据

以下介绍国内某骨干船厂平直分段建造相关车间的场地及主要设备布置、人员配备、产能概况、场地物流等生产数据信息,包括切割下料车间、零件加工车间、中小组立车间与大组车间。

（1）切割下料车间

①场地及主要设备布置

切割下料车间场地及设备布置如图 1-1 所示。

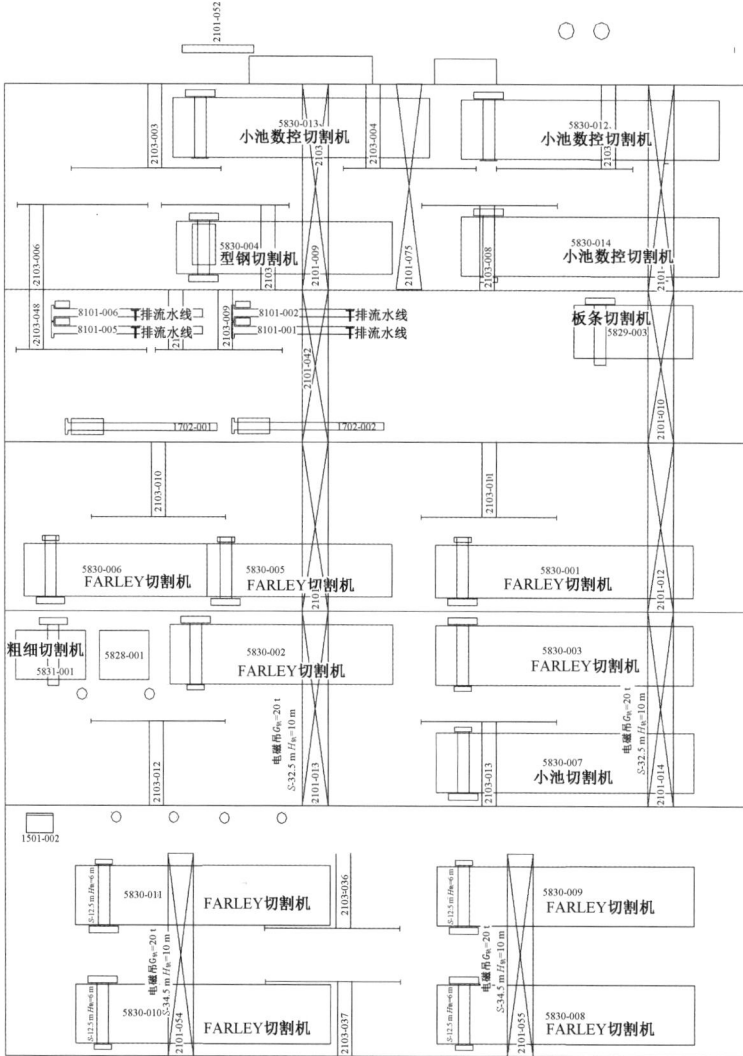

图 1-1　切割下料车间场地及设备布置示意图

切割下料车间共分为 5 跨,每跨尺度见表 1-1。其中,等离子切割机可进行最大尺度为 4.5 m(宽)×22.5 m(长),单张钢板最大质量为 25 t 的钢板切割。

表 1 - 1　切割下料车间场地尺度

跨间	长/m	宽/m
0 跨	144.7	44.5
1 跨	144.7	34.6
2 跨	144.7	30
3 跨	144.7	27
4 跨	144.7	36.6

②设备明细

切割下料车间设备明细见表 1 - 2。

表 1 - 2　切割下料车间设备明细

跨间	切割机	20 t 电磁吊/台	20 t 钩子吊/台	半门吊/台	半门吊规格/t
0 跨	4 台法力切割机	2	—	2	5 + 5
1 跨	2 台法力切割机	2	—	2	5 + 5
	1 台小池切割机				
2 跨	3 台法力切割机	1	2	2	5 + 5
3 跨	1 台板条切割机	1	2	2	5 + 5
	4 条 T 排流水线				
4 跨	3 台小池切割机	2	1	6	3 + 3
	1 台小池型钢切割机				

③场地人员配备

切割下料车间人员配备情况见表 1 - 3。

表 1 - 3　切割下料车间人员配备情况

车间	工位	人员类型	数量/人
切割	型钢等离子切割	切割工	6
	型钢手工下料	切割工	16
	等离子钢板切割	切割工	42
	板条切割	切割工	7
	半自动切割	切割工	34

④车间工位概况及总体产能描述

工位主要包含型钢等离子切割、型钢手工下料、等离子钢板切割、板条切割、半自动切割。其中,型钢设备切割为角钢类型材,手工切割为扁钢类型材,人员配备二班制,月均切割零件 16 000 个左右。等离子钢板切割主要切割设计下发切割指令的、形状复杂的零件，厚度在 8～38 mm，月均切割 60 万 m 左右。板条切割主要切割规则的矩形零件，厚度在 10～65 mm，月均切割 600 张左右。

⑤场地物流

场地物流基本按照直线型进行输入和输出。

（2）零件加工车间

①场地及主要设备布置

零件加工车间场地及设备布置如图 1-2 所示。

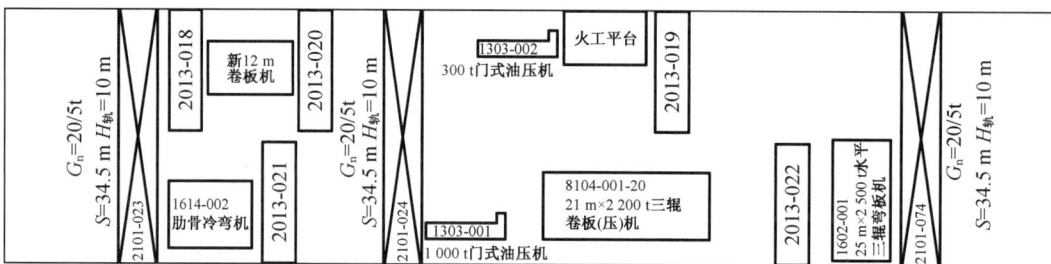

图 1-2　零件加工车间场地及设备布置示意图

零件加工车间厂房尺度为 36 m×19.6 m，主要包含 21 m×2 200 t 三辊卷板（压）机、25 m×2 500 t 水平三辊弯板机、300 t 门式油压机、1 000 t 门式油压机、12 m×1 250 t 三辊卷板（压）机、肋骨冷弯机等。

②设备明细

零件加工车间设备明细见表 1-4。

表 1-4　零件加工车间设备明细

设备	功能
卷板加工（21 m×2 200 t 三辊卷板（压）机）	卷板加工
面板弯曲、弯板加工（25 m×2 500 t 水平三辊弯板机）	面板弯曲、弯板加工
大型构件折边加工（1 000 t 门式油压机）	折边肘板
卷板加工（12 m×1 250 t 三辊卷板（压）机）	卷板加工（调试中）
肋骨冷弯机	角钢、球扁钢和 T 排冷弯
水火弯板作业台	水火弯板
双梁吊（3 台）	吊运零件

③场地人员配备

零件加工车间场地人员配备情况见表 1-5。

表 1-5　零件加工车间人员配备情况

工位	人员类型	数量/人
肋骨冷弯	冷加工	2
2 200 t	冷加工	8
300 t	冷加工	3
1 000 t	冷加工	8
400 t	冷加工	4
1 100 t	冷加工	6
热加工	火工	17

④车间工位概况及总体产能描述

该车间主要包含热加工、肋骨冷弯、2 200 t、300 t、1 000 t、400 t、1 100 t 等工位,总体产能见表 1-6。

表 1-6　零件加工车间总体产能情况

工位名称	产能/h	能力分析
肋骨冷弯	1 根	主要进行角钢、扁钢的加工作业,人员配备一班制,月均加工零件 400 根左右
2 200 t	2 个	加工外板、大型折角板、槽型舱壁,两班制作业,月均加工零件 900 个左右
300 t	1.3 个	加速火工成形,一班制作业,在作业不饱和的状态下,可加工小型折角零件。月均加工零件 300 个左右
1 000 t	9 个	折边肘板、小型折角件、小半径加工面板、复杂线型外板二次加工,两班制作业,月加工零件根据船型差异在 3 500~4 500 个
400 t	6 个	加工面板,两班制作业,月加工零件根据船型差异在 2 500~3 500 个
1 100 t	1.5 个	12 m 以下简单线型外板,一班制作业,可根据生产状态实行两班制作业,月均加工零件 300 个左右
热加工	1.3 个	艏艉、机舱分段复杂线型外板水火成形,一班制作业,月均加工零件 300 个左右

⑤场地物流

根据零件加工要求,将托盘运送至相关工位完成冷热加工后,运送至下一工序。

（3）中小组立车间

①场地及主要设备布置

中小组立车间场地及设备布置如图 1-3 所示。

中小组立车间共分为 5 跨,每跨尺度见表 1-7。

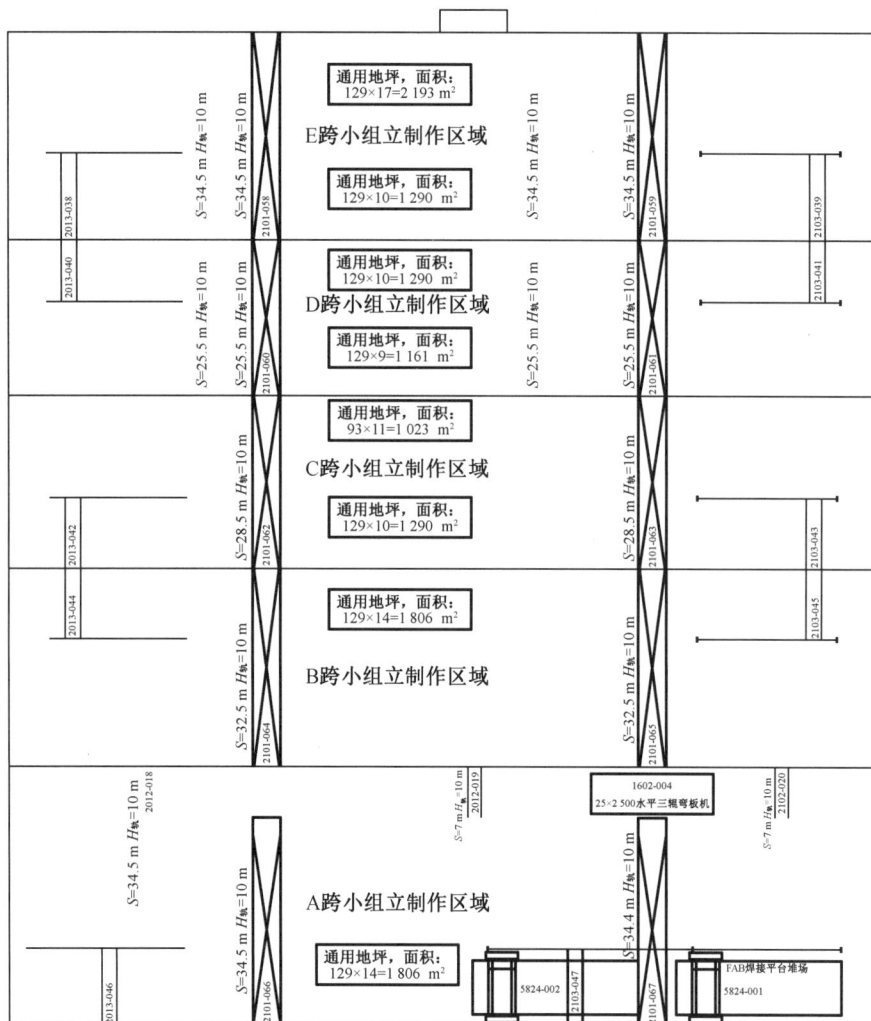

图 1-3 中小组立车间场地及设备布置示意图

表 1-7 中小组立车间场地尺度

跨间	长/m	宽/m
A 跨	156	44.5
B 跨	156	34.6
C 跨	156	30
D 跨	156	27
E 跨	156	36.6

②设备明细

中小组立车间设备明细见表 1-8。

表1－8　中小组立车间设备明细

跨间	吊装设备类型	起重能力/t	数量/台	部件装配高度/m
A跨	双梁吊	20/5	2	6.5
	半门吊	3＋3	2	不翻身
	梁吊	5	3	6.5
B跨	双梁吊	20/5	2	6.5
	半门吊	3＋3	2	不翻身
C跨	双梁吊	20/5	2	6.5
	半门吊	3＋3	2	不翻身
D跨	双梁吊	32/5	1	6.5
	双梁吊	16/3	1	6.5
	半门吊	3＋3	2	不翻身
E跨	双梁吊	16/3	2	6.5
	半门吊	3＋3	2	不翻身
外场	门吊	32/5	2	11

③场地人员配备

中小组立车间场地人员配备情况见表1－9。

表1－9　中小组立车间场地人员配备情况

工位	人员类型	数量/人
拼装	装配工	85
焊接	电焊工	121

④车间工位概况及总体产能描述

中小组立车间主要分拼装和焊接工位,拼装工位按照设计DAP划分进行小组阶段的零件弹线、拼装、定位,人员配备二班制,月均定位焊30万m左右。焊接工位按照设计DAP划分进行小组阶段的零件装焊以及自由边处理,人员配备二班制,月均焊接45万m左右。

⑤场地物流

切割及冷热加工完成的托盘运送至中小组立装焊区域进行装配焊接背烧等工作后,运送至下一工序。

(4)大组车间

①场地及主要设备布置

大组车间场地及设备布置如图1－4所示。

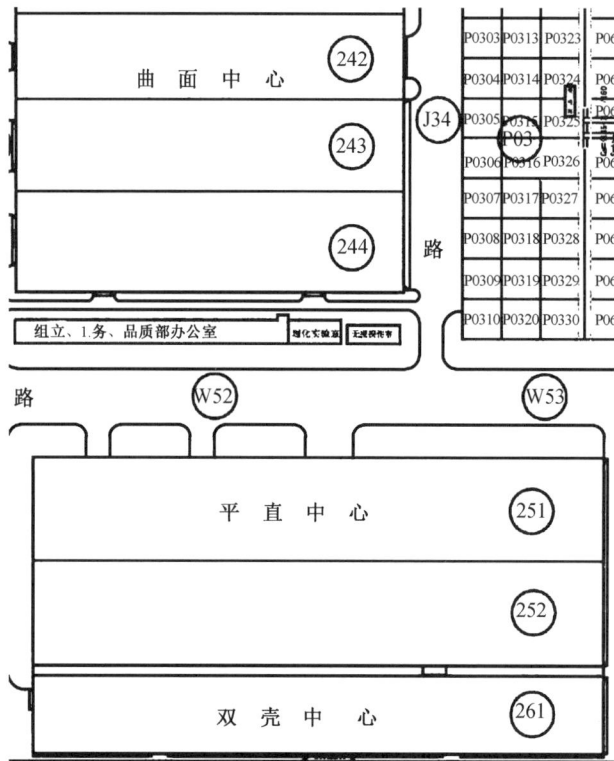

图 1-4　大组车间场地及设备布置示意图

大组车间又分为平直分段车间与曲面车间,其中平直分段车间的尺度如下:

A 线:长 295 m,宽 52 m。

B 线:长 295 m,宽 48 m。

C 线:长 295 m,宽 44 m。

②设备明细

平直分段制造主要设备数控火焰门式切割机分布情况见表 1-10。

表 1-10　数控火焰门式切割机分布情况

跨间	A 线	B 线	C 线
数量/台	1	1	1
最大可切割钢板 (长 × 宽 × 板数)	22 500 mm × 4 000 mm × 2 板	20 000 mm × 4 000 mm × 2 板	20 000 mm × 4 000 mm × 2 板
最小可切割钢板 (长 × 宽)/mm	22 500 × 750	20 000 × 750	20 000 × 750
切割厚度范围/mm	0 ~ 80	0 ~ 80	0 ~ 80

旋转式电磁吊主要参数见表1-11。

表1-11　旋转式电磁吊主要参数

吨位	旋转范围	吸盘形式	用途
20 t	360°	条形	主要用于门切上卸板及流水线上板作业

另外配备FCB焊接装置、纵骨装配装置、纵骨自动焊工位(十六电极)、顶升装置等。

③场地人员配备

大组平直分段车间人员配备情况见表1-12。

表1-12　大组平直分段车间人员配备情况

施工区域	工位名称	工种	人员数量/人
平直前道车间	门切	切割工	12
	半自动	切割工	8
	拼板	装配工	1
	FCB焊接	电焊工	1
	划线修补	电焊工	4
	T排吊装	装配工	3
	焊接	电焊工	2
平直后道车间	划线	装配工	2
	肋板、纵桁等小组立吊装	装配工	6
	肋板、纵桁等小组立合龙区焊接	电焊工	8
	吊马安装	装配工	2
	吊马焊接	电焊工	1
	密性试验	电焊工	1
	火工背烧	装配工	1
	非涂装打磨	打磨工	1

④车间工位概况及总体产能描述

平直分段制作工艺流程如图1-5所示。

A线:长295 m、宽52 m,前后共分门切、拼板、单面自动焊、划线修补、纵骨装配、纵骨焊接、缓冲兼横移、肋板纵桁装配、肋板纵桁焊接、预舾装兼补漆、检查顶升运出11个工位。

B线:长295 m,宽48 m,前后共分门切、预拼+拼板、单面自动焊、划线修补、纵骨装配及旋转、纵骨焊接、缓冲兼横移、肋板纵桁装配、肋板纵桁焊接、预舾装兼补漆、检查顶升运出等11个工位。

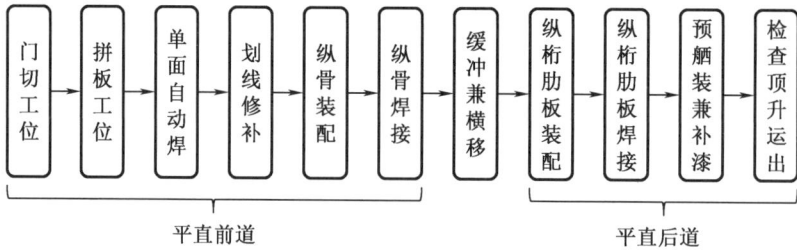

| 门切工位 | 拼板工位 | 单面自动焊 | 划线修补 | 纵骨装配 | 纵骨焊接 | 缓冲兼横移 | 纵桁肋板装配 | 纵桁肋板焊接 | 预舾装兼补漆 | 检查顶升运出 |

图 1-5 平直分段制作工艺流程图

C 线：长 295 m、宽 44 m，前后共分门切、拼板、单面自动焊、划线修补、纵骨装配、纵骨焊接、缓冲兼横移、肋板纵桁装配、肋板纵桁焊接、预舾装兼补漆、检查顶升运出 11 个工位。

A 线平均 43~46 片/月（后道）；

B 线平均 40~45 片/月（后道）；

C 线平均 25~30 片/月。

⑤场地物流

平直分段流水线物流基本按照直线型路线进行，预拼的小拼、大拼板需要逆向流至拼板零件缓存区。

1.2.2　生产工艺数据流及特点

1.2.2.1　分段制造业务流程分析

以下为平直分段车间多工位生产作业管理流程特点分析，以拼板制造、中小组立制造等单工序，与物料管理、设备资源管理、工艺冲突问题、人员安排、生产目标、单工位制造等因素的影响关系为对象，建立了船舶工位协同设计多维矩阵组织模型。

（1）平直分段流水线的生产作业管理流程

平直分段流水线的管理包含了作业任务包的分解、图纸/BOM 的接收、任务工程量及定额工时的计算、基于中日程计划的车间工位计划制订、作业任务的派发执行和反馈（进度和工时）、中间产品的集配运输、设备状态跟踪、过程质量报验、完工统计及结算等，如图 1-6 所示。

基于产品分解结构对平直分段车间相关的工作包和派工单进行分解，在中日程计划管理的基础上，跟踪前道零件及中间产品的完工状态，建立车间内部的工作包作业计划，见表 1-13；通过与 BOM 的关联，基于物量计算每道作业的定额工时，见表 1-14、表 1-15；并以物量和工时的方式平衡车间作业负荷，生成并下发流水线的作业计划。

```
┌──────────────┐      ┌──────────────┐      ┌────────────────────────┐
│ 产品分解结构  │      │  平直分段     │      │   平直分段技术外作业     │
│      +        │┄┄┄▶ │ 生成策划任务  │      │        登记             │
│ 作业分解标准  │      │   包分解      │      ├────┬────┬────┬────────┤
└──────────────┘      └──────────────┘      │设计│质量│完整│临时    │
                                             │修改│问题│性问│派工    │
                                             │    │    │题  │        │
                                             └────┴────┴────┴────────┘
┌──────────────┐      ┌──────────────────────┐
│ 图纸/BOM     │      │   任务包工程量         │
│ 工时原单位   │┄┄┄▶ │   (定额工时)          │
└──────────────┘      └──────────────────────┘
┌──────────────┐      ┌──────────────────────┐
│(月度)中日程计划│      │   任务包作业计划       │
│ 车间计划     │┄┄┄▶ │   (施工作业计划)      │
└──────────────┘      └──────────────────────┘
┌──────────────┐      ┌──────────────────────┐
│ 中间产品集配 │◀┄┄┄│   作业任务包派发       │
│ 运输         │      │(班组、场地、设备资源指定)│
└──────────────┘      └──────────────────────┘
┌──────────────┐      ┌──────────────────────┐
│ 设备状态     │◀┄┄┄│   作业执行             │
│ 质量检验     │      │   (质量报验)          │
└──────────────┘      └──────────────────────┘
┌──────────────┐      ┌──────────────────────┐
│ 人员考勤     │◀┄┄┄│  每日进度/工时反馈     │
│              │      │(质班组人员实绩工时、作业速度)│
└──────────────┘      └──────────────────────┘
┌──────────────┐      ┌──────────────────────┐
│ 人工结算     │◀┄┄┄│   任务包完工           │
└──────────────┘      └──────────────────────┘
```

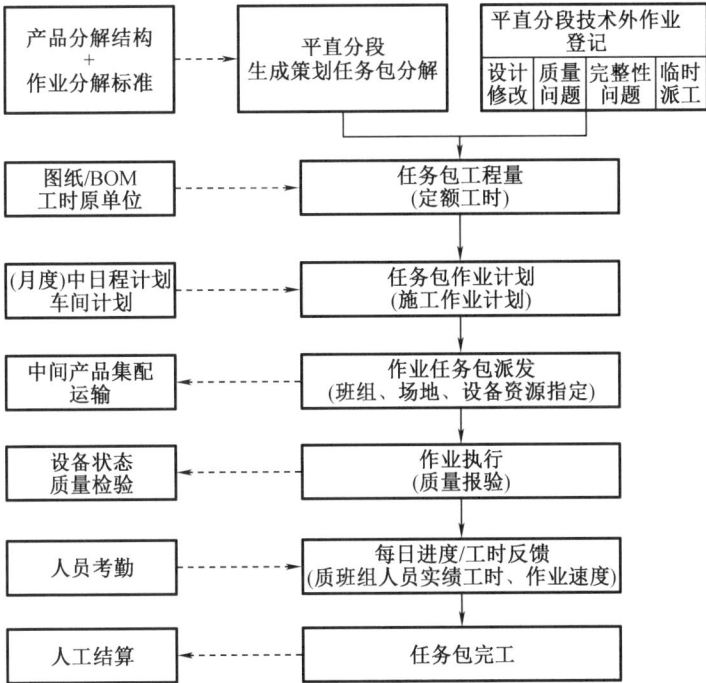

图 1-6 平直分段流水线的生产作业管理流程

表 1-13 平直分段车间前道完工情况跟踪及拼板计划实例

| 板片信息 | | | 前道完工情况 | | | | 计划完成 | 工序物量 | | | | 后道需求 | |
序号	船号	分段	片段	P	T	S	J		预拼	拼板	FCB	T排	流向	胎位计划
1	H1461	226	BS2A	★	★			10-26		19	19	95	B线	
2	H1461	236	BS2A	★	★			10-26		19	19	95	B线	
3	H1467	542	甲板	★	★			10-26	41	60	60	219	启笁	10-31
4	H1467	552	甲板	★	★			10-27	41	60	60	219	启笁	10-31
5	H1461	226	内底	★	★			10-27	80	19	19	228	B线	
6	H1461	236	内底	★				10-28	80	19	19	228	B线	
7	H1460	228	外板	★	★			10-29		78	68	204	外场	10-26
8	H1460	238	外板	★	★			10-30		78	68	204	外场	10-26
9	H1461	526	斜板	★	★		1	10-30		64	57	266	B线	
10	H1461	536	斜板	★	★		1	10-31		64	57	266	B线	
11	H1467	267	外板		★			10-31		64	57	95	启笁	10-30
12	H1467	277	外板	★	★			10-31		64	57	95	启笁	10-30
13	H1399	205	内底	★	★			11-1	73	45	26	163	B线	

表 1-14　平直分段车间定额工时汇总　　　　　　单位:h

项目	平直1班		项目	平直2班		
区域	A线	B线	区域	A线	B线	C线
FCB拼板	3 784	3 606	PCB	4 309	4 183	
CO_2拼板	620	750	埋弧	3 911	7 945	4 141
预拼板	801	1 772	焊吊马	360	131	288
烊吊马	400	145	刨翻吊	480	174	384
纵骨装配	9 319	8 207				
开线	2 160	2 070				
合计	17 085	16 550	合计	9 060	12 432	4 183

相关工位接收下发的作业计划,并按照计划和当前的实绩状态对车间班组及人员进行作业派工。

生产班组根据派工情况执行生产任务,每日或每班次结束时,班组长/作业者进行每日(班次)的作业报工管理,提交现场的作业进度和工时。同时,需要对过程中可能出现的计划外任务进行管理,如因设计修改、质量问题、完整性问题导致的计划外任务,对于这类任务需要进行登记并进行派工。

围绕着生产过程,需要跟踪管理中间产品的物流配套状态、质量报验的结果、相关制造工位的设备状态。根据每月完工的情况,提交劳务结算,形成管理的闭环。

(2)数字化多工位协同多维矩阵组织模型

根据平直分段流水线的车间布置、资源产能、作业流程以及组织管理流程,梳理平直分段流水线关键工位工序间的数据流转信息,建立数字化多工位协同多维矩阵组织模型,如图1-7所示。

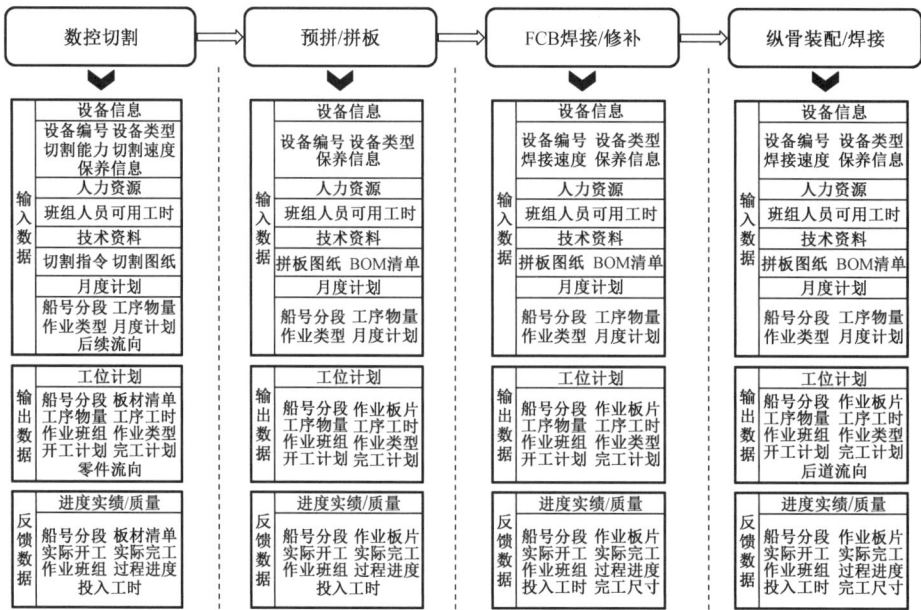

图 1-7　数字化多工位协同多维矩阵组织模型

表 1-15　基于 BOM 清单计算每块板片的定额工时详情实例

单位:h

板片信息					工序物量			FCB		划线修补				纵骨装配						纵骨焊接			预拼			汇总		
序号	船号	分段	片段	流向	FCB拼板	T排	预拼	FCB拼板拼板	CO$_2$拼板拼板	FCB碳刨拼板	CO$_2$打底修补	FCB正面修补	FCB反面修补	A-10吊马	纵骨装配	纵骨开线装配	端头返修	工艺板切割	CO$_2$填盖	HS-MAG/CO$_2$倒棱	HS-MAG/MAG修补	A-20吊马	预拼板	埋弧板	A-10吊马	汇总	目标工时	预期人工
1	H1461	226	BS2A	B线	19	19	95	30.4	0	26.6	0	23.75	49.4	0	30	66.5	7	6	0	33.25	38	16	0	0	0	326	37	5
2	H1461	236	BS2A	B线	19	19	95	30.4	0	26.6	0	23.75	49.4	0	30	66.5	7	6	0	33.25	38	16	0	0	0	326	37	5
3	H1467	542	甲板	启笙	60	60	219	96	0	108	54	75	156	44	30	153.3	21	30	0	284.7	87.6	16	75.85	369	18	1 619	185	23
4	H1467	552	甲板	启笙	60	60	219	96	0	108	54	75	156	44	30	153.3	21	30	0	284.7	87.6	16	75.85	369	18	1 619	185	23
5	H1461	226	内底	B线	19	19	228	30.4	0	26.6	0	23.75	49.4	44	30	159.6	7	30	0	79.8	91.2	16	148	520	18	1 273	145	18
6	H1461	236	内底	B线	19	19	228	30.4	0	26.6	0	23.75	49.4	44	30	159.6	7	30	0	79.8	91.2	16	148	520	18	1 273	145	18
7	H1460	228	外板	外场	78	68	204	108.8	30	95.2	80	85	176.8	0	30	142.8	24	28	70	71.4	81.6	16	0	0	0	1 040	119	15
8	H1460	238	外板	外场	78	68	204	108.8	30	95.2	80	85	176.8	0	30	142.8	24	28	70	71.4	81.6	16	0	0	0	1 040	119	15
9	H1461	526	斜板		64	57	266	91.2	21	79.8	56	71.25	148.2	0	30	186.2	20	23	35	93.1	106.4	16	0	0	0	977	112	14

基于多工位协同多维矩阵组织模型，梳理工位间协同的数据流转来源，规范各工位之间的数据类型，在此基础上针对工位协同的目标，分析工位协同的影响因素及工位协同的结果指标，如图1-8所示。主要流程包括四部分：各工位数据来源、各工位数据类型、工位协同的影响因素以及工位协同的结果指标参数。

以各工位数据类型为核心，分析工位所需展现的生产计划、任务序列、设备状态、工位产能、生产配套及产品质量的数据类型；各工位数据来源则基于各工位所需关注的数据类型，考虑从生产计划管理系统、生产执行管理系统、生产设备管理系统、设计管理系统、生产质量管理系统等业务系统中获取各类数据。

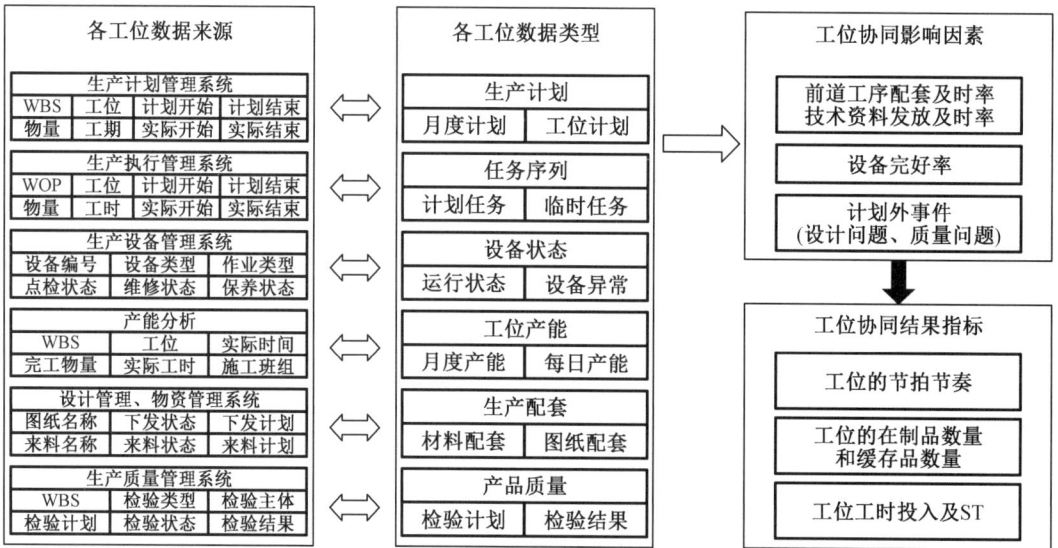

图1-8 工位协同的影响因素及工位协同的结果指标

工位协同影响因素主要包含了前道工序配套及时率（完整性）、技术资料发放及时率（准确率）、设备的完好率，以及因设计问题、质量问题等导致的计划外事件。

结合工位协同的影响因素，对工位协同的状态进行量化分析，通过指标评价多工位协同的结果。

1.2.2.2 流水线生产计划数据分析

以下为船舶制造平直分段流水线生产计划数据特点分析，重点论述了生产计划编制前提和约束条件、流水线生产节拍的计算方法、配套工位和主流水线之间的协同方式、流水线生产计划编制思路以及流水线计划的影响因素和对策。

（1）流水线计划编排的前提和约束条件

为了流水线能够有序顺畅地流动，工位之间协同默契，保证生产步调的一致性和均衡性，避免工位之间的空间与时序冲突，需要制订计划来协同多个工位的作业，通过分析工位间的流程及缓存场地能力的设置，为多工位协同计划的编制提供基础，如图1-9所示。

多工位协同的计划编制需要考虑的前提和约束如下：

主线上的拼板、FCB 焊接、划线修补、纵骨装配、纵骨焊接等工位不设缓冲区,需根据产能及产量的要求,合理规划主流水线的生产节拍时间,各个分段的中间产品构件在每个工位上停留的时间严格遵守节拍时间的要求。如果某个工位没有按照节拍时间的要求完成,不能按期进入下道工位,将会造成流水线前道所有工位的停滞。另外在"划线修补→纵骨装配"工位之间有较大空间,可以作为临时缓冲,以保持主线的柔性。

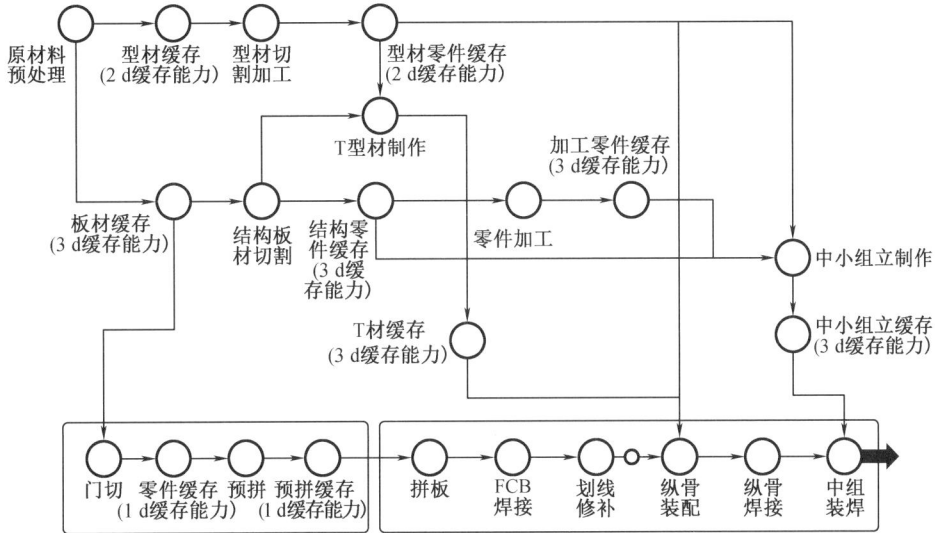

图 1 - 9　工位之间的流程及缓存场地能力

配套工位为主线工位提供的构件应根据主线的节拍按需送达,由于工位产量的不均衡性,为了确保主线的正常运行,在配套工位和主线工位之间设置临时库存缓冲区,需要考虑缓冲区空间存放的能力有限,配套构件在缓冲区存放时间有限,合理设置配套构件的产量、存放量和存放周期。通过调查发现,配套工位之间的缓存能力,以及配套工位与主线工位之间的临时库存缓冲区的存放能力相对充足,一般有满足 2~3 d 生产需求的缓存量存放,正常情况下不会对主线的节奏造成影响,重点关注的还是主线本身计划的节拍,并以主线计划来拉动配套工位的生产。

(2)流水线生产节拍计算

生产节拍是衡量流水线均衡性的关键指标,是控制流水线按固定节奏生产的基础参数。节拍的快慢决定了生产线的生产速度,控制平面分段主流水线的生产节拍,就能控制流水线的生产速度,使流水线各工位节拍接近一致,实现平面分段流水线的均衡,满足连续生产。

每个平面分段的中间产品结构相似,工艺路径相同,但由于各个分段的物量不同,其加工节拍必然存在差别。在生产过程中由于主流水线工位之间不存在临时缓冲区,因此,以流水线的传送时间与所有工位上所生产的产品的最大节拍为基准,以确保各个工位的产品都能完工。根据对目标船厂的调查,其各个工位的详细产能见表 1 - 16。

表 1-16　平直分段流水线车间工位详细产能及工位节拍

工位	板厚/mm	速度/(mm·min⁻¹)	工位节拍	备注
门切工位	12	360	8 块/班	板规 3 m×20 m
	20	330	8 块/班	
	38	300	6 块/班	
	49	270	6 块/班	
拼板工位	12~20	非机器作业	2.5 h	4 拼 3 条缝板列 板规 3 m×20 m
	20.5~30		4 h	
	30~49		6 h	
FCB 焊接工位	12	1 000	3 h	4 拼 3 条缝板列 板规 3 m×20 m
	20	750	3.5 h	
	38	350	6.5 h	
FCB 修补工位	12~20	非机器作业	4 h	4 拼 3 条缝板列 板规 3 m×20 m
	20.5~30		5 h	
	30~49		6.5 h	
纵骨安装工位	—	非机器作业	5 h(3 h 准备)	4 拼 12 根 T 排
纵骨焊接工位	12~16	1 000	2.5 h	4 拼 12 根 T 排
	17~28	75	3 h	
	29~49	350	7.5 h	
中组装配工位	—	非机器作业	2 d	双层底片段
中组焊接工位	—	非机器作业	3 d	
修补打磨	—	非机器作业	1 d	
报验	—	非机器作业	1 d	

参考各个工位的产能及节拍,确定流水线节拍,流水线节拍的计算方式如下。

根据平直分段流水线车间月度的生产计划及目标产能,可以测算流水线的节拍。流水线每月生产的拼板需求量约为 49 片。每月有效工作时间约为 24 d,每天 1 个班次,每班次 8 h,根据流水线生产节拍计算公式,近似计算流水线的最大节拍如下:

$$r = \frac{Fe}{N} = \frac{24 \text{ d} \times 8 \text{ h/d}}{49} = 3.92 \text{ h} \approx 4 \text{ h}$$

式中　r——生产节拍;

　　　　N——计划期制品数量;

　　　　Fe——计划期有效工作时间。

流水线各工位节拍基本一致或相等时,整个流水线达到较高的平衡率,生产过程更加均衡连续。因此,可以将各工位节拍设为与流水线节拍一致,根据计算结果定义各工位节拍为 4 h,即每个班次产出 2 个分段板片,即每块拼板上线的时间间隔为 1 个节拍(4 h),或

者工序间每移动一次的时间为4 h,如图1-10所示。

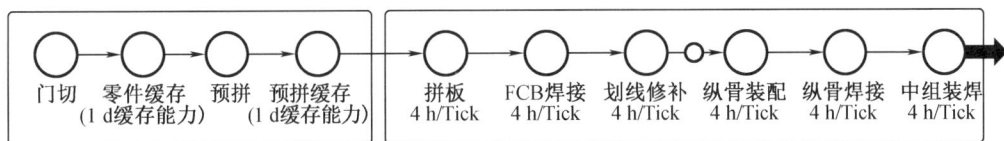

图1-10 流水线的生产节拍

根据上述的节拍计算过程,主线上单个节拍各工位理论的在制品数量和工位间的理论缓存数量见表1-17。

表1-17 主线单个节拍的理论工位在制品量和工位间缓存量

工位在制品数量		工位间缓存数量		备注
工位	数量	工位间	数量	
门切	1	门切→预拼	2~3	门切→预拼,门切→拼板,预拼→拼板设有共用的缓存工位
预拼	1	门切→拼板	2~3	
拼板	1	预拼→拼板	2~3	
FCB焊接	1	拼板→FCB焊接	1	
划线修补	1	FCB焊接→划线修补	1	
纵骨装配	1	划线修补→纵骨装配	1~2	此工位间空间较大,最大可容纳2块板片
纵骨焊接	1	纵骨装配→纵骨焊接	1	
中组装焊	1	纵骨焊接→中组装焊	1	

车间需要根据建造计划制定生产节拍,进一步结合生产的物量及定额工时,合理地规划每个工位的人力资源配备,以确保各个工位在预计的节拍时间内完成相应的任务。同时,随着分段板片产量需求的提升,可以通过增加每天的班次来提升流水线的产能。

(3)配套工位与主流水线之间的协同方式

平面分段生产流水线协同的基础是各个工位计划的安排,为了更好地分析平面分段流水线计划的管理,可以将平面分段流水线分为主线工位及配套工位。主线工位负责拼板及分段的制作,配套工位为主线工位提供预处理完成的钢板、切割完成的部分零件、T型材、加工零件以及中小组立中间产品。

主线工位包括:"门切→预拼→拼板→FCB焊接→划线修补→纵骨装配→纵骨焊接→中组装配、焊接→预舾装补漆→检查运出"。

为主线工位直接配套的工位包括:型材切割加工、结构板材下料、零件加工、T材制作、中小组立制作。为了保障主线的生产柔性,配套前后工位之间设有缓存场地,配套工位与主线工位之间设有缓存场地,配套工位所提供的零件、中间产品需要按照主线的生产节拍配送至相关缓存场地,根据缓存场地的存放能力决定配送的数量,以保障主线生产有节奏地运行。平直流水线主线工位与配套工位的关系如图 1 – 11 所示。

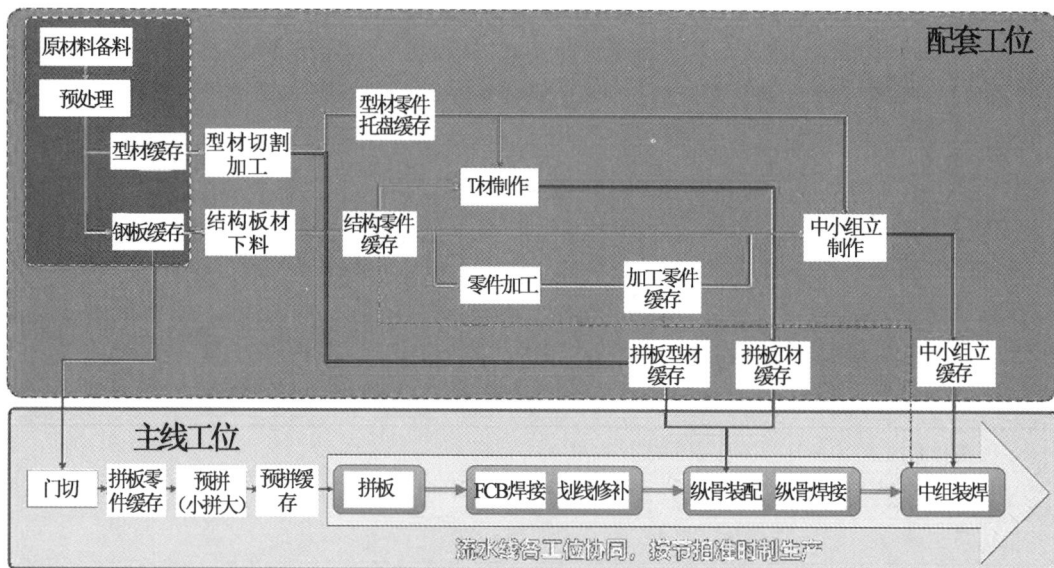

图 1 –11　平直流水线主线工位与配套工位的关系

根据"节拍先导"原则,为了保证主流水线按既定节拍运转,而配套工位则为主流水线适时、适量按节奏地提供中间产品,因此,配套工位与主生产线之间必须设置适当的缓冲区来进行协同,以保障流水线运转的连续性。

缓冲期中间产品的存放周期与缓冲区大小互为约束,缓冲区越大,则中间产品的存放周期可以越长,较长的存放周期可以增加配套工位计划执行的柔性,过长的存放周期会导致中间产品积压,增加管理的难度。所以缓冲区的大小可根据车间可用的场地及空间进行规划,设置合理的存放能力。

每个配套工位的生产节拍必须与主流水线的节拍保持一致,每天至少为主流水线提供 2 个分段板片生产所需的中间产品量。当节拍为 4 h 时,缓存区存放 2 个分段的中间产品即可,但考虑到配套工位与主流水线之间衔接的柔性,缓冲区的大小应可以存放 2 ~ 4 班次完工的中间产品,即每天安排一个班次时,缓冲周期为 2 ~ 3 d。当生产节拍缩短、班次增加,而缓冲周期不变时,缓冲区的存放能力需要增加。

(4)流水线相关生产计划编制思路

根据平面分段流水线的工艺流程,每个生产活动由若干个单独的作业任务组成,每个作业任务需要在对应的工位上完成。因此以生产活动为计划编制对象,其标准周期就是各个作业任务(对应工序/工位)的作业周期累加。每个工位的生产节拍为 4 h(0.5 d,8 h 工时为 1 d),由此即可算出对应的生产活动的标准作业周期,见表 1 –18。

表1-18　平面分段制作各工位的标准作业周期

生产活动	作业工位	生产工位类型	标准作业周期/d
备料	原材料备料	配套工位	2
预处理	原材料预处理及分料	配套工位	2
型材切割加工	型材切割加工	配套工位	2
板材零件切割	板材零件切割及分料	配套工位	2
T材制作	T材工位	配套工位	1
中小组立制作	中小组立装焊	配套工位	1
拼板切割及预拼	拼板零件切割、预拼	主流水线工位	1
拼板制作	拼板、FCB焊接、划线修补、纵骨装配、纵骨焊接	主流水线工位	3(6个节拍)
中组装焊	中组装配、中组焊接	主流水线工位	3
分段完工			

采用拉动式的流水线计划编制方法,所谓拉动式是一种围绕着中间产品的生产和交付过程,以后道工序需求时间拉动前道工序的生产计划的方式。平面分段制作属于先行阶段,而船舶生产是以船坞搭载为核心的总装式生产流程,所以生产计划也以船坞搭载计划为核心向两头延伸,向前拉动先行中日程计划,向后推动后行中日程计划。平面分段制作属于先行阶段,其流水线每天出产一个分段,其计划的编制以标准作业周期为基准,在生产计划周期内,根据分段建造顺序进行拉动式的计划编制。即确定分段完工计划节点后,根据标准作业周期倒算出各个编制项的计划开始和结束时间。利用甘特图编制的流水线生产计划如图1-12所示。

（5）流水线计划的影响因素及对策

中日程计划的平衡是项目总体生产节奏的平衡,但具体到每个分段时,虽然分段结构相似,分段物量及作业工时却不相同,由此可能会带来生产节奏的不均衡性。因此,技术部门在进行分段划分时,不仅需要参考流水线的加工尺寸能力,还需要考虑分段生产过程中,每个工位的物量需要在一个生产节拍内完成。即使某工位实际完成的时间小于节拍时间,也需要在工位上等待一个完整的节拍时间后,才能传送至下一个工位。在此基础上,为了更好地预测工位的作业负荷,通过制定每个工位/工序的物量工时定额,精确地计算各个分段各级中间产品在每个工位上的工时消耗,以此编制工位级别的小日程作业计划,从而更好地使用既定的资源,提升计划管控的精细化程度。

设计修改、设备故障、施工质量缺陷、船东意见、中间产品及托盘配套不到位等都有可能导致流水线上某一工位的停滞,在流水线生产模式下,每个工位的产能主要取决于设备的能力,单纯地增加人员投入并不一定能够明显提高产能。为了不影响生产节拍,可以通过临时增加对应工位的班次来调节产能,减少某一工位停滞给流水线计划执行带来的影响,最终实现按既定节拍连续且均衡生产的效果。

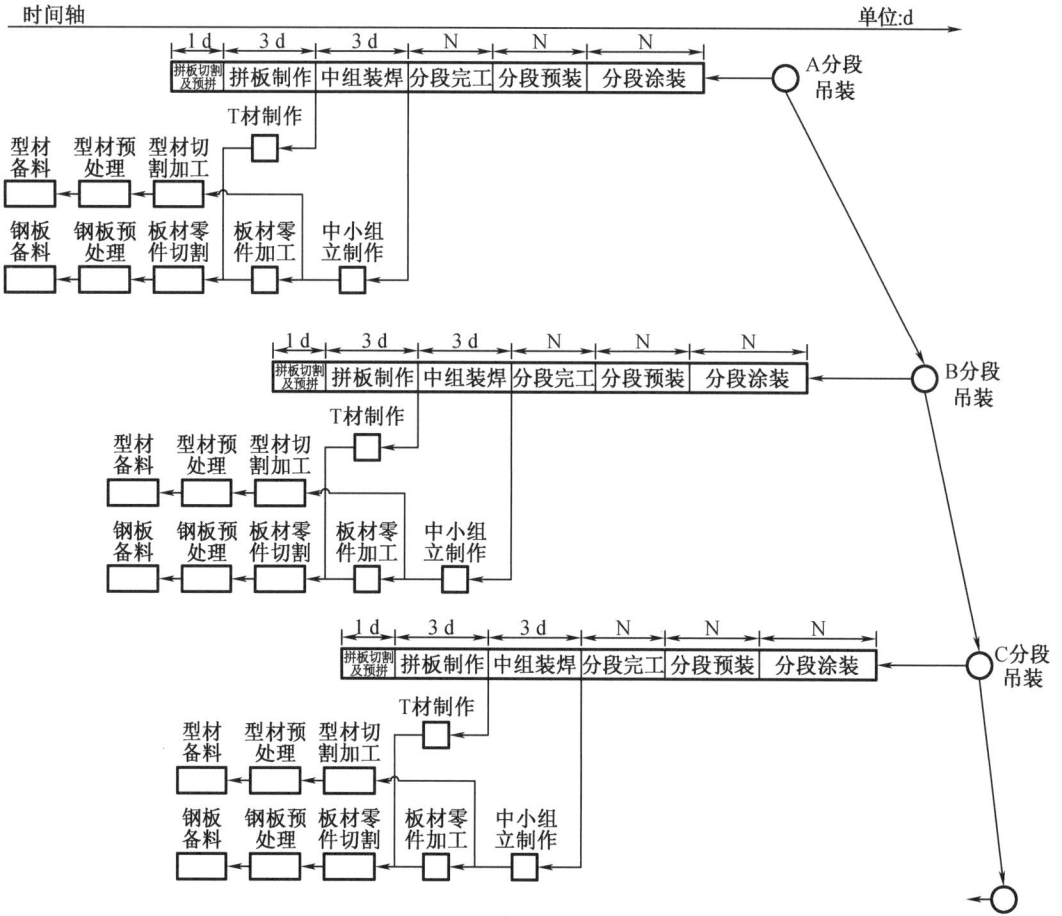

图 1-12　流水线生产计划编制

1.2.2.3　数字化多工位协同数据流分析

以下为数字化多工位协同数据流特点分析,以多工位协同多维矩阵模型为基础,梳理工位间协同的数据流转来源,获取多工位协同所需的基础数据,并从生产计划、工位任务、设备状态、产能统计、设计/材料、产品质量等方面进行数据集成。结合工位协同的影响因素,对工位协同的结果从工位开工条件、工位节拍/节奏、工位在制品及工位间缓存品、工时投入及 ST 等方面进行量化分析,为多工位协同提供数据支撑,实现路径如图 1-13 所示。

数字化多工位协同数据流分析主要包含 5 大功能。

(1)工位协同数据的获取与集成功能

基于平直流水线基本作业流程,数控切割、拼板、FCB 焊接、纵骨装配、纵骨焊接、中组装焊等关键工位的协同数据主要包括生产计划、任务序列、设备状态、工位产能、生产配套、产品质量等方面。

生产计划数据主要包括月/周执行计划,主要涉及在制品对象、工序、计划日期、计划工期、实际日期等数据,考虑从生产计划管理系统获取相关数据。

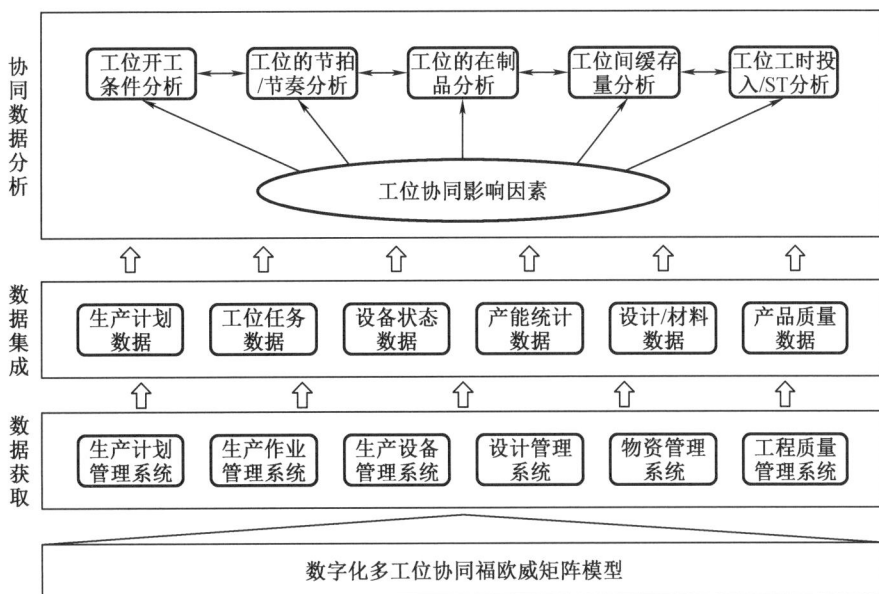

图1－13　数字化多工位协同数据流实现路径

任务序列数据主要包括工序/工位任务清单,主要涉及在制品对象、工序/工位、物量、计划日期、任务进度、工时消耗等数据,考虑从生产执行管理系统获取相关数据。

设备状态数据主要包括设备运行状态及异常记录,主要涉及设备编号、设备名称、开动台时、点检信息、保养计划等,以及设备故障记录及点检异常记录,考虑从生产设备管理系统获取相关数据。

产能统计数据主要包括月/周产能情况,通过任务执行反馈进行产能分析,主要涉及各工位生产物量/工时信息、工效ST信息等。

设计/材料数据主要包括生产材料及设计图纸配套,其中生产材料主要涉及船号分段、材料类型、材料规格、库存状态、库存位置、到货状态、预计到货日期等数据,考虑从物资管理系统获取相关数据,而设计图纸配套主要涉及船号分段、图纸名称、图纸类型、计划发图日期、实际发图日期等数据,考虑从设计工程管理系统获取相关数据。

产品质量数据主要包括检验计划与检验结果,主要涉及检验对象、检验类型、检验计划日期、检验结果等数据,考虑从工程质量管理系统获取相关数据。

工位协同数据获取与集成界面如图1－14所示。

(2)工位开工条件检查功能

多工位协同的第一步是进行工位开工满足性条件检查,主要从三个方面检查:一是基于开工计划对数切工位的图纸及材料配套情况进行检查,二是基于拼板计划对前道T材、型材及预拼板等配套情况进行检查,三是基于工时物量数据的基础进行人力需求测算。工位开工条件满足是保证拼板流水线均衡、连续生产的先决条件。

①数切工位图纸及材料配套情况检查

数切工位图纸及材料配套情况检查主要依据两个方面:第一是图纸配套数据流分析,即判断数切工位所需图纸是否下发到位,判断的方法是以分段为对象,通过分析数切工位图纸的实际下发信息获取;第二是材料配套数据流分析,对于数控切割工位而言,材料主要涉及钢板与型材,及判断所需材料是否已经配齐,判断的方法是以分段为对象,以分段套料所需的钢板与型材清单为依据,通过分析钢材库存及集配信息获取。通过两方面数据流分析,从而判断数切工位是否具备开工条件。对于计划开工时间临近,但当前仍不具备开工条件的分段,可以进行数据流追溯分析,定位到具体图纸及材料状态,从而便于管理者提前进行决策处理。数切工位图纸及材料配套情况检查界面如图 1-15 所示。

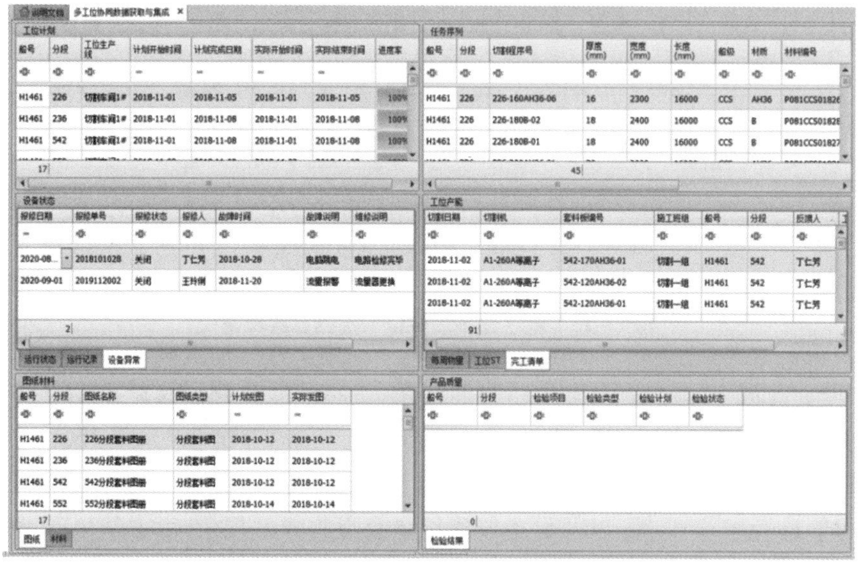

图 1-14 工位协同数据获取与集成界面

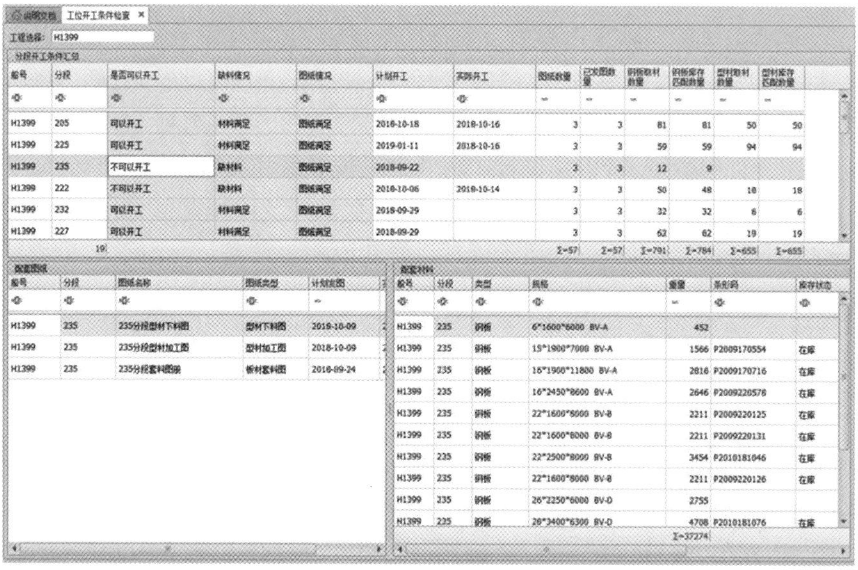

图 1-15 数切工位图纸及材料配套情况检查界面

②流水线拼板前道配套情况检查

为保证流水线能够有序顺畅地流动，生产步调具有一致性和均衡性，避免工位之间的空间与时序冲突，需要在考虑场地缓存能力的基础上，合理配置一定数量的缓存中间产品。对于拼板流水线而言，主要考虑的前道配套包括 T 材、型材及预拼板等。因此，通过对生产计划及配套相关数据的分析，实现以拼板计划完工时间为参照，以片段为对象，校核前道工序配套完成进度，同时，当前道配套不畅时，可以参照各工序物量及片段流向，进行工位调整，从而实现工位间的有效协同。流水线制作计划及前道材料检查如图 1－16 所示。

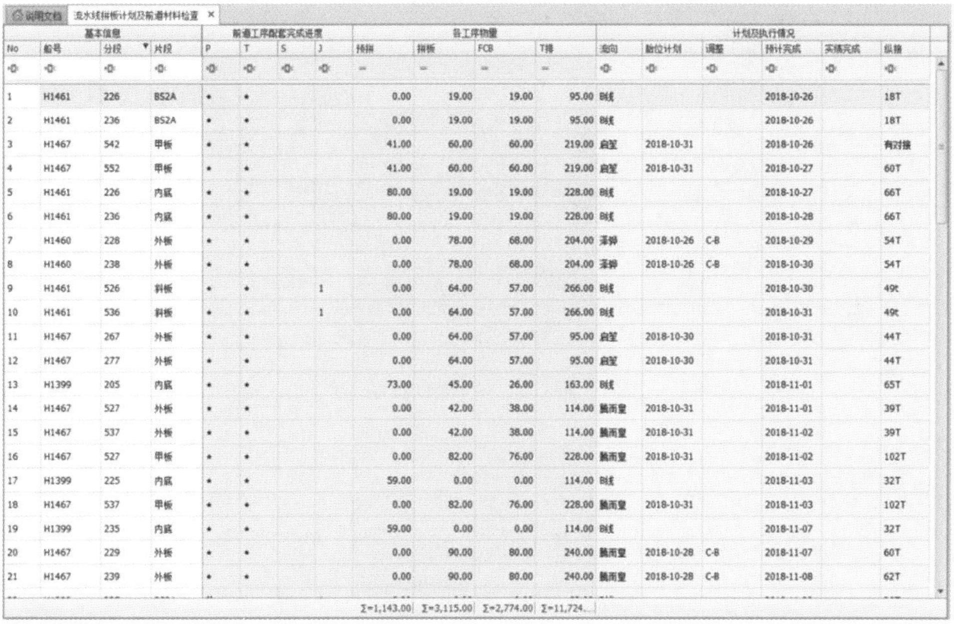
说明文档　流水线拼板计划及前道材料检查

基本信息				前道工序配套完成进度				各工序物量				计划及执行情况					
No	船号	分段	片段	P	T	S	J	预拼	拼板	FCB	T排	流向	胎位计划	调整	预计完成	实际完成	纵骨
1	H1461	226	BS2A	•	•			0.00	19.00	19.00	95.00	B线			2018-10-26		18T
2	H1461	236	BS2A	•	•			0.00	19.00	19.00	95.00	B线			2018-10-26		18T
3	H1467	542	甲板	•	•			41.00	60.00	60.00	219.00	启笙	2018-10-31		2018-10-26		有对接
4	H1467	552	甲板	•	•			41.00	60.00	60.00	219.00	启笙	2018-10-31		2018-10-27		60T
5	H1461	226	内底	•	•			80.00	19.00	19.00	228.00	B线			2018-10-27		66T
6	H1461	236	内底	•	•			80.00	19.00	19.00	228.00	B线			2018-10-28		66T
7	H1460	228	外板	•	•			0.00	78.00	68.00	204.00	泽铧	2018-10-26	C-B	2018-10-29		54T
8	H1460	238	外板	•	•			0.00	78.00	68.00	204.00	泽铧	2018-10-26	C-B	2018-10-30		54T
9	H1461	526	斜板	•	•		1	0.00	64.00	57.00	266.00	B线			2018-10-30		49t
10	H1461	536	斜板	•	•		1	0.00	64.00	57.00	266.00	B线			2018-10-31		49t
11	H1467	267	外板	•	•			0.00	64.00	57.00	95.00	启笙	2018-10-30		2018-10-31		44T
12	H1467	277	外板	•	•			0.00	64.00	57.00	95.00	启笙	2018-10-30		2018-10-31		44T
13	H1399	205	内底	•	•			73.00	45.00	26.00	163.00	B线			2018-11-01		65T
14	H1467	527	外板	•	•			0.00	42.00	38.00	114.00	鹏而皇	2018-10-31		2018-11-01		39T
15	H1467	537	外板	•	•			0.00	42.00	38.00	114.00	鹏而皇	2018-10-31		2018-11-02		39T
16	H1467	527	甲板	•	•			0.00	82.00	76.00	228.00	鹏而皇	2018-10-31		2018-11-02		102T
17	H1399	225	内底	•	•			59.00	0.00	0.00	114.00	B线			2018-11-03		32T
18	H1467	537	甲板	•	•			0.00	82.00	76.00	228.00	鹏而皇	2018-10-31		2018-11-03		102T
19	H1399	235	内底	•	•			59.00	0.00	0.00	114.00	B线			2018-11-07		32T
20	H1467	229	外板	•	•			0.00	90.00	80.00	240.00	鹏而皇	2018-10-28	C-B	2018-11-07		60T
21	H1467	239	外板	•	•			0.00	90.00	80.00	240.00	鹏而皇	2018-10-28	C-B	2018-11-08		62T
								Σ=1,143.00	Σ=3,115.00	Σ=2,774.00	Σ=11,724...						

图 1－16　拼板制作计划及前道材料情况检查

③流水线拼板人力需求测算

在流水线生产模式下，每个工位的产能主要取决于设备的能力，单纯地增加人员投入并不一定能够明显提高产能。为了不影响生产节拍，需要预测各工位人力投入，以便提前规划增加对应工位的班次来调节产能，减少某一工位停滞给流水线计划执行带来的影响，最终达到按既定节拍连续且均衡生产的效果。

各工序的人力需求测算以工时物量定额体系为基础，将各工序再次拆解到子工序，根据各子工序的物量计算其定额工时，最终进行人力需求测算。流水线拼板定额工时如图 1－17所示，所有工序工时及物量波动采用增减投入作业人员的方式来响应，流水线拼板人力需求如图 1－18 所示。

(3)工位计划节拍及在制品/工位间缓存品分析功能

在实际生产过程中，每个片段物量及作业工时客观上存在不统一，难以确保每个片段均在一个节拍内完成，由此可能造成拼板流水线生产节奏的不均衡。因此，为了更好地预测工位的作业负荷，更好地发挥计划的指导性作用，通过制定每个工位/工序的物量工时定额,精确地计算各个分段各级中间产品在每个工位上的工时消耗,以节拍为单位编制工位级别的小日程作业计划,分析工位的节拍及在制品和缓存品数量,从而更好地使用既定资源,提升计划管控的精细化程度。

基础信息					预拼板			拼板		FCB焊	划线焊补				纵骨装配			纵骨焊接						汇总	
No	船号	分段	片段	流向	预拼板	埋弧	A-10吊马	FCB拼板	CO2拼板	FCB	碳刨	CO2打底焊补	FCB正面焊补	FCB反面焊补	A-10吊马	纵骨划线	纵骨装配	端头包焊	工艺板切割	CO2填角	HS-MAG/倒棱	HS-MAG焊补	A-20吊马	汇总	目标工时
1	H1461	226	BS2A	B线	0.00	0.00	0.00	30.40	0.00	26.60	0.00	0.00	23.75	49.40	0.00	30.00	66.50	6.65	5.70	0.00	33.25	38.00	16.00	326.25	37.2
2	H1461	236	BS2A	B线	0.00	0.00	0.00	30.40	0.00	26.60	0.00	0.00	23.75	49.40	0.00	30.00	66.50	6.65	5.70	0.00	33.25	38.00	16.00	326.25	37.2
3	H1467	542	甲板	启笙	75.85	369.00	18.00	96.00	0.00	108.00	54.00	0.00	75.00	156.00	44.00	30.00	153.30	21.00	30.30	0.00	284.70	87.60	16.00	1,155.90	132.1
4	H1467	552	甲板	启笙	75.85	369.00	18.00	96.00	0.00	108.00	54.00	0.00	75.00	156.00	44.00	30.00	153.30	21.00	30.30	0.00	284.70	87.60	16.00	1,155.90	132.1
5	H1461	226	内底	B线	148.00	520.00	18.00	30.40	0.00	26.60	0.00	0.00	23.75	49.40	44.00	30.00	159.60	6.65	29.70	0.00	79.80	91.20	16.00	587.10	67.1
6	H1461	236	内底	B线	148.00	520.00	18.00	30.40	0.00	26.60	0.00	0.00	23.75	49.40	44.00	30.00	159.60	6.65	29.70	0.00	79.80	91.20	16.00	587.10	67.1
7	H1460	228	外板	泽铆	0.00	0.00	0.00	108.80	30.00	95.20	0.00	80.00	85.00	176.80	0.00	30.00	142.80	23.80	28.40	70.00	71.40	81.60	16.00	1,039.80	118.8
8	H1460	238	外板	泽铆	0.00	0.00	0.00	108.80	30.00	95.20	0.00	80.00	85.00	176.80	0.00	30.00	142.80	23.80	28.40	70.00	71.40	81.60	16.00	1,039.80	118.8
9	H1461	526	斜板	B线	0.00	0.00	0.00	91.20	21.00	79.80	0.00	56.00	71.25	148.20	0.00	30.00	186.20	19.95	22.70	35.00	93.10	106.40	16.00	976.80	111.6
10	H1461	536	斜板	B线	0.00	0.00	0.00	91.20	21.00	79.80	0.00	56.00	71.25	148.20	0.00	30.00	186.20	19.95	22.70	35.00	93.10	106.40	16.00	976.80	111.6
11	H1467	267	外板	启笙	0.00	0.00	0.00	91.20	21.00	79.80	0.00	56.00	71.25	148.20	0.00	30.00	66.50	19.95	22.70	49.00	33.25	38.00	16.00	742.85	84.9
12	H1467	277	外板	启笙	0.00	0.00	0.00	91.20	21.00	79.80	0.00	56.00	71.25	148.20	0.00	30.00	66.50	19.95	22.70	49.00	33.25	38.00	16.00	742.85	84.9
13	H1399	205	内底	B线	135.05	474.50	18.00	41.60	57.00	36.40	0.00	152.00	32.50	67.60	44.00	30.00	114.10	9.10	44.90	133.00	57.05	65.20	16.00	900.45	102.9
14	H1467	527	外板	脑周壁	0.00	0.00	0.00	60.80	12.00	53.20	0.00	32.00	47.50	98.80	0.00	30.00	79.80	13.30	14.60	28.00	39.90	45.60	16.00	571.50	65.3
15	H1467	537	外板	脑周壁	0.00	0.00	0.00	60.80	12.00	53.20	0.00	32.00	47.50	98.80	0.00	30.00	79.80	13.30	14.60	28.00	39.90	45.60	16.00	571.50	65.3
16	H1467	527	甲板	脑周壁	0.00	0.00	0.00	121.60	18.00	136.80	68.40	48.00	95.00	197.60	0.00	30.00	159.60	26.60	27.60	54.00	296.40	91.20	16.00	1,386.80	158.4
17	H1399	225	内底	B线	109.15	383.50	18.00	0.00	0.00	0.00	0.00	0.00	0.00	0.00	44.00	30.00	79.80	0.00	17.70	0.00	39.90	45.60	16.00	273.00	31.2
18	H1467	537	甲板	脑周壁	0.00	0.00	0.00	121.60	18.00	136.80	68.40	48.00	95.00	197.60	0.00	30.00	159.60	26.60	27.60	54.00	296.40	91.20	16.00	1,386.80	158.4
19	H1399	235	内底	B线	109.15	383.50	18.00	0.00	0.00	0.00	0.00	0.00	0.00	0.00	44.00	30.00	79.80	0.00	17.70	0.00	39.90	45.60	16.00	273.00	31.2
20	H1467	229	外板	脑周壁	0.00	0.00	0.00	128.00	30.00	112.00	0.00	80.00	100.00	208.00	0.00	30.00	168.00	28.00	32.00	70.00	84.00	96.00	16.00	1,182.00	135.0
					Σ=2,1...	Σ=7,9...	Σ=450...	Σ=4,4...	Σ=1,0...	Σ=4,1...	Σ=673...	Σ=2,7...	Σ=3,4...	Σ=7,2...	Σ=1,1...	Σ=2,0...	Σ=8,2...	Σ=970...	Σ=1,4...	Σ=2,3...	Σ=6,4...	Σ=4,6...	Σ=1,1...	Σ=52...	Σ=5,9...

图 1-17　流水线拼板定额工时

基础信息					各工序物量				各工序定额工时						各工序计划人力投入						
No	船号	分段	片段	流向	预拼板	拼板	FCB	T排	预拼板	拼板	FCB焊接	划线焊补	纵骨装配	纵骨焊接	预拼板	拼板	FCB焊接	划线焊补	纵骨装配	纵骨焊接	预拼板
1	H1461	226	BS2A	B线	0.00	19.00	19.00	95.00	0.00	3.47	3.04	8.36	11.03	11.38	0	1	1	2	2	2	0.0
2	H1461	236	BS2A	B线	0.00	19.00	19.00	95.00	0.00	3.47	3.04	8.36	11.03	11.38	0	1	1	2	2	2	0.0
3	H1467	542	甲板	启笙	52.90	60.00	60.00	219.00	41.00	10.97	12.34	32.57	25.98	50.24	7	2	2	5	4	7	75.8
4	H1467	552	甲板	启笙	52.90	60.00	60.00	219.00	41.00	10.97	12.34	32.57	25.98	50.24	7	2	2	5	4	7	75.8
5	H1461	226	内底	B线	78.40	19.00	19.00	228.00	80.00	3.47	3.04	8.36	26.70	25.53	10	1	1	2	4	4	148.0
6	H1461	236	内底	B线	78.40	19.00	19.00	228.00	80.00	3.47	3.04	8.36	26.70	25.53	10	1	1	2	4	4	148.0
7	H1460	228	外板	泽铆	0.00	78.00	68.00	204.00	0.00	15.86	10.88	39.06	19.75	33.28	0	2	2	5	3	5	0.0
8	H1460	238	外板	泽铆	0.00	78.00	68.00	204.00	0.00	15.86	10.88	39.06	19.75	33.28	0	2	2	5	3	5	0.0
9	H1461	526	斜板	B线	0.00	64.00	57.00	266.00	0.00	12.82	9.12	31.48	24.71	33.50	0	2	2	4	4	5	0.0
10	H1461	536	斜板	B线	0.00	64.00	57.00	266.00	0.00	12.82	9.12	31.48	24.71	33.50	0	2	2	4	4	5	0.0
11	H1467	267	外板	启笙	0.00	64.00	57.00	95.00	0.00	12.82	9.12	31.48	11.03	20.45	0	2	2	4	2	3	0.0
12	H1467	277	外板	启笙	0.00	64.00	57.00	95.00	0.00	12.82	9.12	31.48	11.03	20.45	0	2	2	4	2	3	0.0
13	H1399	205	内底	B线	71.72	45.00	26.00	163.00	73.00	11.27	4.16	28.81	21.50	37.17	9	2	1	4	3	5	135.0
14	H1467	527	外板	脑周壁	0.00	42.00	38.00	114.00	0.00	8.32	6.08	20.38	12.55	17.99	0	2	1	3	2	3	0.0
15	H1467	537	外板	脑周壁	0.00	42.00	38.00	114.00	0.00	8.32	6.08	20.38	12.55	17.99	0	2	1	3	2	3	0.0
16	H1467	527	甲板	脑周壁	0.00	82.00	76.00	228.00	0.00	15.95	15.63	46.74	21.67	58.49	0	2	2	6	3	8	0.0
17	H1399	225	内底	B线	58.36	0.00	0.00	114.00	59.00	0.00	0.00	0.00	17.58	13.62	8	0	0	0	3	2	109.1
18	H1467	537	甲板	脑周壁	0.00	82.00	76.00	228.00	0.00	15.95	15.63	46.74	21.67	58.49	0	2	2	6	3	8	0.0
19	H1399	235	内底	B线	58.36	0.00	0.00	114.00	59.00	0.00	0.00	0.00	17.58	13.62	8	0	0	0	3	2	109.1
20	H1467	229	外板	脑周壁	0.00	90.00	80.00	240.00	0.00	18.06	12.80	44.34	22.63	37.26	0	3	2	6	3	5	0.0
					Σ=2,4...	Σ=6,2...	Σ=5,5...	Σ=23,...	Σ=2,2...	Σ=1,2...	Σ=956...	Σ=3,2...	Σ=2,6...	Σ=3,9...	Σ=162	Σ=105	Σ=87	Σ=225	Σ=200	Σ=282	Σ=2,1...

图 1-18　流水线拼板人力需求

以某月需要完工的分段板片为例,对流水线拼板各工序的节拍进行分析。一般情况下,一个工序在一个节拍内完成,少数板片某道工序物量较大时,可能会占用两个节拍。因此,采用增减投入作业人员的方式对所有工序物量波动进行响应,保证每个工序都只占用一个节拍。

流水线生产节拍为 4 h(每日作业最大可以有 4 个节拍),分别以每天 1 个节拍、2 个节拍、3 个节拍、4 个节拍为前提分析各工序计划所对应的节拍,借助数字化多工位协同数据分析平台,将分析数据转换为甘特图的形式进行展示,分别如图 1-19 至图 1-22 所示。

工位在制品及工位间缓存品分析的目的是基于理论值对拼板流水线生产的连续性与均衡性进行判断。每个工位在每个节拍点的在制品数量理论值为 1、工位间缓存量为 0 为最佳。数切与预拼、预拼与拼板之间各设置 1 个班次的缓存,即 2 个片段。主线拼板至纵骨焊接阶段,理论上不设置缓存,但考虑到各片段物量及工时不能完全统一,且流水线上给予的缓存空间十分有限,故定义 1~2 个片段缓存。在流水线生产过程中,分析每个节拍点的工位在制品及工位间缓存品数量,为工位间协同提供数据支撑。

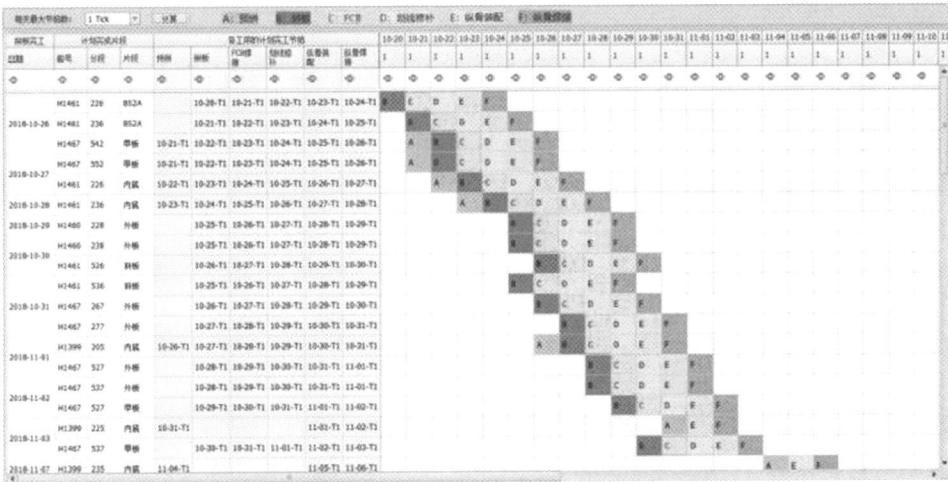

图 1-19 每天 1 个节拍时各工序计划对应节拍分析

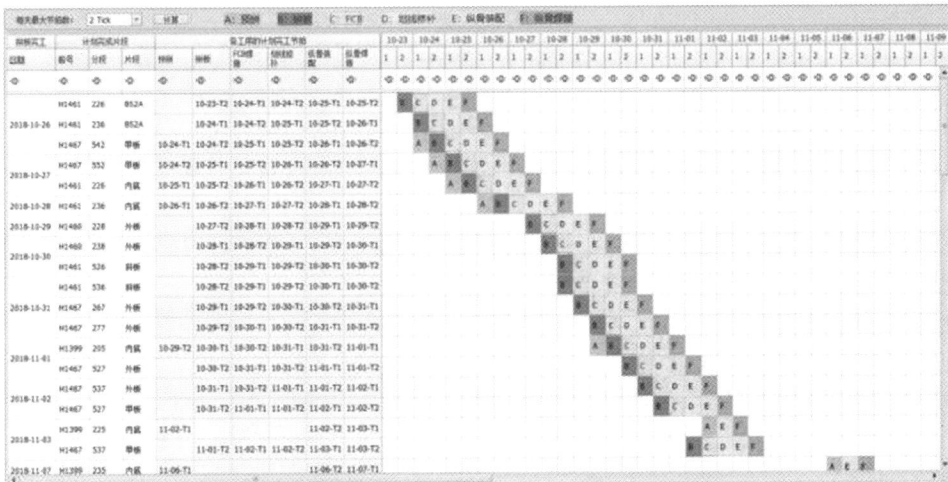

图 1-20 每天 2 个节拍时各工序计划对应节拍分析

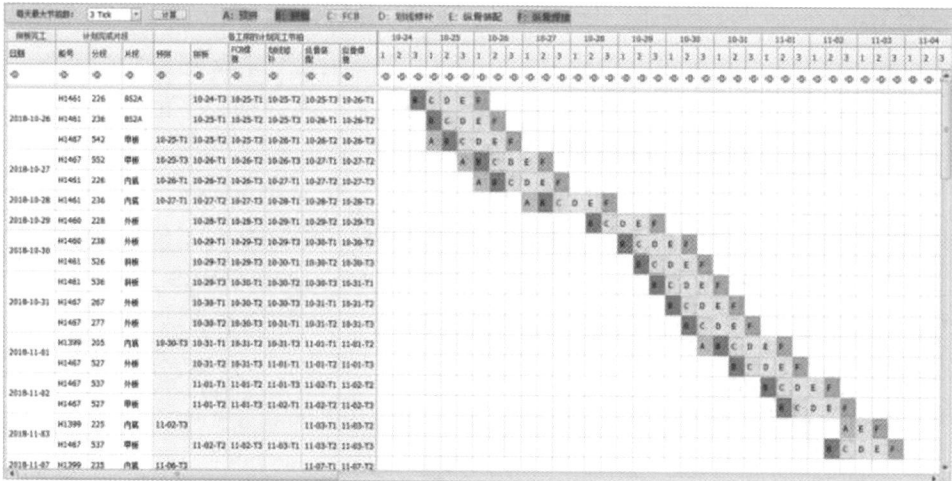

图 1 - 21　每天 3 个节拍时各工序计划对应节拍分析

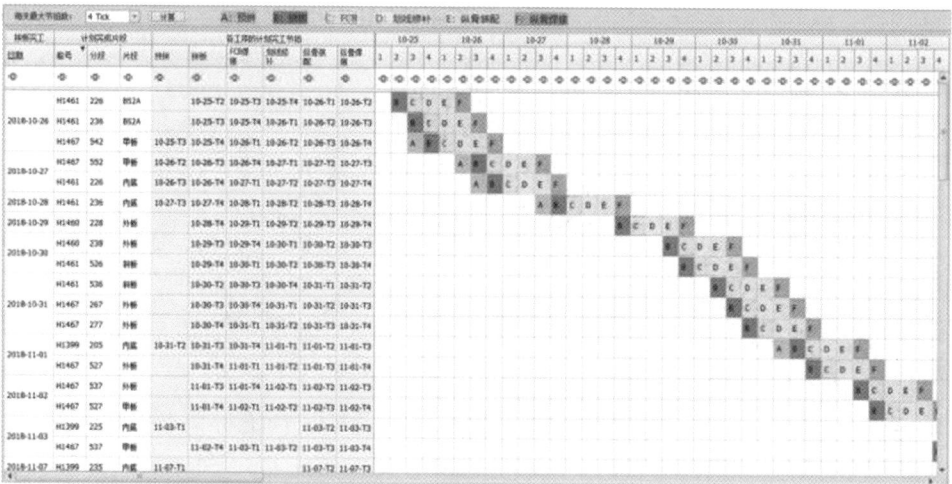

图 1 - 22　每天 4 个节拍时各工序计划对应节拍分析

以某月计划为例分析,分别以每天 1 个节拍、2 个节拍、3 个节拍、4 个节拍为前提分析工位的在制品数量及工位间的缓存品数量,见表 1 - 19。

表 1 - 19　工位在制品数量及工位间缓存品数量分析(计划)

节拍	预拼		拼板		FCB 焊接		划线修补		纵骨装配		纵骨焊接	
	在制量	缓存量	在制量	缓存量	在制量	缓存量	在制量	缓存量	在制量	缓存量	在制量	缓存量
以下为每天 1 个节拍时工位在制品及工位间缓存品量												
10 - 20 - T1	0	0	1	0	0	0	0	0	0	0	0	0
10 - 21 - T1	2	1	1	0	1	0	0	0	0	0	0	0
10 - 22 - T1	1	0	2	1	1	0	1	0	0	0	0	0

表1-19(续1)

节拍	预拼		拼板		FCB焊接		划线修补		纵骨装配		纵骨焊接	
	在制量	缓存量	在制量	缓存量	在制量	缓存量	在制量	缓存量	在制量	缓存量	在制量	缓存量
以下为每天1个节拍时工位在制品及工位间缓存品量												
10-23-T1	1	0	1	0	2	1	1	0	1	0	0	0
10-24-T1	0	0	1	0	1	0	2	1	1	0	1	0
10-25-T1	0	0	3	2	1	0	1	0	2	1	1	0
10-26-T1	1	0	2	1	3	2	1	0	1	0	2	1
10-27-T1	0	0	2	1	2	1	3	2	1	0	1	0
10-28-T1	0	0	2	1	2	1	2	1	3	2	1	0
10-29-T1	0	0	1	0	2	1	2	1	2	1	3	2
10-30-T1	0	0	1	0	1	0	2	1	2	1	2	1
10-31-T1	1	0	0	0	1	0	1	0	2	1	2	1
11-01-T1	0	0	0	0	0	0	1	0	2	1	2	1
11-02-T1	0	0	0	0	0	0	0	0	1	0	2	1
11-03-T1	0	0	1	0	0	0	0	0	0	0	1	0
11-04-T1	2	0	1	0	1	0	0	0	0	0	0	0
11-05-T1	1	0	2	1	1	0	1	0	0	0	0	0
11-06-T1	1	0	2	1	2	1	1	0	1	0	1	0
11-07-T1	1	0	1	0	2	1	2	1	2	1	1	0
11-08-T1	2	1	1	0	1	0	2	1	3	2	2	1
11-09-T1	1	0	2	1	1	0	1	0	2	1	3	2
11-10-T1	2	0	2	1	2	1	1	0	1	0	2	1
11-11-T1	3	2	3	2	2	1	2	1	3	2	2	1
11-12-T1	1	0	4	3	3	2	2	1	2	1	3	2
11-13-T1	1	0	5	4	4	3	3	2	3	2	2	1
11-14-T1	0	0	4	3	5	4	4	3	3	2	3	2
11-15-T1	0	0	1	0	4	3	5	4	4	3	3	2
11-16-T1	0	0	2	1	1	0	4	3	5	4	4	3
11-17-T1	2	0	2	1	2	1	1	0	4	3	5	4
11-18-T1	2	1	3	2	2	1	2	1	3	2	4	3
11-19-T1	0	0	3	2	3	2	2	1	2	1	3	2
11-20-T1	0	0	1	0	3	2	3	2	2	1	2	1
11-21-T1	0	0	0	0	1	0	3	2	3	2	2	1
11-22-T1	0	0	0	0	0	0	1	0	3	2	3	2

表 1-19（续2）

节拍	预拼		拼板		FCB 焊接		划线修补		纵骨装配		纵骨焊接	
	在制量	缓存量	在制量	缓存量	在制量	缓存量	在制量	缓存量	在制量	缓存量	在制量	缓存量
以下为每天 1 个节拍时工位在制品及工位间缓存品量												
11 - 23 - T1	0	0	0	0	0	0	0	0	2	1	3	2
11 - 24 - T1	0	0	0	0	0	0	0	0	1	0	2	1
11 - 25 - T1	0	0	0	0	0	0	0	0	0	0	1	0
以下为每天 2 个节拍时工位在制品及工位间缓存品量												
10 - 23 - T1	0	0	0	0	0	0	0	0	0	0	0	0
10 - 23 - T2	0	0	1	0	0	0	0	0	0	0	0	0
10 - 24 - T1	1	0	1	0	1	0	0	0	0	0	0	0
10 - 24 - T2	1	0	1	0	1	0	1	0	0	0	0	0
10 - 25 - T1	1	0	1	0	1	0	1	0	1	0	0	0
10 - 25 - T2	0	0	1	0	1	0	1	0	1	0	1	0
10 - 26 - T1	1	0	0	0	1	0	1	0	1	0	1	0
10 - 26 - T2	0	0	1	0	0	0	1	0	1	0	1	0
10 - 27 - T1	0	0	0	0	1	0	0	0	1	0	1	0
10 - 27 - T2	0	0	1	0	0	0	1	0	0	0	1	0
10 - 28 - T1	0	0	1	0	1	0	0	0	1	0	0	0
10 - 28 - T2	0	0	2	1	1	0	1	0	0	0	1	0
10 - 29 - T1	0	0	1	0	2	1	1	0	1	0	0	0
10 - 29 - T2	1	0	1	0	1	0	2	1	1	0	1	0
10 - 30 - T1	0	0	1	0	1	0	1	0	2	1	1	0
10 - 30 - T2	0	0	1	0	1	0	1	0	1	0	2	1
10 - 31 - T1	0	0	1	0	1	0	1	0	1	0	1	0
10 - 31 - T2	0	0	1	0	0	0	1	0	1	0	1	0
11 - 01 - T1	0	0	0	0	1	0	1	0	1	0	1	0
11 - 01 - T2	0	0	1	0	0	0	0	0	1	0	1	0
11 - 02 - T1	1	0	0	0	1	0	0	0	1	0	1	0
11 - 02 - T2	0	0	0	0	0	0	1	0	1	0	1	0
11 - 03 - T1	0	0	0	0	0	0	0	0	1	0	1	0
11 - 03 - T2	0	0	0	0	0	0	0	0	0	0	1	0
11 - 04 - T1	0	0	0	0	0	0	0	0	0	0	0	0
11 - 04 - T2	0	0	0	0	0	0	0	0	0	0	0	0
11 - 05 - T1	0	0	0	0	0	0	0	0	0	0	0	0

表 1 - 19（续 3）

节拍	预拼		拼板		FCB 焊接		划线修补		纵骨装配		纵骨焊接	
	在制量	缓存量	在制量	缓存量	在制量	缓存量	在制量	缓存量	在制量	缓存量	在制量	缓存量
以下为每天 2 个节拍时工位在制品及工位间缓存品量												
11 - 05 - T2	0	0	1	0	0	0	0	0	0	0	0	0
11 - 06 - T1	1	0	0	0	1	0	0	0	0	0	0	0
11 - 06 - T2	0	0	1	0	0	0	1	0	1	0	0	0
11 - 07 - T1	0	0	0	0	1	0	0	0	1	0	1	0
11 - 07 - T2	1	0	0	0	0	0	1	0	0	0	1	0
11 - 08 - T1	1	0	1	0	0	0	0	0	0	0	1	0
11 - 08 - T2	0	0	2	1	1	0	0	0	1	0	1	0
11 - 09 - T1	1	0	1	0	2	1	1	0	1	0	1	0
11 - 09 - T2	0	0	1	0	1	0	2	1	1	0	1	0
11 - 10 - T1	0	0	0	0	1	0	1	0	2	1	1	0
11 - 10 - T2	1	0	0	0	0	0	1	0	1	0	2	1
11 - 11 - T1	1	0	1	0	0	0	0	0	1	0	1	0
11 - 11 - T2	1	0	1	0	1	0	0	0	1	0	1	0
11 - 12 - T1	0	0	1	0	0	0	1	0	1	0	1	0
11 - 12 - T2	1	0	0	0	1	0	1	0	1	0	1	0
11 - 13 - T1	0	0	1	0	0	0	1	0	2	1	1	0
11 - 13 - T2	1	0	1	0	1	0	0	0	1	0	2	1
11 - 14 - T1	2	1	0	0	1	0	1	0	1	0	1	0
11 - 14 - T2	1	0	3	2	0	0	1	0	1	0	1	0
11 - 15 - T1	1	0	2	1	3	2	0	0	1	0	1	0
11 - 15 - T2	1	0	2	1	2	1	3	2	0	0	1	0
11 - 16 - T1	0	0	2	1	2	1	2	1	3	2	0	0
11 - 16 - T2	0	0	2	1	2	1	2	1	2	1	3	2
11 - 17 - T1	0	0	2	1	2	1	2	1	2	1	2	1
11 - 17 - T2	1	0	3	2	2	1	2	1	2	1	2	1
11 - 18 - T1	0	0	1	0	3	2	2	1	2	1	2	1
11 - 18 - T2	0	0	1	0	1	0	3	2	2	1	2	1
11 - 19 - T1	1	0	1	0	1	0	1	0	3	2	2	1
11 - 19 - T2	1	0	1	0	1	0	1	0	2	1	3	2
11 - 20 - T1	0	0	1	0	1	0	1	0	2	1	2	1
11 - 20 - T2	0	0	1	0	1	0	1	0	1	0	2	1

表 1-19（续 4）

节拍	预拼		拼板		FCB 焊接		划线修补		纵骨装配		纵骨焊接	
	在制量	缓存量	在制量	缓存量	在制量	缓存量	在制量	缓存量	在制量	缓存量	在制量	缓存量
以下为每天 2 个节拍时工位在制品及工位间缓存品量												
11-21-T1	1	0	1	0	1	0	1	0	1	0	1	0
11-21-T2	1	0	1	0	1	0	1	0	1	0	1	0
11-22-T1	0	0	2	1	1	0	1	0	1	0	1	0
11-22-T2	0	0	2	1	2	1	1	0	1	0	1	0
11-23-T1	0	0	0	0	2	1	2	1	1	0	1	0
11-23-T2	0	0	0	0	0	0	2	1	2	1	1	0
11-24-T1	0	0	0	0	0	0	0	0	2	1	2	1
11-24-T2	0	0	0	0	0	0	0	0	1	0	2	1
11-25-T1	0	0	0	0	0	0	0	0	1	0	1	0
11-25-T2	0	0	0	0	0	0	0	0	0	0	1	0
以下为每天 3 个节拍时工位在制品及工位间缓存品量												
10-24-T1	0	0	0	0	0	0	0	0	0	0	0	0
10-24-T2	0	0	0	0	0	0	0	0	0	0	0	0
10-24-T3	0	0	1	0	0	0	0	0	0	0	0	0
10-25-T1	1	0	1	0	1	0	0	0	0	0	0	0
10-25-T2	0	0	1	0	1	0	1	0	0	0	0	0
10-25-T3	1	0	0	0	0	0	1	0	1	0	0	0
10-26-T1	1	0	1	0	0	0	1	0	1	0	1	0
10-26-T2	0	0	1	0	1	0	0	0	1	0	1	0
10-26-T3	0	0	0	0	1	0	1	0	0	0	1	0
10-27-T1	1	0	0	0	0	0	1	0	1	0	0	0
10-27-T2	0	0	1	0	0	0	0	0	1	0	1	0
10-27-T3	0	0	0	0	1	0	0	0	0	0	1	0
10-28-T1	0	0	0	0	0	0	1	0	0	0	0	0
10-28-T2	0	0	1	0	0	0	0	0	1	0	0	0
10-28-T3	0	0	0	0	1	0	0	0	0	0	1	0
10-29-T1	0	0	1	0	0	0	1	0	0	0	0	0
10-29-T2	0	0	1	0	1	0	0	0	1	0	0	0
10-29-T3	0	0	1	0	1	0	1	0	0	0	1	0
10-30-T1	0	0	1	0	0	0	1	0	1	0	0	0
10-30-T2	0	0	1	0	1	0	1	0	1	0	1	0

表 1 – 19（续 5）

节拍	预拼		拼板		FCB 焊接		划线修补		纵骨装配		纵骨焊接	
	在制量	缓存量	在制量	缓存量	在制量	缓存量	在制量	缓存量	在制量	缓存量	在制量	缓存量
以下为每天 3 个节拍时工位在制品及工位间缓存品量												
10 – 30 – T3	1	0	0	0	1	0	1	0	1	0	1	0
10 – 31 – T1	0	0	1	0	0	0	1	0	1	0	1	0
10 – 31 – T2	0	0	1	0	1	0	0	0	1	0	1	0
10 – 31 – T3	0	0	0	0	1	0	1	0	0	0	1	0
11 – 01 – T1	0	0	1	0	0	0	1	0	1	0	0	0
11 – 01 – T2	0	0	1	0	1	0	0	0	1	0	1	0
11 – 01 – T3	0	0	0	0	1	0	1	0	0	0	1	0
11 – 02 – T1	0	0	0	0	0	0	1	0	1	0	0	0
11 – 02 – T2	0	0	1	0	0	0	0	0	1	0	1	0
11 – 02 – T3	1	0	0	0	1	0	0	0	0	0	1	0
11 – 03 – T1	0	0	0	0	0	0	1	0	1	0	0	0
11 – 03 – T2	0	0	0	0	0	0	0	0	1	0	1	0
11 – 03 – T3	0	0	0	0	0	0	0	0	0	0	1	0
11 – 04 – T1	0	0	0	0	0	0	0	0	0	0	0	0
11 – 04 – T2	0	0	0	0	0	0	0	0	0	0	0	0
11 – 04 – T3	0	0	0	0	0	0	0	0	0	0	0	0
11 – 05 – T1	0	0	0	0	0	0	0	0	0	0	0	0
11 – 05 – T2	0	0	0	0	0	0	0	0	0	0	0	0
11 – 05 – T3	0	0	0	0	0	0	0	0	0	0	0	0
11 – 06 – T1	0	0	0	0	0	0	0	0	0	0	0	0
11 – 06 – T2	0	0	1	0	0	0	0	0	0	0	0	0
11 – 06 – T3	1	0	0	0	1	0	0	0	0	0	0	0
11 – 07 – T1	0	0	0	0	0	0	1	0	1	0	0	0
11 – 07 – T2	0	0	1	0	0	0	0	0	1	0	1	0
11 – 07 – T3	0	0	0	0	1	0	0	0	0	0	1	0
11 – 08 – T1	0	0	0	0	0	0	1	0	0	0	0	0
11 – 08 – T2	0	0	0	0	0	0	0	0	1	0	0	0
11 – 08 – T3	1	0	0	0	0	0	0	0	0	0	1	0
11 – 09 – T1	1	0	1	0	0	0	0	0	1	0	0	0
11 – 09 – T2	0	0	1	0	1	0	0	0	1	0	1	0
11 – 09 – T3	0	0	1	0	1	0	1	0	0	0	1	0

表 1 - 19（续 6）

节拍	预拼		拼板		FCB 焊接		划线修补		纵骨装配		纵骨焊接	
	在制量	缓存量	在制量	缓存量	在制量	缓存量	在制量	缓存量	在制量	缓存量	在制量	缓存量
以下为每天 3 个节拍时工位在制品及工位间缓存品量												
11 - 10 - T1	1	0	1	0	1	0	1	0	1	0	0	0
11 - 10 - T2	0	0	1	0	1	0	1	0	1	0	1	0
11 - 10 - T3	0	0	0	0	1	0	1	0	1	0	1	0
11 - 11 - T1	0	0	0	0	0	0	1	0	1	0	1	0
11 - 11 - T2	0	0	0	0	0	0	0	0	1	0	1	0
11 - 11 - T3	1	0	0	0	0	0	0	0	0	0	1	0
11 - 12 - T1	1	0	1	0	0	0	0	0	1	0	0	0
11 - 12 - T2	0	0	1	0	1	0	0	0	1	0	1	0
11 - 12 - T3	1	0	0	0	0	0	1	0	0	0	1	0
11 - 13 - T1	0	0	1	0	0	0	1	0	1	0	0	0
11 - 13 - T2	1	0	0	0	0	0	0	0	1	0	1	0
11 - 13 - T3	0	0	0	0	0	0	1	0	1	0	1	0
11 - 14 - T1	1	0	1	0	0	0	0	0	1	0	1	0
11 - 14 - T2	0	0	1	0	1	0	0	0	1	0	1	0
11 - 14 - T3	0	0	0	0	1	0	1	0	0	0	1	0
11 - 15 - T1	1	0	0	0	0	0	1	0	1	0	0	0
11 - 15 - T2	0	0	1	0	1	0	0	0	1	0	1	0
11 - 15 - T3	1	0	1	0	1	0	0	0	0	0	1	0
11 - 16 - T1	1	0	2	1	0	0	1	0	0	0	0	0
11 - 16 - T2	1	0	2	1	2	1	1	0	1	0	0	0
11 - 16 - T3	0	0	1	0	2	1	2	1	1	0	1	0
11 - 17 - T1	1	0	1	0	1	0	2	1	2	1	1	0
11 - 17 - T2	0	0	2	1	1	0	1	0	2	1	2	1
11 - 17 - T3	0	0	1	0	2	1	1	0	1	0	2	1
11 - 18 - T1	0	0	1	0	1	0	2	1	1	0	1	0
11 - 18 - T2	0	0	2	1	1	0	1	0	2	1	1	0
11 - 18 - T3	0	0	1	0	2	1	1	0	1	0	2	1
11 - 19 - T1	1	0	1	0	1	0	2	1	1	0	1	0
11 - 19 - T2	0	0	2	1	1	0	1	0	2	1	1	0
11 - 19 - T3	1	0	0	0	2	1	1	0	1	0	2	1
11 - 20 - T1	0	0	1	0	0	0	2	1	2	1	1	0

表 1 – 19（续7）

节拍	预拼		拼板		FCB 焊接		划线修补		纵骨装配		纵骨焊接	
	在制量	缓存量	在制量	缓存量	在制量	缓存量	在制量	缓存量	在制量	缓存量	在制量	缓存量
以下为每天3个节拍时工位在制品及工位间缓存品量												
11 – 20 – T2	1	0	1	0	1	0	0	0	2	1	2	1
11 – 20 – T3	0	0	0	0	1	0	1	0	1	0	2	1
11 – 21 – T1	0	0	1	0	0	0	1	0	1	0	1	0
11 – 21 – T2	0	0	1	0	1	0	0	0	1	0	1	0
11 – 21 – T3	0	0	0	0	1	0	1	0	0	0	1	0
11 – 22 – T1	1	0	1	0	0	0	1	0	1	0	0	0
11 – 22 – T2	0	0	1	0	1	0	0	0	1	0	1	0
11 – 22 – T3	1	0	0	0	1	0	1	0	0	0	1	0
11 – 23 – T1	0	0	1	0	0	0	1	0	1	0	0	0
11 – 23 – T2	0	0	2	1	1	0	0	0	1	0	1	0
11 – 23 – T3	0	0	1	0	2	1	1	0	0	0	1	0
11 – 24 – T1	0	0	0	0	1	0	2	1	1	0	0	0
11 – 24 – T2	0	0	0	0	0	0	1	0	2	1	1	0
11 – 24 – T3	0	0	0	0	0	0	0	0	1	0	2	1
11 – 25 – T1	0	0	0	0	0	0	0	0	1	0	1	0
11 – 25 – T2	0	0	0	0	0	0	0	0	1	0	1	0
11 – 25 – T3	0	0	0	0	0	0	0	0	0	0	1	0
以下为每天4个节拍时工位在制品及工位间缓存品量												
10 – 25 – T1	0	0	0	0	0	0	0	0	0	0	0	0
10 – 25 – T2	0	0	1	0	0	0	0	0	0	0	0	0
10 – 25 – T3	1	0	1	0	1	0	0	0	0	0	0	0
10 – 25 – T4	0	0	1	0	1	0	1	0	0	0	0	0
10 – 26 – T1	0	0	0	0	1	0	1	0	1	0	0	0
10 – 26 – T2	1	0	0	0	0	0	0	0	1	0	1	0
10 – 26 – T3	1	0	1	0	0	0	0	0	1	0	1	0
10 – 26 – T4	0	0	1	0	1	0	0	0	0	0	1	0
10 – 27 – T1	0	0	0	0	1	0	1	0	0	0	0	0
10 – 27 – T2	0	0	0	0	0	0	1	0	1	0	0	0
10 – 27 – T3	1	0	0	0	0	0	0	0	1	0	0	0
10 – 27 – T4	0	0	1	0	0	0	0	0	0	0	1	0
10 – 28 – T1	0	0	0	0	1	0	0	0	0	0	0	0

表 1-19（续 8）

节拍	预拼		拼板		FCB 焊接		划线修补		纵骨装配		纵骨焊接	
	在制量	缓存量	在制量	缓存量	在制量	缓存量	在制量	缓存量	在制量	缓存量	在制量	缓存量
以下为每天 4 个节拍时工位在制品及工位间缓存品量												
10 - 28 - T2	0	0	0	0	0	0	1	0	0	0	0	0
10 - 28 - T3	0	0	0	0	0	0	0	0	1	0	0	0
10 - 28 - T4	0	0	1	0	0	0	0	0	0	0	1	0
10 - 29 - T1	0	0	0	0	1	0	0	0	0	0	0	0
10 - 29 - T2	0	0	0	0	0	0	1	0	0	0	0	0
10 - 29 - T3	0	0	1	0	0	0	0	0	1	0	0	0
10 - 29 - T4	0	0	1	0	1	0	0	0	0	0	1	0
10 - 30 - T1	0	0	0	0	0	0	1	0	0	0	0	0
10 - 30 - T2	0	0	1	0	0	0	1	0	1	0	0	0
10 - 30 - T3	0	0	1	0	1	0	0	0	1	0	1	0
10 - 30 - T4	0	0	1	0	0	0	1	0	0	0	1	0
10 - 31 - T1	0	0	0	0	1	0	1	0	1	0	0	0
10 - 31 - T2	1	0	0	0	0	0	1	0	1	0	1	0
10 - 31 - T3	0	0	1	0	0	0	0	0	1	0	0	0
10 - 31 - T4	0	0	1	0	1	0	0	0	0	0	1	0
11 - 01 - T1	0	0	0	0	0	0	1	0	0	0	0	0
11 - 01 - T2	0	0	0	0	0	0	1	0	1	0	0	0
11 - 01 - T3	0	0	1	0	0	0	0	0	1	0	1	0
11 - 01 - T4	0	0	1	0	1	0	0	0	0	0	1	0
11 - 02 - T1	0	0	0	0	1	0	1	0	0	0	0	0
11 - 02 - T2	0	0	0	0	0	0	1	0	1	0	0	0
11 - 02 - T3	0	0	0	0	0	0	0	0	1	0	1	0
11 - 02 - T4	0	0	1	0	0	0	0	0	0	0	1	0
11 - 03 - T1	1	0	0	0	1	0	0	0	0	0	0	0
11 - 03 - T2	0	0	0	0	0	0	1	0	1	0	0	0
11 - 03 - T3	0	0	0	0	0	0	0	0	1	0	1	0
11 - 03 - T4	0	0	0	0	0	0	0	0	0	0	1	0
11 - 04 - T1	0	0	0	0	0	0	0	0	0	0	0	0
11 - 04 - T2	0	0	0	0	0	0	0	0	0	0	0	0
11 - 04 - T3	0	0	0	0	0	0	0	0	0	0	0	0
11 - 04 - T4	0	0	0	0	0	0	0	0	0	0	0	0

表 1-19(续 9)

节拍	预拼		拼板		FCB 焊接		划线修补		纵骨装配		纵骨焊接	
	在制量	缓存量	在制量	缓存量	在制量	缓存量	在制量	缓存量	在制量	缓存量	在制量	缓存量
以下为每天 4 个节拍时工位在制品及工位间缓存品量												
11-05-T1	0	0	0	0	0	0	0	0	0	0	0	0
11-05-T2	0	0	0	0	0	0	0	0	0	0	0	0
11-05-T3	0	0	0	0	0	0	0	0	0	0	0	0
11-05-T4	0	0	0	0	0	0	0	0	0	0	0	0
11-06-T1	0	0	0	0	0	0	0	0	0	0	0	0
11-06-T2	0	0	0	0	0	0	0	0	0	0	0	0
11-06-T3	0	0	0	0	0	0	0	0	0	0	0	0
11-06-T4	0	0	1	0	0	0	0	0	0	0	0	0
11-07-T1	1	0	0	0	1	0	0	0	0	0	0	0
11-07-T2	0	0	0	0	0	0	1	0	1	0	0	0
11-07-T3	0	0	0	0	0	0	0	0	1	0	1	0
11-07-T4	0	0	1	0	0	0	0	0	0	0	1	0
11-08-T1	0	0	0	0	1	0	0	0	0	0	0	0
11-08-T2	0	0	0	0	0	0	1	0	0	0	0	0
11-08-T3	0	0	0	0	0	0	0	0	1	0	0	0
11-08-T4	0	0	0	0	0	0	0	0	0	0	1	0
11-09-T1	0	0	0	0	0	0	0	0	0	0	0	0
11-09-T2	1	0	0	0	0	0	0	0	1	0	0	0
11-09-T3	1	0	1	0	0	0	0	0	1	0	1	0
11-09-T4	0	0	1	0	1	0	0	0	0	0	0	0
11-10-T1	0	0	0	0	1	0	1	0	0	0	0	0
11-10-T2	0	0	1	0	0	0	1	0	1	0	0	0
11-10-T3	1	0	1	0	1	0	0	0	1	0	1	0
11-10-T4	0	0	1	0	1	0	1	0	0	0	1	0
11-11-T1	0	0	0	0	1	0	1	0	1	0	0	0
11-11-T2	0	0	0	0	0	0	1	0	1	0	1	0
11-11-T3	0	0	0	0	0	0	0	0	1	0	1	0
11-11-T4	0	0	0	0	0	0	0	0	0	0	1	0
11-12-T1	0	0	0	0	0	0	0	0	0	0	0	0
11-12-T2	1	0	0	0	0	0	0	0	1	0	0	0
11-12-T3	1	0	1	0	0	0	0	0	1	0	1	0

表 1-19（续 10）

节拍	预拼		拼板		FCB 焊接		划线修补		纵骨装配		纵骨焊接	
	在制量	缓存量	在制量	缓存量	在制量	缓存量	在制量	缓存量	在制量	缓存量	在制量	缓存量
以下为每天 4 个节拍时工位在制品及工位间缓存品量												
11 – 12 – T4	0	0	1	0	1	0	0	0	0	0	1	0
11 – 13 – T1	0	0	0	0	1	0	1	0	0	0	0	0
11 – 13 – T2	1	0	0	0	0	0	1	0	1	0	0	0
11 – 13 – T3	0	0	1	0	0	0	0	0	1	0	1	0
11 – 13 – T4	1	0	0	0	1	0	0	0	0	0	1	0
11 – 14 – T1	0	0	0	0	0	0	1	0	1	0	0	0
11 – 14 – T2	1	0	0	0	0	0	0	0	1	0	1	0
11 – 14 – T3	0	0	1	0	0	0	0	0	1	0	1	0
11 – 14 – T4	0	0	1	0	1	0	0	0	0	0	1	0
11 – 15 – T1	0	0	0	0	1	0	1	0	0	0	0	0
11 – 15 – T2	0	0	0	0	0	0	1	0	1	0	0	0
11 – 15 – T3	1	0	0	0	0	0	0	0	1	0	1	0
11 – 15 – T4	0	0	1	0	0	0	0	0	0	0	1	0
11 – 16 – T1	0	0	0	0	1	0	0	0	0	0	0	0
11 – 16 – T2	0	0	1	0	0	0	1	0	0	0	0	0
11 – 16 – T3	1	0	1	0	1	0	0	0	1	0	0	0
11 – 16 – T4	1	0	2	1	1	0	1	0	0	0	1	0
11 – 17 – T1	1	0	1	0	2	1	1	0	1	0	0	0
11 – 17 – T2	0	0	1	0	1	0	2	1	1	0	1	0
11 – 17 – T3	0	0	1	0	1	0	1	0	2	1	1	0
11 – 17 – T4	1	0	1	0	1	0	1	0	1	0	2	1
11 – 18 – T1	0	0	1	0	1	0	1	0	1	0	1	0
11 – 18 – T2	0	0	1	0	1	0	1	0	1	0	1	0
11 – 18 – T3	0	0	1	0	1	0	1	0	1	0	1	0
11 – 18 – T4	0	0	1	0	1	0	1	0	1	0	1	0
11 – 19 – T1	0	0	1	0	1	0	1	0	1	0	1	0
11 – 19 – T2	0	0	1	0	1	0	1	0	1	0	1	0
11 – 19 – T3	0	0	0	0	1	0	1	0	1	0	1	0
11 – 19 – T4	1	0	2	1	0	0	1	0	1	0	1	0
11 – 20 – T1	1	0	1	0	2	1	0	0	1	0	1	0
11 – 20 – T2	0	0	0	0	1	0	2	1	1	0	1	0

表 1 - 19(续 11)

节拍	预拼		拼板		FCB 焊接		划线修补		纵骨装配		纵骨焊接	
	在制量	缓存量	在制量	缓存量	在制量	缓存量	在制量	缓存量	在制量	缓存量	在制量	缓存量
以下为每天 4 个节拍时工位在制品及工位间缓存品量												
11 - 20 - T3	0	0	1	0	0	0	1	0	2	1	1	0
11 - 20 - T4	1	0	1	0	1	0	0	0	1	0	2	1
11 - 21 - T1	0	0	0	0	1	0	1	0	1	0	1	0
11 - 21 - T2	0	0	0	0	0	0	1	0	1	0	1	0
11 - 21 - T3	0	0	1	0	0	0	0	0	1	0	1	0
11 - 21 - T4	0	0	1	0	1	0	0	0	0	0	1	0
11 - 22 - T1	0	0	0	0	1	0	1	0	0	0	0	0
11 - 22 - T2	0	0	0	0	0	0	1	0	1	0	0	0
11 - 22 - T3	1	0	1	0	0	0	0	0	1	0	0	0
11 - 22 - T4	0	0	1	0	1	0	0	0	0	0	1	0
11 - 23 - T1	0	0	0	0	0	0	1	0	1	0	0	0
11 - 23 - T2	1	0	0	0	0	0	1	0	1	0	0	0
11 - 23 - T3	0	0	1	0	0	0	0	0	1	0	0	0
11 - 23 - T4	0	0	1	0	1	0	0	0	0	0	1	0
11 - 24 - T1	0	0	1	0	0	0	1	0	0	0	0	0
11 - 24 - T2	0	0	1	0	1	0	1	0	1	0	0	0
11 - 24 - T3	0	0	0	0	1	0	1	0	1	0	0	0
11 - 24 - T4	0	0	0	0	0	0	1	0	1	0	0	0
11 - 25 - T1	0	0	0	0	0	0	0	0	1	0	0	0
11 - 25 - T2	0	0	0	0	0	0	0	0	1	0	1	0
11 - 25 - T3	0	0	0	0	0	0	0	0	0	0	0	0
11 - 25 - T4	0	0	0	0	0	0	0	0	0	0	0	0

基于分析的结果,计算出每天选用不同节拍时流水线的节拍利用率,见表 1 - 20。

表 1 - 20　不同节拍条件下流水线节拍的利用率

每天节拍数	预拼时的节拍利用率/%	拼板时的节拍利用率/%	FCB 焊接时的节拍利用率/%	划线修补时的节拍利用率/%	纵骨装配时的节拍利用率/%	纵骨焊接时的节拍利用率/%
1	67.57	154.05	154.05	154.05	186.49	186.49
2	36.76	83.82	83.82	83.82	101.47	101.47
3	25.25	57.58	57.58	57.58	69.70	69.70
4	19.53	44.53	44.53	44.53	53.91	53.91

借助数字化多工位协同数据分析平台,将上述数据转换为甘特图的形式进行展示。

当每天安排1个节拍(4 h)的时候,工位的在制品和缓存数量都超出实际能力,且每个节拍基本都有任务对应,最大工位的节拍利用率达到186.49%,且主要工位节拍利用率都超100%,现场执行过程中没有调整空间,如图1-23所示。

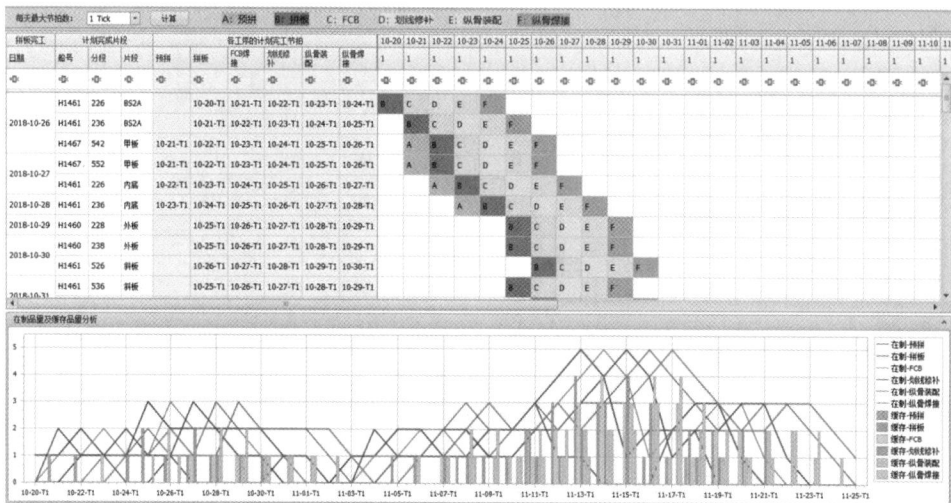

图1-23　每天1个节拍时工位在制品及工位间缓存品分析

当每天安排2个节拍(2×4 h)的时候,工位的在制品和缓存数量大部分也超出实际能力,纵骨装配和纵骨焊接工位每个节拍基本都有任务对应,最大工位的节拍利用率达到101.47%,是瓶颈工位,且现场执行过程中没有调整空间,如图1-24所示。

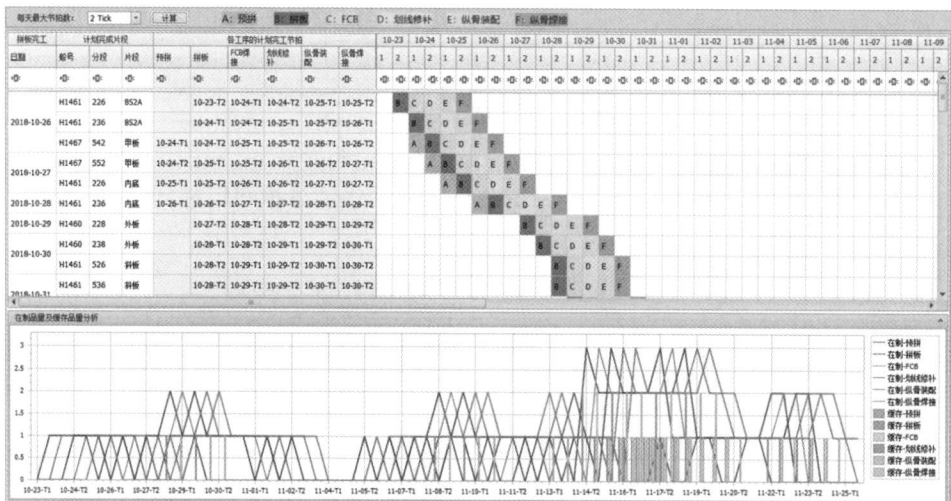

图1-24　每天2个节拍时工位在制品及工位间缓存品分析

当每天安排3个节拍(3×4 h)的时候,虽然少数节拍仍然存在超出能力的情况,但是也有部分节拍存在能力不足的情况,最大工位节拍利用率不到70%,所以现场实际执行中有灵活调整的空间,如图1-25所示。

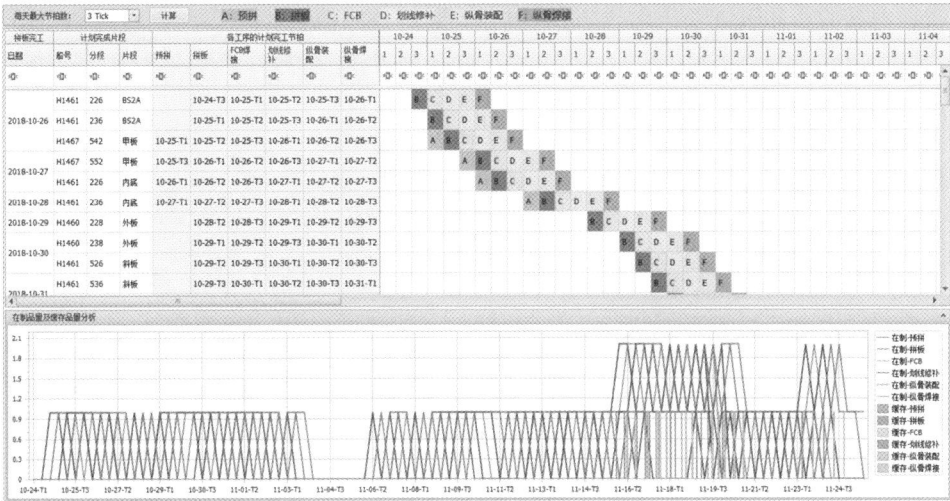

图1-25　每天3个节拍时工位在制品及工位间缓存品分析

当每天安排4个节拍(4×4 h)的时候,虽然少数节拍仍然存在超出能力的情况,但是大部分节拍存在能力不足的情况,最大工位节拍利用率不到54%,虽然现场有更大的调整空间,但也容易造成资源的浪费,如图1-26所示。

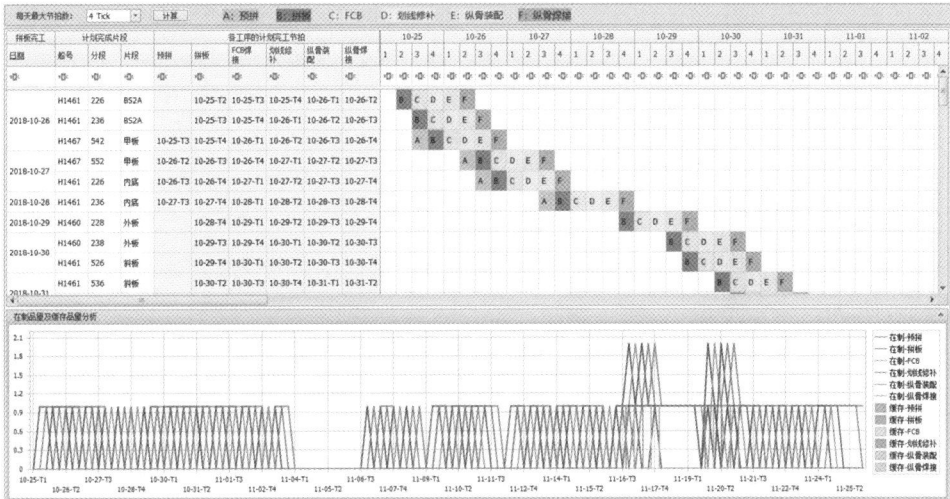

图1-26　每天4个节拍时工位在制品及工位间缓存品分析

综上所述,针对该月的产能需求,计划编制时应该按照每天3个节拍进行编制,已达到较好的控制节奏。

（4）工位实绩节拍及在制品/工位间缓存品分析功能

在流水线计划执行的过程中，现场按照每天 3 个节拍进行生产，即白班（8 h）+ 晚班（4 h）的方式，以满足完工计划的要求。生产班组在每日作业完成后，进行作业报工管理，上报收集现场的作业进度及工时投入，从而有效监控各片段在各工序间是否按既定节拍流转，为可能出现的工位间协同提供数据支撑。流水线拼板实绩工时及人力投入如图 1 - 27 所示。

图 1 - 27　流水线拼板实绩工时及人力投入

根据反馈的实绩数据，其实绩节拍状态见表 1 - 21。

根据反馈的实绩数据，现场实际生产过程中，各个工位在制品数量及工位间缓存品数量见表 1 - 22。

借助数字化多工位协同数据分析平台，将上述实绩数据转换为甘特图及数据分析图表进行展示，如图 1 - 28 所示。

由分析可得，实际生产执行中，流水线工位之间的节拍控制较好，前后道工位之间保持平稳的对接，工位之间的缓存为 0，并且存在一定量空闲的节拍，其中拼板工位、FCB 焊接、划线修补工位的节拍利用率为 60%，纵骨装配和纵骨焊接的利用率约为 70%，保证了流水线的柔性，即当某块板片在某个工位有较大物量，需要占用 1 个以上的节拍时，流水线也具有了相对充分空余节拍用来调整，流水线的产能很好地满足了生产计划的需求。

表1-21 各工序实绩对应的生产节拍

拼板完工 实绩完工日期	实绩完成片段			各工序的实绩完工节拍					
	船号	分段	片段	预拼	拼板	FCB焊接	划线修补	纵骨装配	纵骨焊接
2018-10-26	H1461	226	BS2A		10-24-T3	10-25-T1	10-25-T2	10-25-T3	10-26-T1
	H1461	236	BS2A		10-25-T1	10-25-T2	10-25-T3	10-26-T1	10-26-T2
2018-10-27	H1467	542	甲板	10-25-T1	10-25-T2	10-25-T3	10-26-T1	10-26-T2	10-26-T3
	H1467	552	甲板	10-25-T3	10-26-T1	10-26-T2	10-26-T3	10-27-T1	10-27-T2
2018-10-28	H1461	226	内底	10-26-T1	10-26-T2	10-26-T3	10-27-T1	10-27-T2	10-27-T3
	H1461	236	内底	10-27-T1	10-27-T2	10-27-T3	10-28-T1	10-28-T2	10-28-T3
2018-10-29	H1460	228	外板		10-28-T1	10-28-T2	10-28-T3	10-29-T1	10-29-T2
	H1460	238	外板		10-28-T2	10-28-T3	10-29-T1	10-29-T2	10-29-T3
2018-10-30	H1461	526	斜板		10-29-T1	10-29-T2	10-29-T3	10-30-T1	10-30-T2
	H1461	536	斜板		10-29-T2	10-29-T3	10-30-T1	10-30-T2	10-30-T3
2018-10-31	H1467	267	外板		10-29-T3	10-30-T1	10-30-T2	10-30-T3	10-31-T1
	H1467	277	外板		10-30-T1	10-30-T2	10-30-T3	10-31-T1	10-31-T2
2018-11-01	H1399	205	内底	10-30-T1	10-30-T2	10-30-T3	10-31-T1	10-31-T2	10-31-T3
	H1467	527	外板		10-31-T1	10-31-T2	10-31-T3	11-01-T1	11-01-T2
	H1467	537	外板		10-31-T2	10-31-T3	11-01-T1	11-01-T2	11-01-T3
2018-11-02	H1467	527	甲板		11-01-T1	11-01-T2	11-01-T3	11-02-T1	11-02-T2
	H1399	225	内底	11-01-T1	11-01-T2	11-01-T3	11-02-T1	11-02-T2	11-02-T3
2018-11-03	H1467	537	甲板		11-01-T3	11-02-T1	11-02-T2	11-02-T3	11-03-T1
	H1399	235	内底	11-01-T3	11-02-T1	11-02-T2	11-02-T3	11-03-T1	11-03-T2
2018-11-04	H1467	229	外板		11-02-T2	11-02-T3	11-03-T1	11-03-T2	11-03-T3
	H1461	526	外板		11-03-T2	11-03-T3	11-04-T1	11-04-T2	11-04-T3

表1-21（续1）

拼板完工 实绩日期	实绩完成片段			各工序的实绩完工节拍					
	船号	分段	片段	预拼	拼板	FCB焊接	划线修补	纵骨装配	纵骨焊接
2018-11-05	H1399	205	外板		11-04-T2	11-04-T3	11-05-T1	11-05-T2	11-05-T3
2018-11-05	H1399	227	内底	11-06-T1			11-06-T2	11-06-T2	11-06-T3
2018-11-06	H1467	239	外板		11-05-T3	11-06-T1		11-06-T3	11-07-T1
2018-11-07	H1399	225	BS2A	11-06-T2	11-06-T3	11-07-T1	11-07-T2	11-07-T1	11-07-T2
2018-11-07	H1399	235	BS2A	11-06-T3	11-07-T1	11-07-T2	11-07-T3	11-07-T2	11-07-T3
2018-11-08	H1460	543	甲板		11-07-T2	11-07-T3	11-08-T1	11-07-T3	11-08-T1
2018-11-08	H1460	553	甲板		11-07-T3	11-08-T1	11-08-T2	11-08-T1	11-08-T2
2018-11-08	H1399	222	外板	11-07-T3	11-08-T1	11-08-T2	11-08-T3	11-08-T2	11-08-T3
2018-11-08	H1399	232	外板					11-08-T3	11-09-T1
2018-11-09	H1461	225	外板	11-08-T3	11-09-T2	11-09-T2	11-09-T3	11-09-T1	11-09-T2
2018-11-09	H1399	227	BS2A		11-09-T1	11-09-T3	11-10-T1	11-09-T2	11-09-T3
2018-11-10	H1461	235	外板	11-09-T3	11-10-T2	11-10-T2	11-10-T3	11-10-T1	11-10-T2
2018-11-10	H1461	236	外板	11-09-T1				11-10-T2	11-10-T3
2018-11-10	H1461	226	外板	11-10-T3	11-10-T3	11-11-T1	11-11-T2	11-11-T1	11-11-T2
2018-11-11	H1399	237	内底	11-11-T1	11-11-T1	11-11-T2	11-11-T3	11-11-T3	11-11-T3
2018-11-11	H1461	536	外板		11-12-T2	11-12-T2	11-12-T2	11-12-T2	11-12-T1
2018-11-12	H1399	207	内底	11-10-T3	11-12-T1	11-12-T3	11-13-T3	11-12-T1	11-12-T2
2018-11-12	H1399	237	BS2A					11-13-T2	11-12-T3
2018-11-13	H1461	526	甲板					11-13-T2	11-13-T2
2018-11-13	H1461	536	甲板		11-13-T2			11-13-T2	11-13-T3
2018-11-14	H1399	527	斜板	11-13-T1	11-13-T2	11-13-T3	11-14-T1	11-14-T2	11-14-T3

表 1 – 21（续 2）

拼板完工实绩完工日期	实绩完成片段 船号	分段	片段	各工序的实绩完工节拍 预拼	拼板	FCB焊接	划线修补	纵骨装配	纵骨焊接
2018 – 11 – 15	H1399	537	斜板	11 – 13 – T2	11 – 13 – T3	11 – 14 – T1	11 – 14 – T2	11 – 14 – T3	11 – 15 – T1
2018 – 11 – 15	H1399	623	外板	11 – 13 – T3	11 – 14 – T1	11 – 14 – T2	11 – 14 – T3	11 – 15 – T1	11 – 15 – T2
2018 – 11 – 15	H1399	633	外板	11 – 14 – T1	11 – 14 – T2	11 – 14 – T3	11 – 15 – T1	11 – 15 – T2	11 – 15 – T3
2018 – 11 – 16	H1399	225	外板		11 – 14 – T3	11 – 15 – T1	11 – 15 – T2	11 – 15 – T3	11 – 16 – T1
2018 – 11 – 16	H1399	235	外板		11 – 15 – T1	11 – 15 – T2	11 – 15 – T3	11 – 16 – T1	11 – 16 – T2
2018 – 11 – 16	H1461	243	内底		11 – 15 – T2	11 – 15 – T3	11 – 16 – T1	11 – 16 – T2	11 – 16 – T3
2018 – 11 – 17	H1461	253	内底		11 – 16 – T1	11 – 16 – T2	11 – 16 – T3	11 – 17 – T1	11 – 17 – T2
2018 – 11 – 17	H1399	207	外板	11 – 16 – T1	11 – 16 – T2	11 – 16 – T3	11 – 17 – T1	11 – 17 – T2	11 – 17 – T3
2018 – 11 – 18	H1461	543	斜板		11 – 17 – T1	11 – 17 – T2	11 – 17 – T3	11 – 18 – T1	11 – 18 – T2
2018 – 11 – 18	H1461	553	斜板		11 – 17 – T2	11 – 17 – T3	11 – 18 – T1	11 – 18 – T2	11 – 18 – T3
2018 – 11 – 19	H1399	227	外板		11 – 17 – T3	11 – 18 – T1	11 – 18 – T2	11 – 18 – T3	11 – 19 – T1
2018 – 11 – 19	H1399	237	外板		11 – 18 – T1	11 – 18 – T2	11 – 18 – T3	11 – 19 – T1	11 – 19 – T2
2018 – 11 – 19	H1399	527	外板		11 – 18 – T2	11 – 18 – T3	11 – 19 – T1	11 – 19 – T2	11 – 19 – T3
2018 – 11 – 20	H1399	244	内底		11 – 19 – T1	11 – 19 – T2	11 – 19 – T3	11 – 20 – T1	11 – 20 – T2
2018 – 11 – 20	H1399	537	外板	11 – 19 – T1	11 – 19 – T2	11 – 19 – T3	11 – 20 – T1	11 – 20 – T2	11 – 20 – T3
2018 – 11 – 21	H1399	254	内底		11 – 19 – T3	11 – 20 – T1	11 – 20 – T2	11 – 20 – T3	11 – 21 – T1
2018 – 11 – 21	H1399	544	斜板		11 – 20 – T1	11 – 20 – T2	11 – 20 – T3	11 – 21 – T1	11 – 21 – T2
2018 – 11 – 21	H1399	554	斜板	11 – 20 – T1	11 – 20 – T2	11 – 20 – T3	11 – 21 – T1	11 – 21 – T2	11 – 21 – T3
2018 – 11 – 22	H1399	527	甲板		11 – 21 – T2	11 – 21 – T3	11 – 22 – T1	11 – 22 – T2	11 – 22 – T3

表1-21（续3）

| 拼板完工 | 实绩完成片段 | | | 各工序的实绩完工节拍 | | | | | |
实绩日期	船号	分段	片段	预拼	拼板	FCB焊接	划线修补	纵骨装配	纵骨焊接
2018-11-23	H1399	537	甲板		11-21-T3	11-22-T1	11-22-T2	11-22-T3	11-23-T1
	H1461	543	甲板	11-21-T3	11-22-T1	11-22-T2	11-22-T3	11-23-T1	11-23-T2
	H1461	553	甲板	11-22-T1	11-22-T2	11-22-T3	11-23-T1	11-23-T2	11-23-T3
2018-11-24	H1399	209	内底		11-22-T3	11-23-T1	11-23-T2	11-23-T3	11-24-T1
	H1399	229	内底		11-23-T1	11-23-T2	11-23-T3	11-24-T1	11-24-T2
	H1399	239	内底		11-23-T2	11-23-T3	11-24-T1	11-24-T2	11-24-T3
2018-11-25	H1399	229	BS2A					11-25-T1	11-25-T1
	H1399	239	BS2A					11-25-T2	11-25-T2

表 1 - 22　工位在制品数量及工位间缓存品数量分析(实绩)

节拍	预拼		拼板		FCB 焊接		划线修补		纵骨装配		纵骨焊接	
	在制量	缓存量	在制量	缓存量	在制量	缓存量	在制量	缓存量	在制量	缓存量	在制量	缓存量
10 - 24 - T1	0	0	0	0	0	0	0	0	0	0	0	0
10 - 24 - T2	0	0	0	0	0	0	0	0	0	0	0	0
10 - 24 - T3	0	0	1	0	0	0	0	0	0	0	0	0
10 - 25 - T1	1	0	1	0	1	0	0	0	0	0	0	0
10 - 25 - T2	0	0	1	0	1	0	1	0	0	0	0	0
10 - 25 - T3	1	0	0	0	1	0	1	0	1	0	0	0
10 - 26 - T1	1	0	1	0	0	0	1	0	1	0	1	0
10 - 26 - T2	0	0	1	0	1	0	0	0	1	0	1	0
10 - 26 - T3	0	0	0	0	1	0	1	0	0	0	1	0
10 - 27 - T1	1	0	0	0	0	0	1	0	1	0	0	0
10 - 27 - T2	0	0	1	0	0	0	0	0	1	0	1	0
10 - 27 - T3	0	0	0	0	1	0	0	0	0	0	1	0
10 - 28 - T1	0	0	1	0	0	0	1	0	0	0	0	0
10 - 28 - T2	0	0	1	0	1	0	0	0	1	0	0	0
10 - 28 - T3	0	0	0	0	0	0	1	0	0	0	1	0
10 - 29 - T1	0	0	1	0	0	0	1	0	1	0	0	0
10 - 29 - T2	0	0	1	0	1	0	0	0	1	0	1	0
10 - 29 - T3	0	0	1	0	1	0	1	0	0	0	1	0
10 - 30 - T1	1	0	1	0	1	0	1	0	1	0	0	0
10 - 30 - T2	0	0	0	0	1	0	0	0	1	0	1	0
10 - 30 - T3	0	0	0	0	1	0	1	0	1	0	1	0
10 - 31 - T1	0	0	1	0	0	0	1	0	1	0	1	0
10 - 31 - T2	0	0	1	0	1	0	0	0	1	0	1	0
10 - 31 - T3	0	0	0	0	1	0	1	0	0	0	1	0
11 - 01 - T1	0	0	1	0	0	0	1	0	1	0	0	0
11 - 01 - T2	0	0	0	0	1	0	0	0	1	0	1	0
11 - 01 - T3	0	0	1	0	0	0	1	0	0	0	1	0
11 - 02 - T1	1	0	0	0	1	0	0	0	1	0	0	0
11 - 02 - T2	0	0	1	0	0	0	1	0	1	0	1	0
11 - 02 - T3	1	0	0	0	0	0	1	0	0	0	1	0
11 - 03 - T1	0	0	0	0	0	0	1	0	1	0	1	0
11 - 03 - T2	0	0	1	0	0	0	0	0	1	0	1	0

表 1 – 22（续 1）

节拍	预拼		拼板		FCB 焊接		划线修补		纵骨装配		纵骨焊接	
	在制量	缓存量	在制量	缓存量	在制量	缓存量	在制量	缓存量	在制量	缓存量	在制量	缓存量
11 – 03 – T3	0	0	0	0	1	0	0	0	0	0	1	0
11 – 04 – T1	0	0	0	0	0	0	1	0	0	0	0	0
11 – 04 – T2	0	0	1	0	0	0	0	0	1	0	0	0
11 – 04 – T3	0	0	0	0	1	0	0	0	0	0	1	0
11 – 05 – T1	0	0	0	0	0	0	1	0	0	0	0	0
11 – 05 – T2	0	0	0	0	0	0	0	0	1	0	0	0
11 – 05 – T3	0	0	1	0	0	0	0	0	0	0	1	0
11 – 06 – T1	1	0	0	0	1	0	0	0	0	0	0	0
11 – 06 – T2	1	0	0	0	0	0	1	0	1	0	0	0
11 – 06 – T3	1	0	1	0	0	0	0	0	1	0	1	0
11 – 07 – T1	0	0	1	0	1	0	0	0	1	0	1	0
11 – 07 – T2	0	0	0	0	0	0	1	0	1	0	1	0
11 – 07 – T3	1	0	1	0	1	0	1	0	1	0	1	0
11 – 08 – T1	0	0	1	0	1	0	1	0	1	0	1	0
11 – 08 – T2	0	0	0	0	0	0	0	0	1	0	1	0
11 – 08 – T3	1	0	0	0	0	0	1	0	1	0	1	0
11 – 09 – T1	1	0	1	0	0	0	0	0	1	0	1	0
11 – 09 – T2	0	0	1	0	1	0	0	0	1	0	1	0
11 – 09 – T3	1	0	0	0	1	0	1	0	0	0	1	0
11 – 10 – T1	0	0	1	0	0	0	1	0	1	0	0	0
11 – 10 – T2	0	0	0	0	1	0	0	0	1	0	1	0
11 – 10 – T3	1	0	1	0	0	0	1	0	0	0	1	0
11 – 11 – T1	1	0	1	0	1	0	0	0	1	0	0	0
11 – 11 – T2	0	0	0	0	1	0	1	0	1	0	1	0
11 – 11 – T3	0	0	0	0	0	0	0	0	1	0	1	0
11 – 12 – T1	0	0	1	0	0	0	0	0	1	0	1	0
11 – 12 – T2	0	0	1	0	1	0	0	0	1	0	1	0
11 – 12 – T3	0	0	0	0	1	0	1	0	0	0	1	0
11 – 13 – T1	1	0	0	0	0	0	1	0	1	0	0	0
11 – 13 – T2	1	0	1	0	0	0	0	0	1	0	1	0
11 – 13 – T3	1	0	1	0	1	0	0	0	0	0	1	0
11 – 14 – T1	1	0	1	0	1	0	1	0	0	0	0	0

表 1 – 22（续 2）

节拍	预拼		拼板		FCB 焊接		划线修补		纵骨装配		纵骨焊接	
	在制量	缓存量	在制量	缓存量	在制量	缓存量	在制量	缓存量	在制量	缓存量	在制量	缓存量
11 – 14 – T2	0	0	1	0	1	0	1	0	1	0	0	0
11 – 14 – T3	0	0	1	0	1	0	1	0	1	0	1	0
11 – 15 – T1	0	0	1	0	1	0	1	0	1	0	1	0
11 – 15 – T2	0	0	1	0	1	0	1	0	1	0	1	0
11 – 15 – T3	0	0	0	0	1	0	1	0	1	0	1	0
11 – 16 – T1	1	0	1	0	0	0	1	0	1	0	1	0
11 – 16 – T2	0	0	1	0	1	0	0	0	1	0	1	0
11 – 16 – T3	0	0	0	0	1	0	1	0	0	0	1	0
11 – 17 – T1	0	0	1	0	0	0	1	0	1	0	0	0
11 – 17 – T2	0	0	1	0	1	0	0	0	1	0	1	0
11 – 17 – T3	0	0	1	0	1	0	1	0	0	0	1	0
11 – 18 – T1	0	0	1	0	1	0	1	0	1	0	1	0
11 – 18 – T2	0	0	0	0	1	0	1	0	1	0	1	0
11 – 18 – T3	0	0	0	0	0	0	1	0	1	0	1	0
11 – 19 – T1	1	0	1	0	0	0	0	0	1	0	1	0
11 – 19 – T2	0	0	0	0	1	0	0	0	1	0	1	0
11 – 19 – T3	0	0	1	0	0	0	1	0	0	0	1	0
11 – 20 – T1	1	0	1	0	1	0	0	0	1	0	0	0
11 – 20 – T2	0	0	1	0	1	0	1	0	1	0	1	0
11 – 20 – T3	0	0	0	0	1	0	1	0	1	0	1	0
11 – 21 – T1	0	0	0	0	0	0	1	0	1	0	1	0
11 – 21 – T2	0	0	1	0	0	0	0	0	1	0	1	0
11 – 21 – T3	1	0	1	0	1	0	0	0	0	0	1	0
11 – 22 – T1	1	0	1	0	1	0	1	0	0	0	0	0
11 – 22 – T2	0	0	1	0	1	0	1	0	1	0	1	0
11 – 22 – T3	0	0	1	0	1	0	1	0	1	0	1	0
11 – 23 – T1	0	0	1	0	1	0	1	0	1	0	1	0
11 – 23 – T2	0	0	1	0	1	0	1	0	1	0	1	0
11 – 23 – T3	0	0	0	0	1	0	1	0	1	0	1	0
11 – 24 – T1	0	0	0	0	0	0	1	0	1	0	1	0
11 – 24 – T2	0	0	0	0	0	0	0	0	1	0	1	0
11 – 24 – T3	0	0	0	0	0	0	0	0	0	0	1	0

表 1 – 22（续 3）

节拍	预拼		拼板		FCB 焊接		划线修补		纵骨装配		纵骨焊接	
	在制量	缓存量	在制量	缓存量	在制量	缓存量	在制量	缓存量	在制量	缓存量	在制量	缓存量
11 – 25 – T1	0	0	0	0	0	0	0	0	1	0	0	0
11 – 25 – T2	0	0	0	0	0	0	0	0	1	0	1	0
11 – 25 – T3	0	0	0	0	0	0	0	0	0	0	1	0

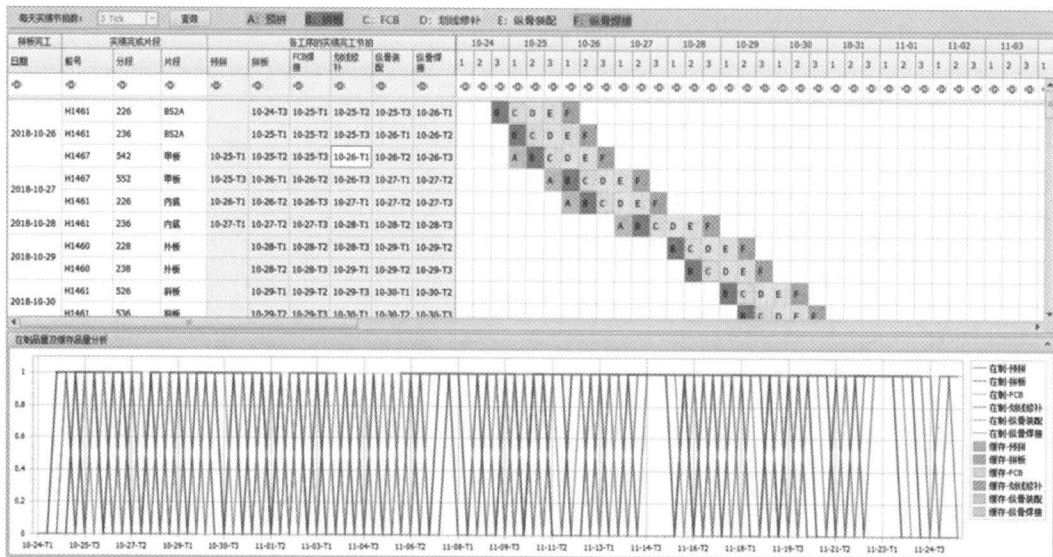

图 1 – 28　各工位实绩节拍以及实绩在制品/工位间缓存品分析

（5）工位工时投入及 ST 分析功能

工位工时投入及 ST 分析是以每个节拍点的定额工时及 ST 为参照,对比现场实际收集的工时及 ST,从而判断流水线工位是否在既定节拍下按照正常的工时投入进行生产;同时,根据实绩 ST 与定额 ST 的对比分析,判断各工位工效是否正常,并基于此判断流水线上的设备或人力安排是否存在异常,为工位间的协同提供数据支持。

工位定额工时、定额 ST 以及实绩工时、实绩 ST 数据分析如图 1 – 29 所示,图形对比如图 1 – 30、图 1 – 31 所示。

通过对各个工位的定额工时/ST 以及实绩工时/ST 进行对比分析可以看出,实际生产执行中,在流水线生产节拍稳定的前提下,除预拼工位之外（因只有少数板片需要预拼,故预拼的实绩投入不均衡）,其他工位的实绩工时投入相对均衡,对人力的需求波动不大,同时从实绩 ST 可以看出,流水线人工工效的输出也较为稳定,使用流水线基本上可以保持相对稳定的产能。

| 日期 | 各工序计划定额工时 | | | | | | 各工序计划定额ST | | | | | | 各工序实绩工时 | | | | | | 各工序实绩ST | | | | | |
拼板完工	预拼	拼板	FCB焊接	划线修补	纵骨装配	纵骨焊接	预拼	拼板	FCB焊接	划线修补	纵骨装配	纵骨焊接	预拼	拼板	FCB焊接	划线修补	纵骨装配	纵骨焊接	预拼	拼板	FCB焊接	划线修补	纵骨装配	纵骨焊接
2018-10-26	41.00	17.92	18.42	49.29	48.03	73.01	0.78	0.18	0.19	0.50	0.12	0.18	46.90	19.70	19.80	57.10	55.40	82.00	0.89	0.20	0.20	0.58	0.14	0.20
2018-10-27	121.00	14.45	15.38	40.93	52.67	75.77	0.92	0.18	0.19	0.52	0.12	0.17	139.70	16.50	17.50	42.90	54.70	81.10	1.06	0.21	0.22	0.54	0.12	0.18
2018-10-28	80.00	3.47	3.04	8.36	26.70	25.53	1.02	0.18	0.16	0.44	0.12	0.11	80.50	3.80	3.50	9.90	31.50	27.40	1.03	0.20	0.18	0.52	0.14	0.12
2018-10-29	0.00	15.86	10.88	39.06	19.75	33.28	0.00	0.20	0.16	0.57	0.10	0.16	0.00	32.40	25.60	80.10	42.10	76.90	0.00	0.21	0.16	0.60	0.10	0.19
2018-10-30	0.00	28.69	20.00	70.54	44.46	66.78	0.00	0.20	0.16	0.56	0.09	0.14	0.00	27.50	20.70	68.20	54.60	70.50	0.00	0.22	0.18	0.60	0.10	0.13
2018-10-31	0.00	38.47	27.36	94.44	46.77	74.39	0.00	0.20	0.16	0.55	0.10	0.16	75.40	40.20	25.30	103.60	46.00	89.70	1.05	0.23	0.18	0.74	0.13	0.25
2018-11-01	73.00	19.59	10.24	49.19	34.05	55.16	1.02	0.23	0.16	0.77	0.12	0.20	0.00	17.40	14.10	46.70	29.00	40.20	0.00	0.19	0.16	0.61	0.13	0.18
2018-11-02	0.00	24.27	21.71	67.12	34.22	76.48	0.00	0.20	0.16	0.59	0.10	0.22	61.00	18.60	18.30	54.30	43.90	74.10	1.05	0.23	0.24	0.71	0.13	0.22
2018-11-03	59.00	15.95	15.63	46.74	39.25	72.11	1.01	0.19	0.21	0.62	0.11	0.21	59.20	37.30	32.40	95.80	66.30	127.00	1.01	0.22	0.21	0.61	0.11	0.22
2018-11-04	0.00	0.00	0.00	0.00	0.00	0.00	0.00	0.00	0.00	0.00	0.00	0.00	0.00	8.80	6.80	24.20	13.20	19.70	0.00		0.17	0.61	0.12	0.15
2018-11-05	0.00	0.00	0.00	0.00	0.00	0.00	0.00	0.00	0.00	0.00	0.00	0.00	0.00	9.00	9.00	40.50	17.80	38.00	0.00	0.25	0.18	0.81	0.11	0.23
2018-11-06	0.00	0.00	0.00	0.00	0.00	0.00	0.00	0.00	0.00	0.00	0.00	0.00	59.40	0.00	0.00	22.60	17.40		1.05	0.00	0.00		0.17	0.13
2018-11-07	59.00	18.06	12.80	44.34	40.21	50.88	1.01	0.20	0.16	0.55	0.11	0.14	0.00	20.50	13.30	47.10	47.20	59.40	0.00	0.23	0.17	0.59	0.12	0.15
2018-11-08	0.00	18.06	12.80	44.34	22.63	37.26	0.00	0.20	0.16	0.55	0.09	0.16	70.20	27.50	24.80	79.40	59.20	118.10	0.87	0.22	0.22	0.70	0.13	0.27
2018-11-09	0.00	0.00	0.00	0.00	19.98	17.71	0.00	0.00	0.00	0.00	0.12	0.11	54.40	26.40	16.90	61.40	64.60	87.50	1.14	0.24	0.18	0.65	0.13	0.17
2018-11-10	62.00	19.25	19.34	56.51	43.31	83.60	0.77	0.19	0.21	0.60	0.13	0.25	107.90	19.30	14.10	50.10	61.90	70.70	1.14	0.22	0.19	0.66	0.14	0.16
2018-11-11	48.00	28.73	18.24	71.19	51.79	75.19	1.00	0.21	0.16	0.62	0.11	0.16	119.80	9.20	7.10	24.20	50.20	53.20	1.16	0.21	0.19	0.64	0.14	0.15
2018-11-12	0.00	0.00	0.00	0.00	0.00	0.00	0.00	0.00	0.00	0.00	0.12	0.14	68.30	23.60	12.30	61.30	38.40	66.70	1.12	0.24	0.18	0.88	0.13	0.23
2018-11-13	95.00	18.01	12.16	44.41	53.39	62.34	1.00	0.20	0.16	0.58	0.12	0.14		34.80	35.20	106.40	48.30	134.50	0.00	0.21	0.23	0.70	0.11	0.29
2018-11-14	161.00	9.01	6.08	22.21	64.73	61.35	1.01	0.20	0.16	0.58	0.13	0.12	8.20	15.00	11.10	37.70	33.00	39.80	0.85	0.21	0.19	0.64	0.13	0.14
	∑=1,	∑=6	∑=4	∑=1,	∑=1,	∑=1,	Ave...	Ave...	Ave...	Ave...	Ave...	Ave...	∑=1,	∑=6	∑=5	∑=1,	∑=1,	∑=2,	Ave...	Ave...	Ave...	Ave...	Ave...	Ave...

图 1 - 29　工位工时及 ST 分析表

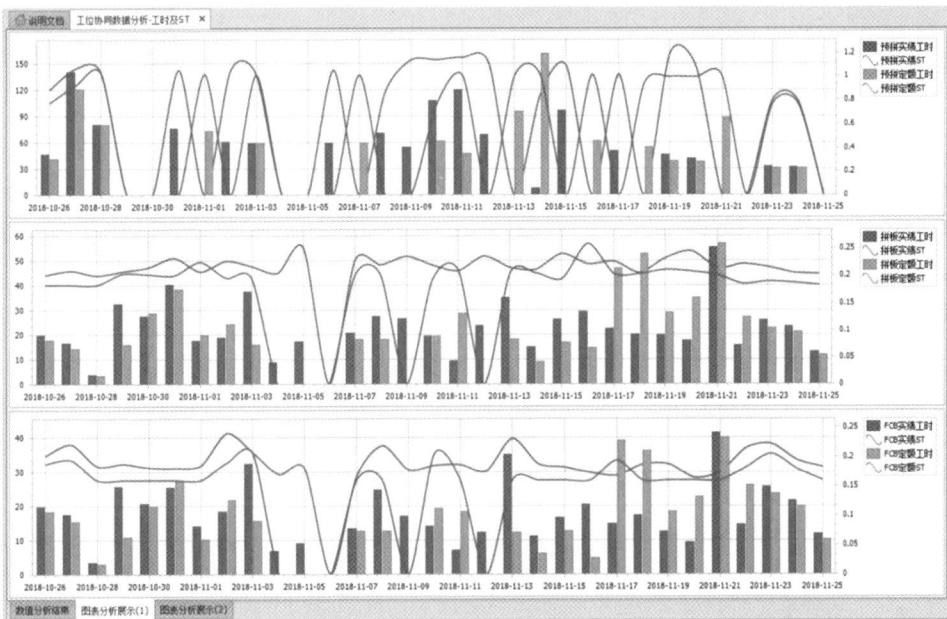

图 1 - 30　工位定额工时/ST 以及实绩工时/ST 对比（预拼 - FCB 焊接）

结合数据流各功能进行分析验证，从多工位协同数据流分析平台的应用效果来看，各工位之间的各类数据能够按照设计模型的要求进行分析，经测试，数据流分析频率可以根据需求进行有效的分析，达到每次 20 s，满足要求。

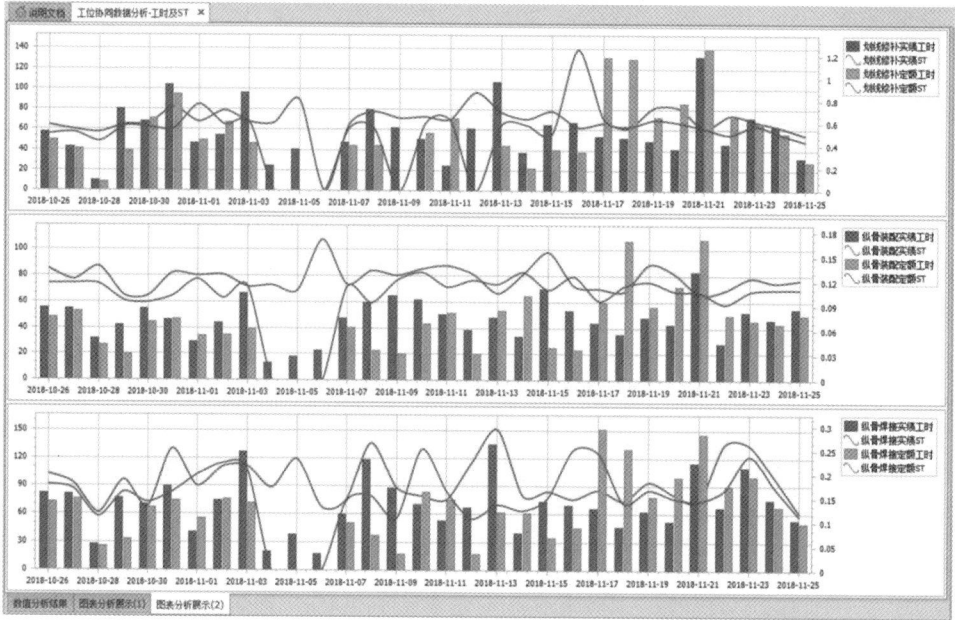

图 1-31　工位定额工时/ST 以及实绩工时/ST 对比(划线修补-纵骨焊接)

1.2.3　多工位协同数据模型

在多工位协同工艺数据流分析的基础上,进一步梳理分析船舶分段制造过程的生产工艺流程、制造逻辑链以及各生产环节间的约束关系等,在此基础上,开展多工位协同作业的数据模型建立工作,计算各任务在各工位的计划开始时间、计划结束时间以及计划工时,为多工位协同数学模型的建立奠定基础。

以国内某骨干船厂平面分段流水线为对象进行实例分析,其生产工位主要包括:门切工位→预拼板工位→拼板工位→FCB 焊接工位→修补工位→纵骨装配工位→纵骨焊接工位→中组装配工位→中组焊接工位→修补打磨工位→报验及运出工位,平面分段流水线示意图如图 1-32 所示。每个工位均包含多道工序,如预拼工位涉及预拼板、埋弧焊、吊马共 3 道工序;拼板工位涉及 FCB 拼板、CO_2 拼板共 2 道工序;FCB 修补工位涉及碳刨、CO_2 打底修补、FCB 正面修补、FCB 反面修补共 4 道工序;纵骨装配工位涉及吊马、开线、装配共 3 道工序;纵骨焊接工位涉及端头返修、工艺板切割、CO_2 填盖、HS-MAG/倒棱、HS-MAG 修补、吊马共 6 道工序。

船舶分段制造在整个船舶制造过程中起着承上启下的作用,是拉动前道物量生产加工和保证后道分段搭载的关键,结合船厂的实际生产过程,分析船舶分段制造工艺流程如图 1-33 所示。

通过工艺流程进行分析,船舶分段制造过程涉及多个工位、多道工序。图 1-33 中所示加工部的零件、组件及部件的切割、加工、集配工位作为主流水线的配套工位,为分段流水线上各工位作业提供中间产品,各中间产品的上下道工序逻辑顺序确定,若任意一个工位出现异常,则会导致整个生产过程中出现加工阻塞或停工等待等问题。为保证流水线生产的有序进行,实现各工位间的协同作业,我们结合船舶分段制造的工艺流程,分析多工位协同过程中的各种影响因素及约束条件。

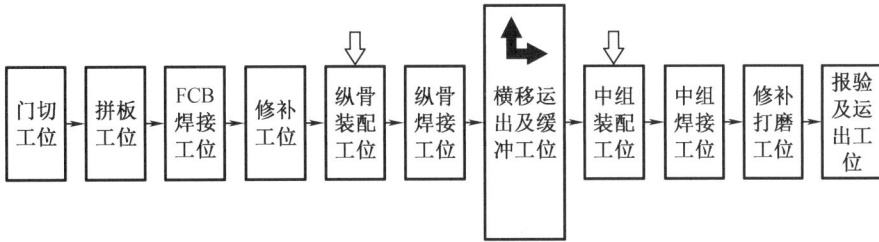

图 1−32　平面分段流水线示意图

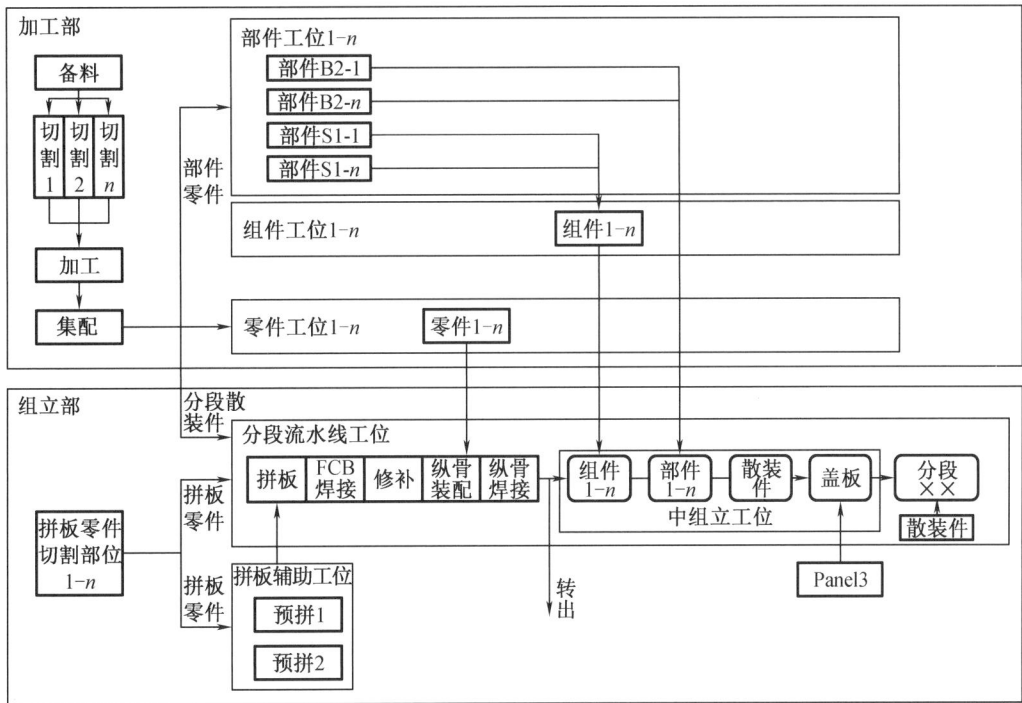

图 1−33　船舶分段制造工艺流程图

(1)各分段产品在流水线生产过程中,需要按照固定的工艺路线进行加工,各产品的生产加工顺序无法更改;流水线生产中后道工序必须在前道工序生产完工后才可以开始;并且同一时间同一工位只能加工一个分段任务。由于分段流水线的生产过程具有多约束性的特点,因此在建模过程中需要考虑多种约束条件。

(2)为了保证分段流水线的正常运行,每个工位均配置了相关生产资源,分析影响各工位生产效率及协同作业的因素,主要包括作业人员、设备资源、场地资源、作业任务、异常情况等,各因素间相互关联,复杂多变。

(3)在实际的生产作业过程中,时常伴随着许多不确定因素和突发事件的出现,如设备故障、订单紧急变更、交货日期变更以及资源短缺等异常情况,使得任务完成时间发生不确定的变化。

通过对船舶分段制造过程的多工位协同作业流程及特点的进一步分析,分析多工位协同过程中各数据节点的关联和约束关系,认为多工位协同过程中的关键协同数据主要包括:

①各工位设备的生产能力;

②各工位所需物料的完整性情况;

③各工位的加工工艺及相关参数;

④各工位的作业计划工时、开工时间以及完工时间;

⑤各工位的实时生产状态,包括设备运行状态、任务执行状态等;

⑥各工位的实际作业进度,包括实际开工时间以及实际完工时间;

⑦各工位的设备资源、班组资源配置情况;

⑧各工位完工后,后道工序流向及后道工序需求时间;

⑨各工位的设备运行状态、插单等异常情况信息。

通过对国内某骨干船厂的分段平直流水线车间进行调研,各工位的资源配置及加工能力见表1-23。

表1-23 各工位的资源配置及加工能力

工位	板厚/mm	速度/(mm·min⁻¹)	岗位节拍	班组配置/人	备注
门切工位	12	360	8 块/班	—	板规 3 m × 20 m
	20	330	8 块/班		
	38	300	6 块/班		
	49	270	6 块/班		
拼板工位	12~20	非机器作业	2.5 h	2	4 拼 3 条缝板列 板规 3 m × 20 m
	20.5~30		4 h		
	30~49		6 h		
FCB焊接工位	12	1 000	3 h	1	4 拼 3 条缝板列 板规 3 m × 20 m
	20	750	3.5 h		
	38	350	6.5 h		
FCB修补工位	12~20	非机器作业	4 h	4	4 拼 3 条缝板列 板规 3 m × 20 m
	20.5~30		5 h		
	30~49		6.5 h		
纵骨安装工位	—	非机器作业	5 h (3 h 准备)	4	4 拼 12 根 T 排

$$速度/(mm·min^{-1})$$

表 1-23（续）

工位	板厚/mm	速度/(mm·min⁻¹)	岗位节拍	班组配置/人	备注
纵骨焊接工位	12~16	1 000	2.5 h	4	4拼12根T排
	17~28	75	3 h		
	29~49	350	7.5 h		
中组装配工位	—	非机器作业	2 d	8~10	双层底片段
中组焊接工位	—	非机器作业	3 d	18~20	
修补打磨	—	非机器作业	1 d	10~12	
报验	—	非机器作业	1 d	—	

建立多工位协同数据模型,首先,应先分析各生产任务的基本属性,进行生产任务建模;其次,针对各生产任务所需的生产资源进行分析,建立生产资源模型;最后,结合生产任务和生产资源进行多工位协同作业建模。模型建立的具体流程如下。

(1)问题描述

船舶分段制造流水线包含 i 项任务、j 个工位,其中,各工位任务用 A_{ij} 表示。每一项任务在每一个工位的作业均需要占用一定量的生产资源(包括设备资源、劳动力资源以及场地资源),同时各生产任务需要确定加工物量 Q_{ij} 及作业工时/节拍 T_{ij},并结合规定的各任务间的生产优先顺序、各工位的上下道加工顺序以及分段产品所规定的计划完工时间等约束,具体安排 i 项生产任务的开始时间、结束时间以及所匹配的生产资源,实现生产任务的计划安排及多工位协同作业。

(2)生产任务建模

船舶分段流水线上各生产任务的基本属性主要包括:①任务名称 T_N;②作业类型 T_T;③作业任务量 Q;④计划工时 T_p;⑤开工时间 T_s;⑥完工时间 T_e;⑦任务优先级 priority;⑧任务流向 T_D。则各生产任务的模型可表示为

$$P_{ij} = \{T_N, T_T, Q, T_p, T_s, T_e, \text{priority}, T_D\}$$

(3)生产资源建模

生产资源是船舶分段制造流水线多工位间协同的重要因素,可定义为:生产资源 R_i,包括劳动力资源 R_1、场地资源 R_2 及设备资源 R_3 共三种,其模型可表示为

$$R_i = \{R_1, R_2, R_3\}$$

①劳动力资源

劳动力资源是船舶分段制造过程中的关键资源,作业人员的工作效率对船舶分段制造过程中的协同作业具有重大影响。分析劳动力资源的基本属性,主要包括作业类型 TT、作业工位 ST、作业人数 QTY、作业能力 CPT,则劳动力资源的模型表示为

$$R_1 = \{TT, ST, QTY, CPT\}$$

劳动力资源分配的算法流程如图 1-34 所示。

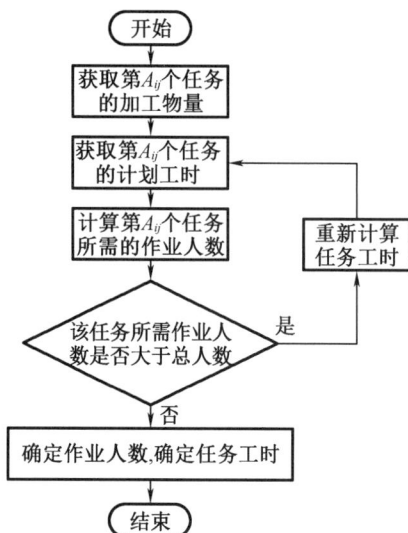

图 1-34 劳动力资源分配算法流程图

其中,确定作业人数的计算方法为

$$\text{QTY}_{ij} = \frac{Q_{ij}}{\text{TP}_{ij} \cdot \text{CPT}_{ij}}$$

②场地资源

组立平台是船舶企业非常重要的资源,每一个分段都要有相应的组立平台进行加工制造,因此场地资源的占用与分配是一个重要问题。分析场地资源的基本属性,主要包括场地面积 S(包括场地资源的长度 L、宽度 W)、起吊能力 P、任务阶段 PM,则场地资源的模型表示为

$$R_2 = \{S, P, \text{PM}\}$$

场地资源分配的算法流程如图 1-35 所示。

③设备资源

设备资源在船舶分段制造过程中起到重要作用,设备的使用情况将直接影响任务的有序进行。在船舶分段制造过程中,为了更好地利用设备资源,首先分析设备资源的基本属性,主要包括设备编号 ID、设备类型 Type、设备数量 QTY、设备加工能力 Cap、作业工位 ST,则设备资源的模型表示为

$$R_3 = \{\text{ID}, \text{Type}, \text{QTY}, \text{Cap}, \text{ST}\}$$

通过判断任务 A_{ij} 的作业类型,匹配对应的设备类型,根据该任务的加工物量以及所对应设备的加工能力,可计算该作业任务的实绩加工工时为

$$T'_{ij} = \frac{Q_{ij}}{\text{Cap}_{ij}}$$

（4）数据模型建立

船舶分段制造过程中的多工位协同的目标是在满足各生产资源以及加工优先顺序的约束情况下，保证生产计划要求，实现加工工期最短，最终针对各生产任务的开始加工时间以及结束时间进行合理的安排。

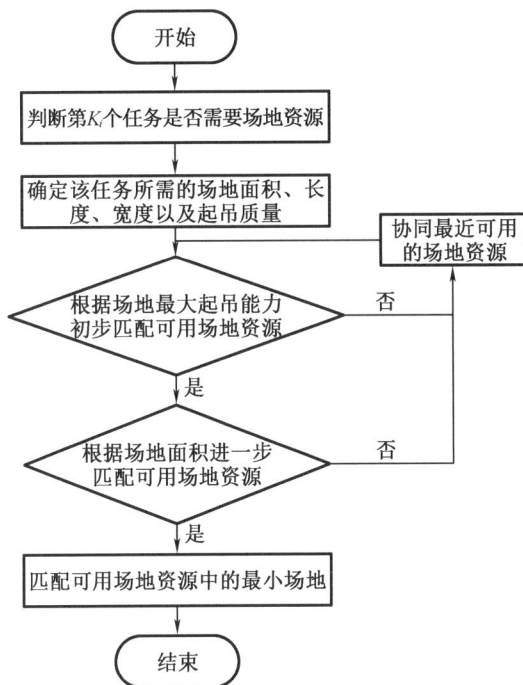

图1-35　场地资源分配算法流程图

多工位协同制造过程的工艺流数据模型可表示为

目标：总工期最短

$$\min f(t) = \sum_{i=1}^{4} \sum_{j=1}^{n} T_{ij}$$

约束条件：

①加工优先顺序约束

$$A_{i-1} > A_i, 1 \leqslant i \leqslant 4$$

该式表示 A_{i-1} 项任务的加工顺序优先于 A_i 项任务；

$$A_{i(j-1)} > A_{ij}$$

该式表示同一项任务 A_i 在 $j-1$ 工位的加工顺序优先于在 j 工位的加工顺序；

$$T_{Ej} - T_{E(j-1)} \geqslant T_{ij}, j \neq 1$$

该式表示同一分段产品 A_i 在第 j 个工位的作业时间必须在第 $j-1$ 个工位上加工完成之后才能开始。

②劳动力资源约束

在同一时间段内，各任务所需的作业人数总和不能大于可调用的作业人员的总数

量,即

$$\sum QTY_{ij} \leq QTY$$

③场地资源约束

该场地资源的最大起吊能力 P 必须满足该任务产品的起吊质量 weight,即

$$weigh\ t_{ij} \leq P_{ij}$$

同时,该场地资源的长 L、宽 W、面积 S 必须满足该任务产品所需的长 L_1、宽 W_1 和面积 S_1,即

$$L_1 \leq L, W_1 \leq W, S_1 \leq S$$

④设备资源约束

在同一时间段内,各任务所需的设备数总和不能大于可调用的设备的总数量,即

$$\sum QTY_{ij} \leq QTY_{设备}$$

在满足约束条件后,采用倒排的方式进行各任务开始时间以及完工时间的计算,给出合理的任务计划安排。

已知最后一项任务的完工时间 T_{Ej} 和各项任务的计划工时 T_{ij},各任务开始时间以及完工时间的计算步骤如下:

第 j 项任务的完工时间:T_{Ej}。

第 j 项任务的开工时间:$T_{Sj} = T_{Ej} - T_{ij}$。

第 $j-1$ 项任务的完工时间:$T_{E(j-1)} = T_{Sj}$。

第 $j-1$ 项任务的开工时间:$T_{S(j-1)} = T_{E(j-1)} - T_{i(j-1)}$。

以此类推,计算所有任务的开工时间和完工时间,制定合理的生产计划,实现多工位的协同作业。

1.3　多工位协同控制技术

在多工位协同工艺数据流分析的基础上,针对生产过程中存在的生产计划柔性差、异常信息处理不及时、系统变化响应速度慢等问题,探索面向生产计划、工位异常、临时任务等三方面的多工位协同控制技术,主要进行多工位协同技术方法及多工位协同动态调整机制分析,构建多工位协同数学模型。

1.3.1　多工位协同技术方法

基于船舶分段制造流水线的整体工艺流程分析,将多工位协同模型分为串行协同以及并行协同。串行协同针对任务在流水线上下道串行工位之间的协同控制,并行协同针对多个并行的分段产品任务进行各任务之间的加工优先顺序间的协同调整。多工位协同模型示意图如图 1-36 所示,总体协同技术路线图如图 1-37 所示。

以国内某骨干船厂的分段流水线车间为例,进行多工位协同的方法及思路分析。

(1)任务计划拆解

任务计划拆解主要包括两部分。

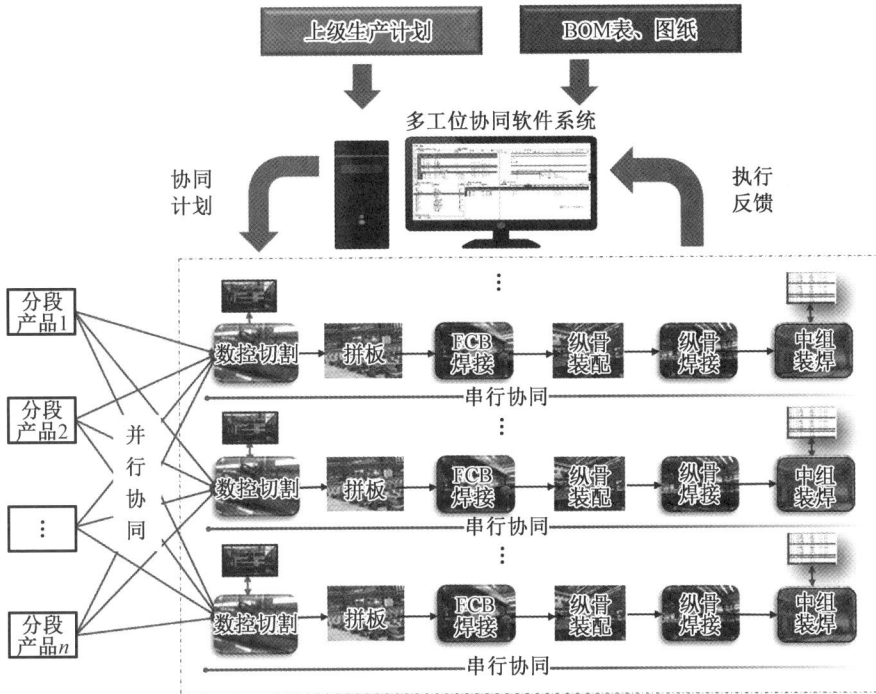

图1-36　多工位协同模型示意图

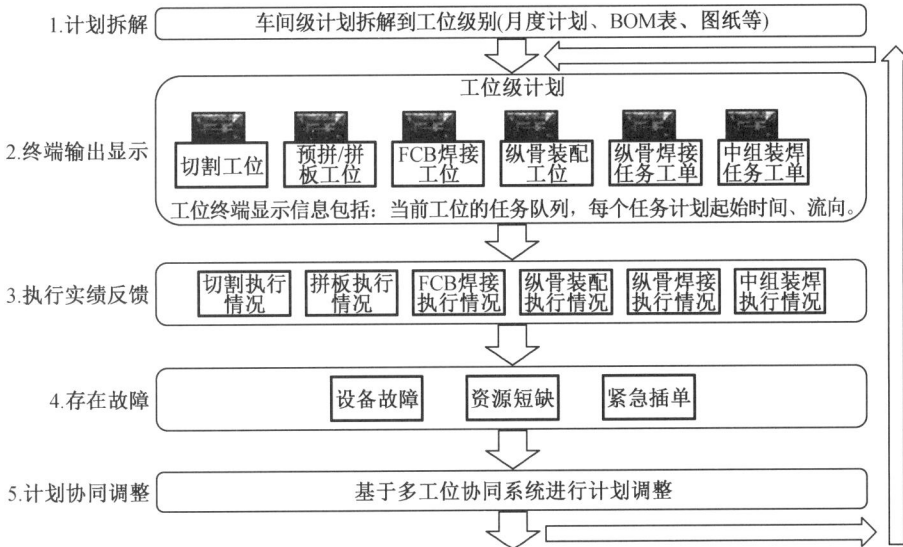

图1-37　协同技术路线图

①将月度计划拆解为较短周期的可执行计划(2～3 d)。具体为:月度计划中的总任务数一般为70项左右,将总任务数按每7项为一组进行小颗粒拆解,实现短周期内动态协同

调整。

②将各任务的计划总物量按照加工工艺拆解到对应工位。具体为:各任务加工工艺涉及门切、预拼、埋弧焊、吊马、FCB 拼板、CO_2 拼板、碳刨、CO_2 打底修补、FCB 正面修补、FCB 反面修补以及纵骨开线等20道工艺流程,将各工艺拆解到门切工位、预拼工位、拼板工位、FCB 焊接工位、FCB 修补工位、纵骨装配工位、纵骨焊接工位以及中组立共 8 个对应工位。

(2)计算各任务各工位的计划工时

根据计划拆解中得到的各任务、各工位的作业物量,并结合各工位的加工能力计算计划工时。

(3)计算各任务、各工位的计划开工时间、计划完工时间

根据计算得到的各工位计划工时,结合班组的工作时间,选择总工期最短的优化方案,采用合适的排程模式(包括正排、倒排、混合排)进行各任务、各工位的计划开工时间以及计划完工时间安排。

(4)执行实绩反馈

结合现场实际作业情况,反馈现场、各任务、各工位的实际开工时间、实际完工时间以及实际作业人数。

(5)计划协同动态调整

针对现场实际作业过程中存在的紧急插单、资源短缺、设备故障等情况,结合实际,根据协同机制对各工位计划进行动态计划调整。

1.3.2　多工位协同动态调整机制

工位协同系统模型建立是开展多工位协同制造技术系统的基础,建模过程中需要考虑的关键技术点是:

(1)在分析车间生产的众多关联因素的基础上,挖掘影响多工位间协同作业的关键参量;

(2)基于船舶车间的生产工艺及生产模式,明确协同目标并分析各参量间的关联;

(3)分析各因素对协同目标的影响程度,建立多工位协同的动态调整机制,通过模型的建立,实现船舶制造车间各层次对任务、资源、时间三要素的高效协作,保证车间的正常生产。

船舶分段制造生产过程中存在多种不确定性因素,导致实际生产过程与原定计划有较大差距。实际生产中,常会出现物料短缺、工具缺位、人员变更、任务调整等复杂、突发情况,导致执行进度在工位、工序上出现偏差,影响生产效率。如中小组立车间,在实际加工过程中需要上道工序/工位提供加工物料,一旦物料供应不足,就会出现该工位临时停工的情况,进而影响后道工位的生产加工。生产过程中可能影响生产过程及效率的种类及因素分析见表 1 – 24。

表 1-24　因素分析

影响因素种类	因素分析
生产计划影响	生产资源短缺、延迟
	紧急插单
	预计交货期的改变/订单取消
	任务计划顺序调整
生产工艺物量影响	临时工艺
	工艺/物量更改
	工件质量问题返工
生产能力影响	设备维修
	设备故障
	作业人数变化/生产人员作业能力
	作业时间变化
生产时间影响	计划与实际生产时间的差距

结合生产制造过程的影响因素分析,如何更好地解决多工位生产过程中的协同问题,需要进一步分析多工位协同的动态调整机制。

以船舶制造工艺数据模型和多工序间的数据驱动模型为基础,结合船舶建造车间的钢板切割、板材理料、坡口加工、材料配送以及中小组立等车间工位和工位的加工特点,分析现场多工位多工序的计划完工日期、目标工时、计划分配等之间的协同作业流程和交互关系,建立多工位多工序间作业机制模型,为集中管控的精准化管理提供支撑。

结合不同因素对生产过程的影响程度,采用在阈值分析判断下的自动协同和手动协同方法开展多工位协同机制研究。协同动态调整流程如图 1-38 所示。

1.3.3　多工位协同数学建模

船舶制造多工位协同的目的是实现分段制造过程多工位设备高效工作,特别是在计划调整、插单、设备故障时,对生产任务加工顺序、加工时间等的动态调整及监控。

基于船舶分段制造过程中的主要影响因素,建立以船厂某常月的分段作业计划为输入,以最短生产时间为约束的多工位协同数学模型,分析各工位效率,提出最佳协同作业方法,解决目前生产中不同工位间存在的执行偏差问题,以使生产过程中资源与设备分配趋于均衡,实现生产计划高效执行,提高生产效率。

多工位协同数学模型可表示为

$$\min T = F(J, P, C, \mathrm{ST}, \mathrm{ET}, \varTheta)$$
$$\mathrm{s.t.} \quad \mathrm{ST}_{ij} - \mathrm{ET}_{i(j-1)} \geqslant 0$$
$$\mathrm{ST}_{ij} - \mathrm{ET}_{(i-1)j} \geqslant 0$$
$$C \geqslant 0$$

式中　　T——工位级生产任务总工期；

　　　　J——车间工位集；

　　　　P——月度生产任务集；

　　　　C——各工位作业能力；

　　　　ST——作业计划开始时间；

　　　　ET——作业计划完工时间；

　　　　Θ——实际作业过程中出现的其他异常情况参数。

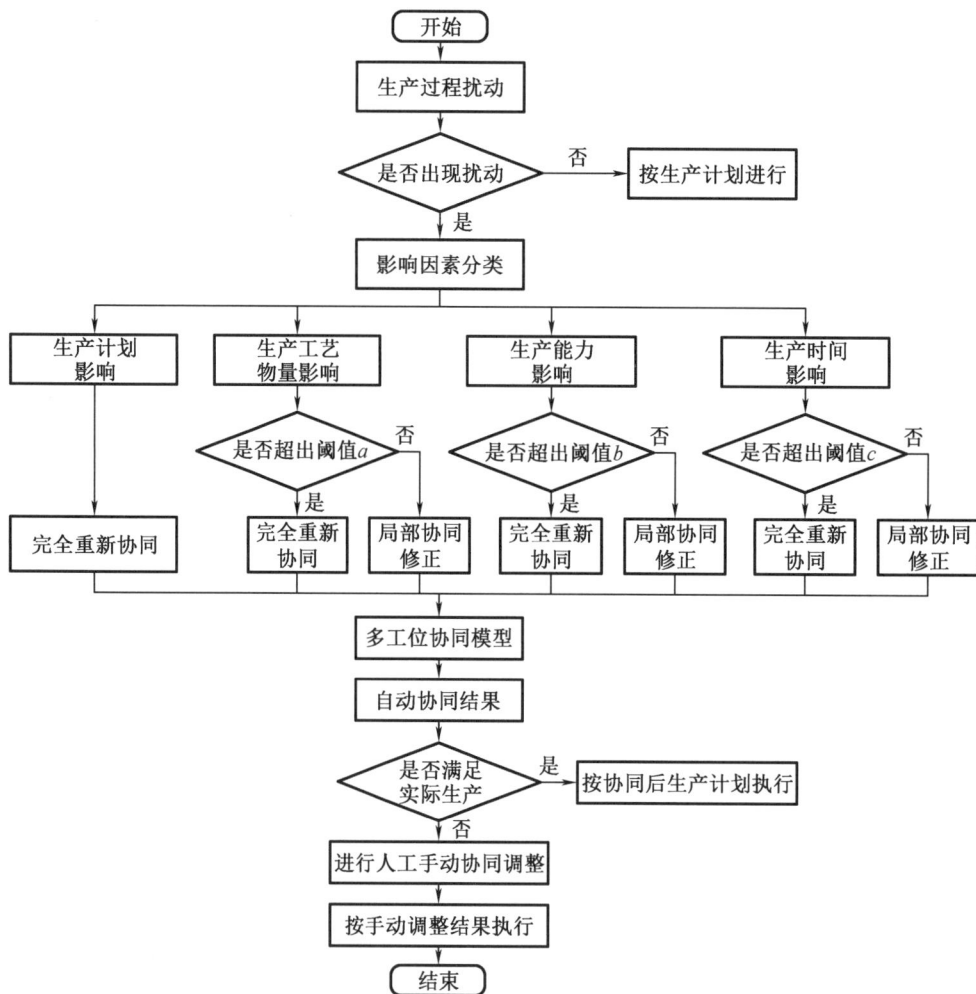

图 1 -38　多工位协同动态调整流程图

（1）车间工位集 J

生产制造过程中的最小设备工作单元就是工位，按照分段制造生产过程及生产工艺过程划分工位，工位可表示为

$$J = \{ j \in J \mid j = 1, 2, 3, \cdots, n \}$$

结合现场的不确定情况分析,当出现增加工位或撤销工位等情况时,可根据实际情况对工位集合进行修改、维护,提高工位的柔性管理。

(2)月度生产任务集 P

月度生产计划中的总生产任务可表示为

$$P = \{P_1, P_2, P_3, \cdots, P_i\}$$

式中, i 为正整数,代表月度生产任务数量。

船舶分段制造过程生产计划逐级包括年度生产计划、季度生产计划和月度生产计划。现有车间的生产计划仅下达到月度计划,计划颗粒度大,考虑到计划与实际设备执行之间存在的差异,包括由各种原因造成的生产计划完成误差(如紧急插单、资源不足等)、实际生产变化引起的预测误差等。因此,需要将月度生产计划按生产任务进一步分配到车间工位级生产任务,同时确定各工位生产任务的加工物量。

结合实际生产流程,从生产任务和生产物量两个维度将月度生产任务拆解到工位级生产任务,如图 1 – 39 所示。

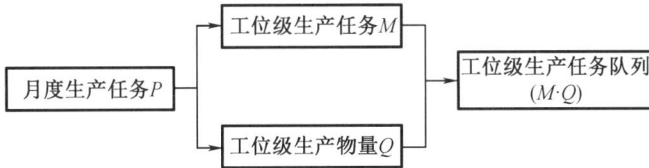

图 1 – 39　生产任务拆解流程

①工位级生产任务 M

假设,月度生产计划中的总生产任务为 $P = \{P_1, P_2, P_3, \cdots, P_i\}$,其中 i 为正整数,代表生产任务数量。

$M_i = \{M_{i1}, M_{i2}, M_{i3}, \cdots, M_{ij}\}$ 表示月度生产任务 P_i 中对应的各工位生产任务,其中, $j \in J$,代表月度生产任务 P_i 中所需的生产工位数量。

因此,工位级生产任务 M 表示为

$$\boldsymbol{M} = \begin{bmatrix} M_1 & M_2 & M_3 & \cdots & M_i \end{bmatrix}^{\mathrm{T}} = \begin{bmatrix} M_{11} & M_{12} & M_{13} & \cdots & M_{1j} \\ M_{21} & M_{22} & M_{23} & \cdots & M_{2j} \\ M_{31} & M_{32} & M_{33} & \cdots & M_{3j} \\ \vdots & \vdots & \vdots & & \vdots \\ M_{i1} & M_{i2} & M_{i3} & \cdots & M_{ij} \end{bmatrix}$$

②工位级生产物量 Q

根据图 1 – 39 可知,船舶分段制造过程中,每个工位生产任务包含多道子加工工序,各工位生产任务对应子加工工序的加工物量来源于生产任务物料清单,分析月度生产计划和物料清单可以得到各生产任务所在工位的加工物量 Q。

假设, $Q_i = \{Q_{i1}, Q_{i2}, Q_{i3}, \cdots, Q_{ij}\}$,表示月度生产任务 P_i 中对应的 j 个工位的生产任务的加工物量。

因此,工位级生产物量 Q 表示为

$$Q = \begin{bmatrix} Q_1 & Q_2 & Q_3 & \cdots & Q_i \end{bmatrix}^{\mathrm{T}} = \begin{bmatrix} Q_{11} & Q_{12} & Q_{13} & \cdots & Q_{1j} \\ Q_{21} & Q_{22} & Q_{23} & \cdots & Q_{2j} \\ Q_{31} & Q_{32} & Q_{33} & \cdots & Q_{3j} \\ \vdots & \vdots & \vdots & & \vdots \\ Q_{i1} & Q_{i2} & Q_{i3} & \cdots & Q_{ij} \end{bmatrix}$$

式中,生产任务 P_i 在第 j 个工位的生产物量 Q_{ij} 是由该工位的 k 道子加工工序的物量组成的,各子工序物量可表示为 $Q_{ij} = \{q_{ij1}, q_{ij2}, q_{ij3}, \cdots, q_{ijk}\}$,$1 \leqslant k \leqslant z$,则各任务在各工位的加工物量为

$$Q_{ij} = \sum_{k=1}^{z} \delta_k q_{ijk}$$

式中,δ_k 表示子工序加工物量变化系数。当出现临时工艺或工艺更改等异常情况时,可通过更新 δ_k 实现物量参数的修改,进而改变 Q_{ij} 的值。

根据得到的工位级生产任务 J 以及各任务对应工位的生产物量 Q,进一步将各工位的生产任务和所对应的生产物量进行组合,最终得到月度生产计划中的总生产任务 P 拆解到工位级的详细生产任务,其拆解结果采用哈达玛积进行表示:

$$\begin{aligned} P &= M * Q \\ &= \begin{bmatrix} M_{11} & M_{12} & M_{13} & \cdots & M_{1j} \\ M_{21} & M_{22} & M_{23} & \cdots & M_{2j} \\ M_{31} & M_{32} & M_{33} & \cdots & M_{3j} \\ \vdots & \vdots & \vdots & & \vdots \\ M_{i1} & M_{i2} & M_{i3} & \cdots & M_{ij} \end{bmatrix} * \begin{bmatrix} Q_{11} & Q_{12} & Q_{13} & \cdots & Q_{1j} \\ Q_{21} & Q_{22} & Q_{23} & \cdots & Q_{2j} \\ Q_{31} & Q_{32} & Q_{33} & \cdots & Q_{3j} \\ \vdots & \vdots & \vdots & & \vdots \\ Q_{i1} & Q_{i2} & Q_{i3} & \cdots & Q_{ij} \end{bmatrix} \\ &= \begin{bmatrix} M_{11} \cdot Q_{11} & M_{12} \cdot Q_{12} & M_{13} \cdot Q_{13} & \cdots & M_{1j} \cdot Q_{1j} \\ M_{21} \cdot Q_{21} & M_{22} \cdot Q_{22} & M_{23} \cdot Q_{22} & \cdots & M_{2j} \cdot Q_{2j} \\ M_{31} \cdot Q_{31} & M_{32} \cdot Q_{32} & M_{33} \cdot Q_{32} & \cdots & M_{3j} \cdot Q_{3j} \\ \vdots & \vdots & \vdots & & \vdots \\ M_{i1} \cdot Q_{i1} & M_{i2} \cdot Q_{i2} & M_{i3} \cdot Q_{i3} & \cdots & M_{ij} \cdot Q_{ij} \end{bmatrix} \end{aligned}$$

当出现紧急插单、计划变更等生产扰动时,只需将相应的批次任务插入月度生产任务 P,对模型进行重新计算。

例如,插单任务为 P_x,此时只需修改月度生产任务集 P,实现紧急插单,如 $P = \{P_1, P_2, P_3, \cdots, P_x, \cdots, P_i\}$,同时进行工位级生产任务和生产物量拆解得到最终工位级生产任务队列。

(3)工位作业能力集 C

工位作业能力集表示为

$$C = \{C_1, C_2, \cdots, C_j\}, \quad j \in J$$

以 c_1 表示手动工位作业能力,c_2 表示自动工位作业能力,则各工位对应的作业能力表

示为

$$C_j = \lambda_1 \delta_1 c_1 + \lambda_2 \delta_2 c_2$$

式中，$\lambda_1, \lambda_2 = \begin{cases} 0 \\ 1 \end{cases}$，$\lambda_1 = 1$ 表示手动工位，$\lambda_2 = 1$ 表示自动工位；δ_1 表示手动工位作业能力系数；δ_2 表示自动工位作业能力系数。

工位作业能力属于不确定参数，与作业人员的数量 n、业务水平 v、作业时间 t、设备状态 s 等均有关系，当其中一个变量发生变化时，对应的作业能力系数也随之改变，表示为

$$\delta_1, \delta_2 = f(n, v, t, s)$$

自动工位作业能力可根据设备加工能力进行估算，手动工位作业能力可根据现场工作人员的经验给出相关参数。

当出现人员变更、设备故障等生产扰动时，将更新后的相关变量参数带入模型重新计算。

(4) 生产任务总工期 T

任务的计划总工期表示为

$$T = \sum_{i=1}^{m} \sum_{j=1}^{n} \left[(1 + \delta_1) \mathrm{ET}_{ij} - (1 + \delta_2) \mathrm{ST}_{ij} \right]$$

δ_1 为任务的实际开始时间与计划开始时间的差异系数，δ_2 为任务的实际完工时间与计划完工时间的差异系数。系数计算方法如下：

$$\begin{cases} \delta_1 = \dfrac{\widetilde{\mathrm{ST}}_{ij} - \mathrm{ST}_{ij}}{\mathrm{ST}_{ij}} \\[3mm] \delta_2 = \dfrac{\widetilde{\mathrm{ET}}_{ij} - \mathrm{ET}_{ij}}{\mathrm{ET}_{ij}} \end{cases}$$

式中　ST_{ij}——第 i 个生产任务在工位 j 的计划开始时间；

ET_{ij}——第 i 个生产任务在工位 j 的计划完工时间；

$\widetilde{\mathrm{ST}}_{ij}$——第 i 个生产任务在工位 j 的实际开始时间，由监控系统进行反馈；

$\widetilde{\mathrm{ET}}_{ij}$——第 i 个生产任务在工位 j 的实际完工时间，由监控系统进行反馈。

生产任务总工期是根据任务的计划开始时间和计划完工时间计算所得的。当实际生产过程中出现实际作业时间与计划时间的偏差时，通过监控系统采集的实际数据，计算差异系数 δ_1、δ_2，将参数引入模型重新计算，实现生产计划的动态协同调整。

各工位的作业开始时间、完工时间，主要结合任务生产物量、工位作业能力以及生产任务序列进行计算。

各工位生产任务的计划工时可表示为

$$T_{ij} = \frac{Q_{ij}}{C_j} = \frac{\sum\limits_{k=1}^{z} \delta_k q_{ijk}}{\lambda_1 \delta_1 C_1 + \lambda_2 \delta_2 C_2}$$

通过分析可知，在同一工位，下道任务必须在上道任务完工之后才能开始，同时，下道工位的任务加工必须在上道工位任务完工后才能开始，因此，任务加工顺序必须满足以下

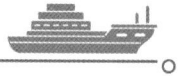

条件：

$$\begin{cases} ST_{ij} \geqslant ET_{i(j-1)} \\ ST_{ij} \geqslant ET_{(i-1)j} \end{cases}$$

由此得到任务的计划总工期。

1.3.4 模型应用验证

以生产计划执行中的紧急插单因素为例进行验证分析。按照多工位协同数学模型，假设车间现有的 7 个待加工的分段为 S1、S2、S3、S4、S5、S6、S7。根据月度生产计划可知，各分段的生产过程均涉及 6 个工位，因此，将月度生产任务带入书中模型，结合 1.3.3(2) 中的公式进行工位级生产任务拆解，确定各分段任务所在工位对应的加工物量，形成工位级生产任务数据见表 1-25。

表 1-25 工位级生产任务数据

任务	工位					
	J1	J2	J3	J4	J5	J6
S1	0	30.4	26.6	73.15	96.5	100
S2	0	30.4	26.6	73.15	96.5	100
S8	410.45	78.8	53.2	194.3	233.6	273
S3	418.8	78.8	53.2	194.3	233.6	273
S4	462.85	96	108	285	227.3	440
S5	462.85	96	108	285	227.3	440
S6	0	138.8	95.2	341.8	172.8	291
S7	686	30.4	26.6	73.15	233.6	223

(1) 当不存在相关影响时，采用船舶分段制造多工位协同管控模型对车间的 7 个待加工生产任务进行工位级计划拆解，结合船厂分段加工车间各工位的实际生产作业能力，采用 1.3.3(4) 中的公式计算各工位生产任务的计划工时，得到各生产任务在工位级的生产计划如图 1-40 所示，生产总工时为 110.95 h。

(2) 当出现紧急任务 S8 时如表 1-25 所示，采用普通的插单处理，根据任务紧急程度以及实际生产进度将任务插入计划列表，假设 S8 的紧急程度较大，实际生产进行到 S2，则插入任务后的分段加工顺序为 S1→S2→S8→S3→S4→S5→S6→S7，处理后的生产计划更新如图 1-41 所示，生产总工时为 126.58 h。

(3) 采用多工位协同控制系统进行插单处理，协同处理后生产任务的分段加工顺序为 S1→S2→S8→S3→S5→S6→S4→S7，生产计划如图 1-42 所示，生产总工时为 123.87 h。

对比普通插单处理和工位协同模型应用，计划总工时缩短 2.71 h，提高了制造车间的生产效率，同时节约了中间相关缓存量。

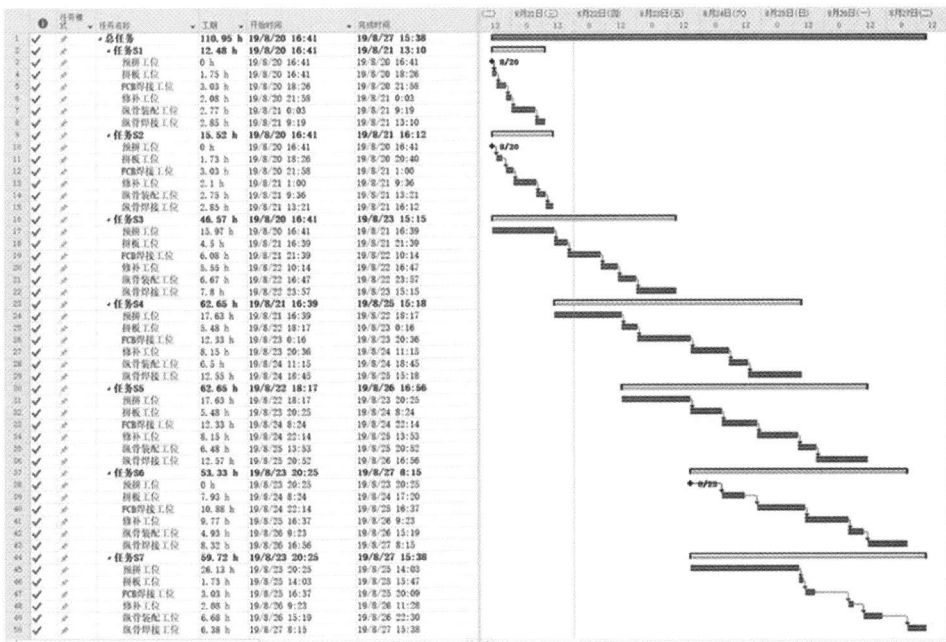

图 1 - 40　正常生产计划

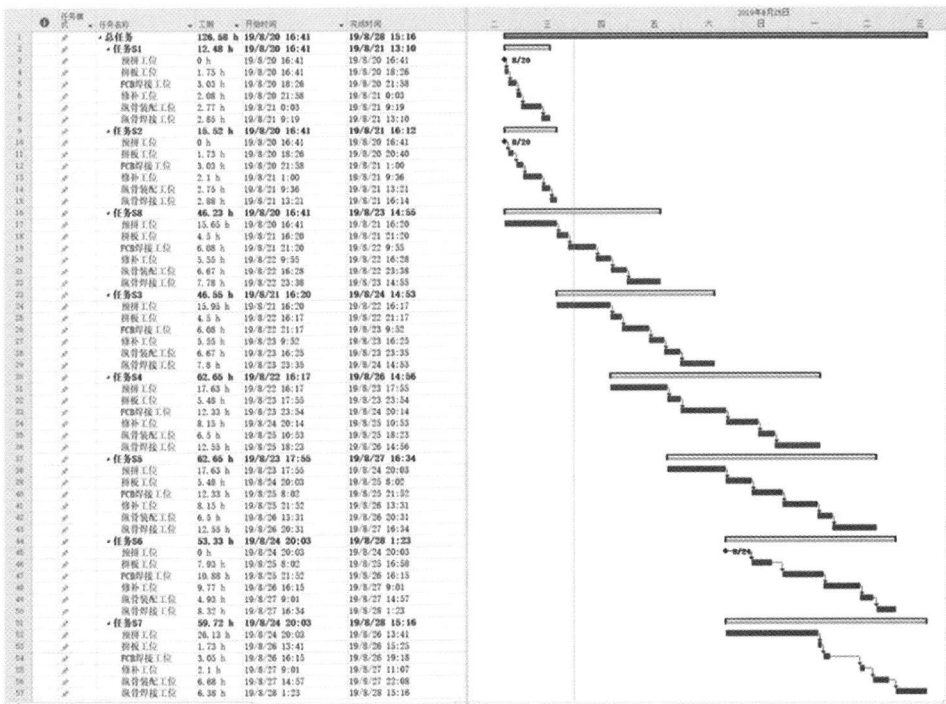

图 1 - 41　普通插单生产计划

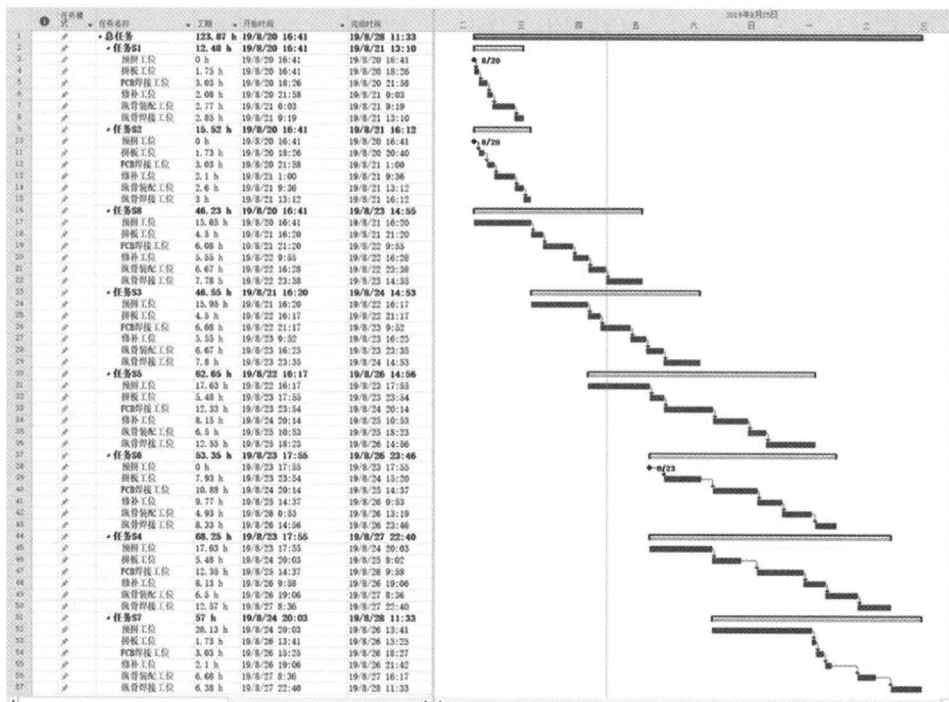

图 1 – 42　协同控制系统插单生产计划

1.4　异常调整与多工位监控技术

1.4.1　多工位工艺执行数据

多工位工艺执行数据分析是分段车间提高自身生产效率的关键,生产过程高效协同运作的前提是要完成对船舶分段车间生产过程中的多工位各种实时工艺执行数据信息的采集、分析和处理,这也是构建船舶分段车间智能信息系统的基础。

本小节主要从分段多工位工艺执行海量异构数据分析方法研究、海量异构数据自清洗技术研究、直接影响生产过程关键变量数据提取方法研究等方面展开论述。船舶分段制造车间典型工艺执行数据流向如图 1 – 43 所示。

1.4.1.1　分段多工位海量异构数据分析

船舶分段制造车间接入多种厂商提供的切割、焊接和打磨等加工制造设备,各类设备数据的封装格式和数据类型等呈现差异化的特点,为了达到解析各类工艺加工设备数据的目的,需要将每条数据中的可用信息分别提取出来。然而当数据量庞大,数据类型多样且动态变化时,无法直接写入解析规则进行解析,将无法满足日益缩短的船舶项目迭代周期的要求和日益增长的船舶分段车间管控智能化、自动化的需求。因此本部分参考了西安电子科技大学马冬洁提出的海量异构制造工艺执行数据的自动解析方法研究与实现、曹颖爽等提出的基于大数据方法的用户用电模式分析方法等文献,结合船舶工艺执行数据的特点,建立一种聚类分析抽取可用信息的模型,将海量异构数据化零为整,并针对每种类型的数据,采用解析候选规则集设计机制,使得原始数据集经过多次遍历规则抽取出可用信息,实现大量封装方式各异的加工设备数据可用信息的动态抽取解析。

聚类分析抽取解析模型,鉴于设备长时间运行所采集的传入网关的船舶制造工艺执行数据的海量性,以及数据集的流动性与可用数据的难鉴别性,本部分将详细分析 K – Means 聚类算法的场景适用性,并从宏观的角度设计一套聚类抽取数据模板并提取可用信息的解析模型。

(1)K – Means 聚类方法可用性分析

根据本部分所研究的海量异构船舶分段制造工艺执行数据自动解析的场景需求,对 K – Means 聚类算法进行剖析,深度分析算法的可用性及优缺点,并针对不足之处设计一套解决方案。

以下将从两个方面对 K – Means 算法进行分析,并论证该算法与本小节所研究的场景需求的契合程度,证明其场景可用性。

①本小节研究的对象是海量异构的船舶分段制造工艺执行数据资源,海量的数据集代表着难以对其进行准确的分析,数据资源异构说明船舶分段制造工艺执行数据的类型及每种类型的数目存在多样性。而聚类方法是可以将海量的数据集无监督地划分为若干类,不同类间的数据是有明显差异的,该方法满足研究需求。

②海量的数据在处理前是混合的,具体可以分化为多少种数据类型是不确定的,所以无法用已有的类型标准来划分上述数据集。而如若采用 K – Means 方法来处理该数据集,那么对于数据集 D,将会先进行 k 个初始的划分,然后通过有限的迭代过程对初始划分做修正,直到在划分结果中,被聚为同一个类中的数据对象类型相似度极高甚至相同,不同类间相似度极低,且满足一个数据对象只被划分到唯一的一个类型中。通过以上的划分过程,可以使原始大数据集归属于若干个数据子集中,从而为后续分类解析的工作奠定基础。

虽然在此研究场景中使用 K – Means 方法有如上的适用性,并且该方法具有可伸缩性、效率高、聚类结果为类与类之间的界限明显、分类效果好的优点,但是也存在弊端。以下将从两个方面来分析 K – Means 聚类方法的缺点,并讨论在本研究场景中对此方法进行改进的过程。

①假若采用 K – Means 算法,根据其理论定义,需要给出代表聚类种类数目的初始 k 值,即根据 k 值的不同,初始数据集将被聚为不同的种类,聚类结果是不稳定的。而基于本报告所研究的工艺执行数据的场景,当工艺执行传感器不断采集数据或者接入新的采集设备时,会有加入不同类别数据类型的可能性,此时对于整个数据集的划分将会有或多或少的变动,因此由于 k 值的变动,会产生划分结果不稳定的情况。此外,鉴于变化的 k 值对聚类结果影响的不确定性,本章节的解决方案是在设定的合理范围内遍历 k 值,检验结果的准确度,并设定阈值,找到一定范围内使准确度达到最高的 k 值,令其作为有效聚类数目,并对其聚类结果进行后续的解析处理。

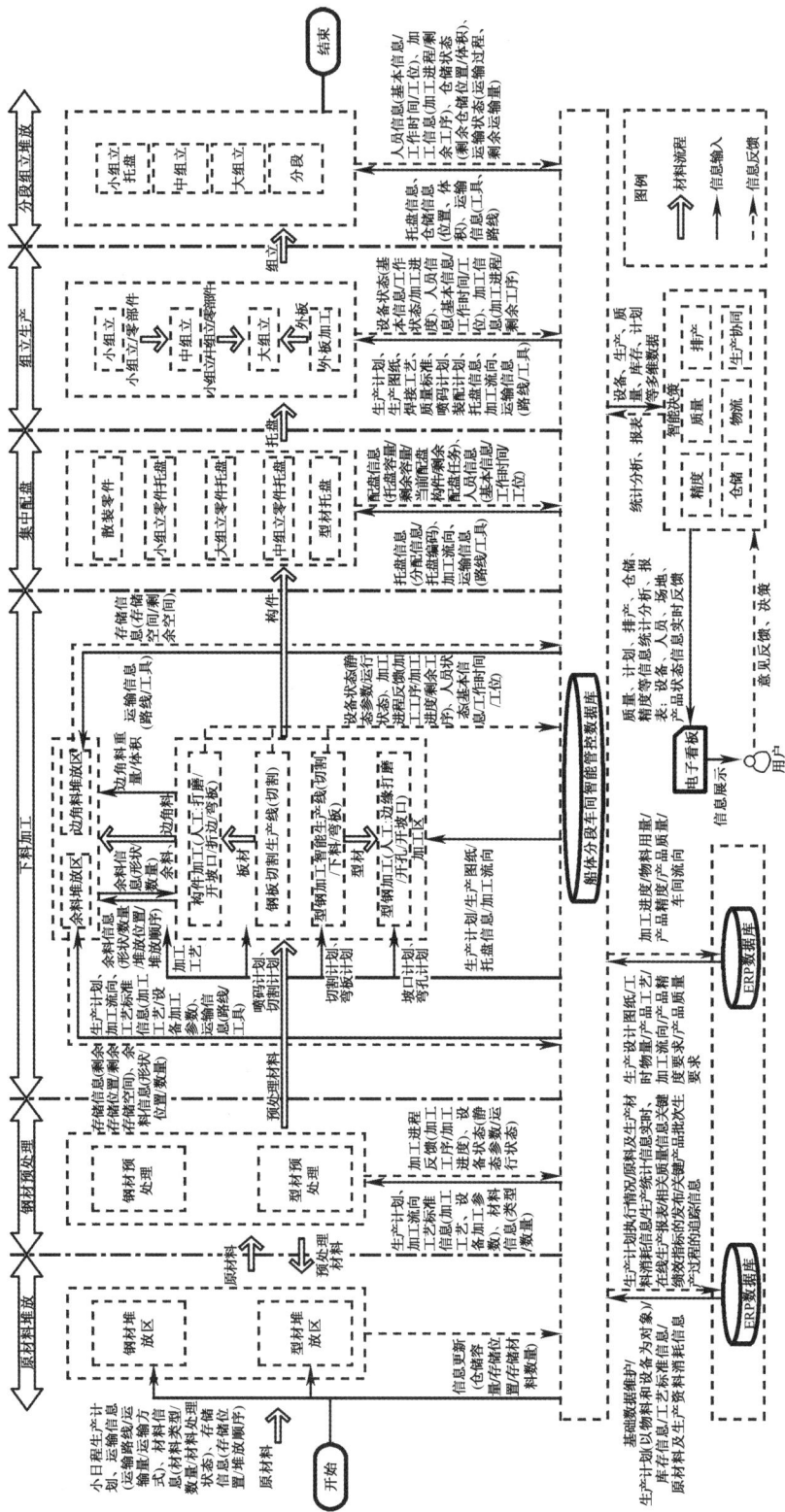

图 1-43　船舶分段制造车间工艺执行数据流向

②K-Means算法是通过对初始聚类中心的随机选择、经过多次迭代计算数据点与中心的距离来对数据集进行划分的,那么当出现孤立点数据时,它对整个距离平均值的计算会产生巨大的影响,使得聚类结果陷入局部最优而导致整体划分结果偏差较大,因此,K-Means算法对于噪声数据是极为敏感的。而基于本研究所讨论的船舶分段制造车间工艺执行数据,在数据采集设备接入联网平台后,短时间内就能收集到巨大数据量的数据,当设备长时间运行时,平台所能采集到的数据量更将成倍增加。而在大量冗杂的异构船舶制造车间工艺执行数据中,会有未知数目的由于设备本身或者人为差错所导致的假数据和错数据的存在,本研究将利用该特点设计一种容错规则来清洗掉这类噪声数据,使得算法可用性提高并且聚类结果的准确度也大幅提升。对于船舶分段制造车间工艺执行海量异构数据的实际场景,基于K-Means聚类算法,根据原始数据集中的数据对象的相似程度,将初始海量数据集聚为若干个数据子集,从而进行后续的解析分析是理论可行的。其中利用对k值的遍历和对聚类结果准确度的控制来生成船舶制造工艺执行数据的数据模板,并且利用K-Means算法对噪声数据的敏感性,通过设计对聚类结果的偏差容忍度,来实现对已生成数据模型的自清洗,从而达到对海量异构船舶制造工艺执行数据的化零为整和对聚类抽取模型的初步建立的目的。

(2)聚类分析方法架构

本小节所述聚类解析方法将包括如下的处理模块。

①元数据的输入模块。数据集为通过设备联网后获得的真实物联网环境下的船舶制造工艺执行数据。

②词频测量器模块。对原始数据序列进行不同权重的标识,从而达到对不同数据类型区分处理的效果,保证标识的公正性。

③数据聚类处理模块。对动态添加的各类型船舶制造工艺执行数据进行聚类处理,旨在划分出数据集中的各种数据类别,为进一步分析切割、焊接设备运行状态和效率奠定基础。

④数据模板和规则模板生成模块。根据切割、焊接和打磨等设备种类和数据特点,对解析规则进行持久化处理,从而对后续接收到的船舶制造工艺执行数据直接进行处理,加快解析速度。

⑤模板的迭代优化模块。可以根据收集到的数据对整个系统进行动态的更新优化,避免遇到接收了陌生格式的数据无法处理或者处理准确度下降的问题。

该方法经过如上的模块计算组合,实现了海量异构船舶制造工艺执行数据的自动解析及解析系统的动态优化。

(3)基于K-Means聚类的数据模板建立

针对不能明确解析类型且动态变化的海量船舶制造工艺执行数据的问题,本部分采用基于K-Means算法并做相应的改进,实现海量异构数据的自动聚类的方法,从而使得为大量数据的每种类型设计不同的解析规则成为可能,其主要步骤如下。

①数据频率测量模块

数据模板的建立需要对数据进行权重分配,获取原始数据输入并初始化数据频率测量器。在海量船舶制造工艺执行数据中,每条数据都是由数字或字符串组成的长数据,本部分根据场景需要采用TF-IDF方法为数据赋予权重。

本部分采用 TF – IDF 方法计算数据的权重,作为 TF – IDF 测量器的初始化值,为后续的聚类部分的自动选择计算中心做好铺垫。TF – IDF 是一种常用的为数据加权的技术,它采用统计的方法来评价数据频率或者一个文件甚至集合的重要程度,某数据出现次数越多越重要。该方法的原理是:如果某个数据频率的 TF 值大,代表它在当前数据集中出现的频率高,且在其他地方出现的次数少,则判定该数据权重大,即具有很好的类别区分能力。该衡量标准实际上是 TF 乘以 IDF,其中 IDF 表示逆向数据频率,可以由总数据数目与包含该数据的数据集数目的比值取对数来得到,代表一个数据的重要性。即如若某数据在特定地方具有高的 TF,并且在整个数据集具有低 IDF,其 TF – IDF 就会是高权重的,故参照 TF – IDF 可以把重要的具有代表性的数据保留。

②数据模板的建立

a. 生成 K – Means 算法的输入数据,并进行初始化。算法的输入数据集用一个二维数组来表示,包含数据集数目和所有分出来的数据,遍历获取第 i 个数据集的 TF – IDF 权重向量。把以上得出的输入数据集与聚类数目共同传入算法流程中,在这里的聚类数目将在一定范围内依次遍历,通过对实验结果的准确率分析比较来得出合适的 k 值,作为模板类别的数目。具体来说:

Ⅰ. 对于 k 值的分析比较,采取区间递增取极大值的方法来选拔最适合场景的聚类数目,使得达到自动获取数据类别数目的目的。很多文献中使用经验规则为 $\sqrt{N}$ 或者 $2\ln N$ 的向下取整作为聚类上限。为避免 k 值的无意义增长,在此使用 $2\ln N$ 的向下取整作为聚类上限,传入 $k \in [2, 2\ln N]$,对比实验结果准确率,即下面将叙述的平均数据相似度(average data similarity,ADS)进行分析比较。

若出现 $\mathrm{ADS}(k_i) \approx \mathrm{ADS}(k_j)$,$i, j \in [2, 2\ln N]$,当 $i < j$ 时,若 $(j - i) < (2, 2\ln N)/2$,表示数据集可以划分为相近种类的子数据集,则取 $k_i = k$,表示用最少的种类数目即可充分描述整个数据集的数据类型,即使更加细粒度地划分,对整个数据集来说并没有明显的划分作用,且可能是因数据格式相同而具体属性值不同所导致的误划分;若 $(j - i) \geqslant (2, 2\ln N)/2$,表示数据集可以被粗划分为 k_i 种类型,也可以细划分为 k_j 种类型,则取 $k_j = k$,表示有且只有一种细划分方式使得海量数据化零为整,对整个数据集来说有明显的划分作用。

Ⅱ. 对于算法的初始化,定义二维数组 RawData[ ][ ],存储原始数据集;定义用于记录和跟踪每个数据点属于哪个类别群的变量 clusterAsgn[ ];定义用于记录和跟踪距离每个数据点最近的类别群的变量 fitClst[ ];定义用于表示数据点到聚类中心点的距离变量 dist[ ][ ],其中 dist[i][j] 表示第 i 个数据点到第 j 个聚类中心点的距离。开始随机初始化 k 个聚类,根据聚类的数据成员索引,向原始数据点对象做映射,该对象属于 RawData[ ][ ];RawData[ ][ ] 即是一个 m 行 n 列的矩阵,取出该对象集的平均值,也就是计算每列的均值,并将该均值保存在 mCenter 中,至此完成聚类算法的初始化。聚类分析迭代过程如图 1 – 44 所示。

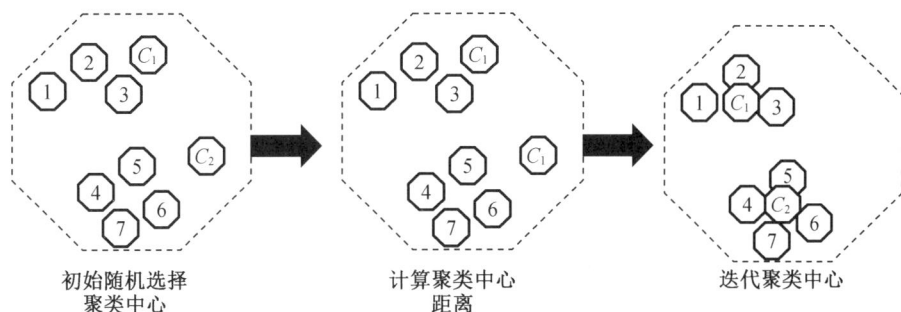

图 1-44　聚类分析迭代过程

b. 开始迭代。

Ⅰ. 按照上述方法计算每个类别的平均值,也就是随机在原始数据集中取出 k 个标记点,1,2,3,4,5,6,7 是在图中的 7 个点,而灰色的小圆点是初始化的标记点,也就是后续用来找类别群的点,图中表示 $K=2$,初始化两个标记点 C_1、C_2。

Ⅱ. 然后对图中的所有点计算到 k 个标记点的距离,假如数据点 P_i 到标记点 C_i 的距离最小,那么就将 P_i 划分到 C_i 类别群。图 1-44 中,1,2,3 数据点属于上面的标记点一类;4,5,6,7 数据点属于下面中部的标记点一类。计算某数据距离某类别群中心的距离,常用以下三种公式。

i. Minkowski Distance 公式:λ 可以任意取值,与数值的正负甚至是无穷大都不相关,数据点以星形的方式逼近中心。

$$d_{ij} = \sqrt[\lambda]{\sum_{k=1}^{n} |x_{ik} - x_{jk}|^{\lambda}} \tag{1}$$

ii. Euclidean Distance 公式:即公式中 $\lambda=2$ 的情况,数据点以同心圆的方式逼近中心。

$$d_{ij} = \sqrt[2]{\sum_{k=1}^{n} |x_{ik} - x_{jk}|^{2}} \tag{2}$$

iii. CityBlock Distance 公式:即公式中 $\lambda=1$ 的情况,数据点以菱形的方式逼近中心。

$$d_{ij} = \sum_{k=1}^{n} |x_{ik} - x_{jk}| \tag{3}$$

在本部分选择使用第二种同心圆的方式逼近中心,旨在使得每次逼近过程辐射到更多的数据,并最终逼近到中心的一个点处形成新的类别均值,即新的标记数据点。

Ⅲ. 接着计算每个数据点距离最近的类别群。

dist$[i][j]$ 记录着数据点到聚类中心点的距离,表示第 i 个数据点到第 j 个类别群中心点的距离,迭代更新该变量值,使得其局部最小。同时比较离每个数据点最近的类别群是否就是该数据点所属的类,直到 k 遍历到 coordCount 的值时,fitClst$[i]$ 与 clusterAsgn$[i]$ 都完全相等($i \in$ coordCount),表示对于所有的数据点都已经是最佳距离了,否则进行下一步。

Ⅳ. 如果上述条件不能实现全部相等,则需要重新调整数据点与类别群的关系,即需要重新修改每个聚类的数据成员以及表示某个数据点属于哪个类别群的变量 clusterAsgn$[\ ]$。调整完毕后再重新迭代循环,直到所有标记点不会再移动,位于上面的标记点聚合了 1,2,3 三个数据点,位于下面的标记点聚合了 4,5,6,7 四个数据点,最终聚类结果稳定。

c.获取结果生成数据模板

生成聚类结果后,在 K 个类别群中每个群的每条数据都可以代表该类别群的数据特征,抽取其中任意一条数据都可以作为数据模板中的一条模板有待后续处理。

综上所述,数据模板的完整建立过程如图 1-45 所示。

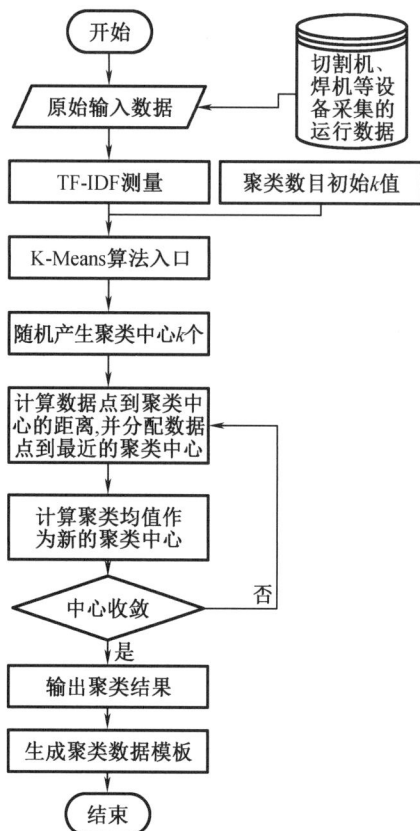

图 1-45　K-Means 聚类分析算法流程

1.4.1.2　海量异构数据的自清洗方法

在理想的情况下,海量的数据都是格式准确且信息无误的,经过聚类算法的处理就可以使得数据集自动准确地聚为若干个清晰的类别,在理想状态下可以达到最好的效果,如图 1-46 所示,把图中的原始数据点自动划分为三类。

然而当船舶分段制造工艺执行数据采集设备接入联网监控平台后,短时间内就能收集到相当多的数据,当设备长时间运行时,平台所能采集到的数据量将成倍增加。而在大量冗杂的异构数据中,会存在未知数目的因设备本身或者人为差错所导致的假数据和错数据,这部分数据是极少数的,且极易与其他正确可用的数据混淆,若是数据基数小,可以考虑自定义规则识别,但是在海量数据集的场景下,如何鉴别并剔除这类无用数据就成了一道难题。

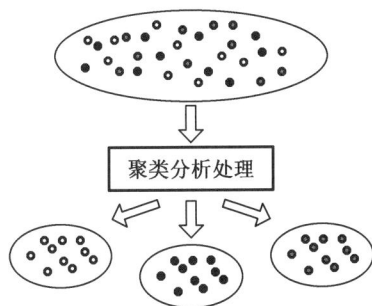

图1-46 原始数据聚类划分

鉴于以上所述内容,由于数据中存在脏数据或者因数据格式相近而导致的聚类结果出现偏差的现象,本部分研究提出以下的数据自清洗方法,以改进已有的聚类算法,使得其适用于船舶分段制造切割、焊接等设备数据处理场景。

将所属类别不清晰和准确性差的部分数据加以分析,将未达到聚类要求的少量假数据、错数据从数据集中剔除,最终实现海量异构船舶分段制造工艺执行聚类数据的粗清洗,提高后续自动解析的准确度。数据聚类及清洗过程如图1-47所示。

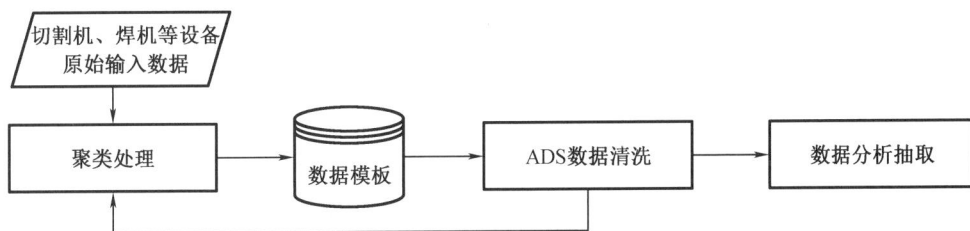

图1-47 数据聚类及清洗过程

聚类中心数目为k,每一类别群中平均数据相似度 ADS 为$\{m_1,m_2,\cdots,m_k\}$,则定义每一个类别群的偏差指数为$q=1-(\text{ADS}_i),i\in[1,k]$,则有$q\in[0,1]$,根据对数据相似度 DS 的计算方法以及对 DS 大量的计算采样可知,当设备监控数据属于同一类别时,DS 均可以达到 0.95 以上,因此设置可容忍度为 0.05。每一个类别群中的 ADS 均达到 0.95 以上表示聚类效果良好,则需要反复迭代聚类使得每一个类别群中总有$qi<0.05$。在获得聚类结果后,具体的聚类数据自清洗优化过程如下所述。

(1)对每一个类别群都计算数据相似度 DS,进而也计算平均数据相似度 ADS,要使得平均数据相似度 ADS 达到 0.95 以上,需要大部分 DS 都达到 0.95 以上。但是如果有极少的数据被误分类,那么这部分的 DS 值有可能是极低的,甚至出现 DS<0.05 的情况,虽然整体 ADS 有可能被拉高至高于 0.95,但是对于现实聚类结果来说并不理想。因此期望达到每一个 DS 都高于 0.95 的效果,从而可以完全保证最终结果一定在可容忍范围内且有良好的聚类效果。对于每一个类别群来说都会生成一个数据相似度 DS 集合,其中的每一个 DS 都与类别群中的数据集一一对应,根据每个 DS 的索引位置就可以定位每一个数据集,因此可以根据 DS 索引位置对每一个类别群的数据集进行操作,从而达到对原始数据集的粗清洗

和剔除假数据、错数据的目的。

（2）遍历每一个类别群的 DS 集合，标记出 DS < 0.95 的数据文件索引以及文件总数，需要设置一个阈值 t，当标记出的 DS < 0.95 的数据量在该阈值范围内时，表示这部分数据是极少的且聚类无用的，即这极少部分的数据没有能力自成一类，有极大概率是错数据、假数据，因为如果是新类型的数据，那么其出现次数会大幅增加并累积到一定数量的，故此时需要把这类极少部分的偏差数据从数据集中删除；当标记出的 DS < 0.95 的数据量大于该阈值时，表示这类数据是与现所属类别群类型相近的，是极易混淆的，有极大的可能是相似却不是同类型的数据，需要使聚类数目增加一个，使其再自成一类，故此时需要调整聚类模型的 k 值，再重新生成结果。

（3）数据集的数量随着 DS 值的增加而增长，在数据分布的波峰处是高 DS 值处，而在低 DS 处存在的数据集是需要被剔除的。在正态分布情况下，正负 2 个标准偏差范围的累积概率接近 95%，如果要提高最后 5% 的概率，需要把样本量提高 1/3，但是公认这样做在很多场合下，成本和收益比是不划算的，因此，大多数场合愿意接受 5% 的错误率，而统计学上把 5% 以下的概率认定为小概率事件，故而设定阈值 $t = 5\%$，表示出错数据应当是小概率事件，出现的部分即是需要被剔除清洗的部分。

1.4.1.3　直接影响生产过程关键变量数据提取方法

为了达到最终自动解析海量异构船舶制造工艺执行数据的目的，不仅需要让数据集在数据模板中匹配出所属的类别群，还需要使数据集中的每条数据中的可用信息都按照自己的属性分离出来，从而实现自动解析数据、被抽取出的信息可以直接被监控联网平台使用的目的。然而船舶制造工艺执行数据的自身构成方式与普通数据有着明显的区别，现有的信息抽取手段并不能在船舶制造工艺执行场景适用，且为每一类数据编写正则匹配规则的方式，也无法在类别不确定的自动解析场景下适用，并且当加入新的数据类型时，无法用已有的方法进行数据解析。针对此问题，本节将对船舶制造工艺执行数据进行分析，并设计一种场景对应且具有针对性的解析规则，在多次遍历后实现对大量构造方式各异的船舶制造工艺执行数据可用信息的自动抽取解析。

（1）候选规则集的设计与生成

船舶制造工艺执行数据与普通数据的差别在于：每一类船舶制造工艺执行数据都是有一定的格式的，数据的属性和值是以键值对的形式体现的。本小节拟将每一个键与值都设计成相应候选规则集，形成与数据模板对应的规则模板，以便海量数据在数据模板中匹配到自己所属的类别群后，自动与其对应的解析规则匹配，候选规则集所分割出来的部分即是需要被解析出的可用信息部分。模板所对应的候选规则集的设计过程如下。

①对于船舶制造工艺执行数据来说，最重要的信息便是代表其工艺执行特征的属性及属性值，比如电流、温度、电压、压力、位移、流量等属性特征以及各属性所对应采集到的数值，两者一一对应形成键值对。虽然不同设备厂家的属性表示方式不尽相同，但是其中的共性是：带有字符的属性以及数值共同组成一组数据。据此设计所采集数据组的候选规则集标准，属性用集合 $A = \{a_i\}$，$i \in [0, \text{docCount.length}()]$ 来表示，其对应的数值用 $N = \{n_i\}$，

$i \in [0, \text{docCount. length}()]$ 来表示。

②船舶分段制造工艺执行设备数据会带有唯一标识,如数字化焊接或切割等设备硬件地址,就如同身份证号码,具有唯一性,这类型的数据也有其自身的特点。

MAC 地址的长度是 6 字节,由 16 进制的数字组成,分为前 24 位和后 24 位。据此便可以设计 MAC 地址的候选规则集标准,对数据模板中的每一条数据串进行遍历,当遇到上述规则的数字字符串时,便用" * ad" : " * nu"的规则,来代替原始数据表示开始匹配候选规则集。

③数据集还存在描述性键值对,如某些焊接设备的错误代码和描述信息,这类信息只是起到标识作用,对于联网监控平台数据的解析并无实质性贡献,所以在自动解析的过程中不被抽取出来也是无关紧要的。为了解析的统一制式,也为了避免有特殊键值对也采用全字符串的形式来表示的情况出现,所以依然将这部分信息抽取出来,交给后续检验信息是否可用的检验模块来验证。因此依然对数据模板中的每一条数据串进行遍历,当遇到键值对都是纯字符串的情况出现时,便用" * me" : " * se"的规则形成候选规则,来代替原始的数据比如"method" : "sensor" , " * "表示开始匹配候选规则集。

根据以上的规则编写候选规则集挖掘机制,经过对数据模板的遍历即可以形成与数据模板对应的解析规则模板。数据集经过数据模板与规则模板的匹配,既可以得出各条数据的所属类别群,又可以根据候选规则集的特征抽取能真实为联网监控平台所使用的可用信息,从而达到自动解析的目的。

(2)信息抽取解析模型

上述内容可实现对海量数据的化零为整,每一条数据都可以找到自己所属的类别群,然而由于目前没有船舶制造工艺执行数据统一的解析标准,因此需要特别制定一套自动抽取解析模型,以实现对海量数据中有价值部分的挖掘。根据数据解析候选规则集挖掘机制,已生成了解析规则模板,接下来将设计采用数据模板以及规则模板的可用信息抽取解析模型,最终解析船舶制造工艺执行数据。模型的输入数据即是数据序列集合 $\text{DATA} = \{D_0, D_1, \cdots, D_i, \cdots, D_{n-1}\}$, $i \in [0, n-1]$,待匹配库是数据模板集合 $\text{MODEL} = \{M_0, M_1, \cdots, M_j, \cdots, M_{k-1}\}$, $j \in [0, k-1]$,其中 k 为聚类数目;将输入的数据集合中的数据元素与数据模板的对应规则模板 RULE 集合匹配,$\text{RULE} = \{R_0, R_1, \cdots, R_r, \cdots, R_{k-1}\}$, $r \in [0, k-1]$。

把数据集合投入信息抽取模型进行分析处理,最终的输出是抽取出的可用信息集合,与候选规则集标记的数据属性一一对应,从而可以被联网监控平台直接处理。输入的数据集合中的数据元素与规则模板 RULE 集合匹配,数据抽取解析流程如图 1 - 48 所示。

数据集中的每一条数据元素为待匹配数据 str,规则模板中的数据元素为 pattern,依次按索引遍历匹配。

①当 str 为数值类型时,根据其采集源相关信息,和相应 pattern 匹配成功后,则进入下一条数据匹配,否则转至步骤③。

②当 pattern 串是普通字符,且 str 串与 pattern 串同一索引位置的字符相匹配时,将两个串索引同时后移一位,否则直接返回 false;当 str 串与 pattern 串都遍历到索引尾部时,表示匹配成功,继续让下一条 str 串与 pattern 串做匹配。

```
          开始

     原始输入数据集合  ←────── 重新抽取

       规则模板集合            修正数据模板和
                             规则模板
    是            否
                              聚类数目K+1重
  数据与规则匹配   存入待定集合   新聚类
                            否
  根据规则候选模板  数量小于DATA.SIZ*5%
  抽取可用信息
                是

            剔除异常偏差数据

              结束
```

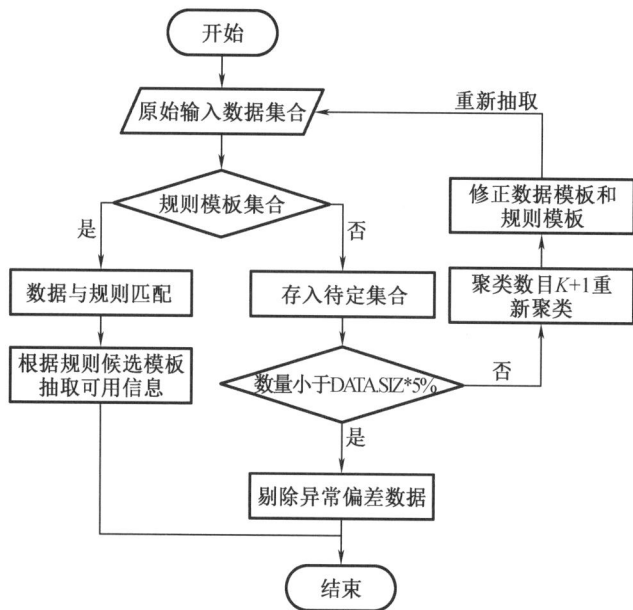

图 1 - 48　数据抽取解析流程

③而当 pattern 串先遍历到尾部时,表示匹配失败,将该 str 加入待定集合 TEMP = $\{D_i,$ $D_j, D_k, \cdots\} \in \text{DATA}, i, j, k \in [0, n-1]$。则按如下步骤处理。

a. 若加入 TEMP 集合的未能匹配候选规则集的待定数据数量少于原始数据序列集合 DATA 的 5%,表示不匹配数据数量少,将其归类为错数据,即使将这部分数据重新投入聚类模型中重新处理,也难以聚成一个有效类,故将其作为偏差数据从 DATA 集合中剔除。

b. 若是加入 TEMP 集合的未能匹配候选规则集的待定数据数量多于原始数据序列集合 DATA 的 5%,表示这部分数据属于与有效数据类型相近但却未能在聚类模型中得到准确处理的情况,因此需要优化修正已有聚类模型,使聚类中心数量加一,重新聚类建立数据模板,再将新加入数据模板的模板数据生成与其对应的候选规则集,重复以上的抽取解析过程。

通过以上的信息抽取解析模型,不仅可以将原始数据集根据聚类模型得出的数据模板所生成的候选规则集进行匹配解析,抽取出每条数据中有价值的可用信息,同时也可以根据对待定数据集的分析,对聚类模型和信息解析模型做出相应的修正和优化。

1.4.2　异常情况动态调整

结合生产过程出现的各类异常情况以及对多工位数学模型进行分析,针对多工位工序在生产中出现的各类异常数据进行监控并做出相应处理。通过监控系统采集并统计出现异常的种类及次数,同时分析出现某种异常后的处理流程,提高系统的快速响应能力,进一步提高了生产效率,避免了因人为处理不及时而带来的工期延误。

通过统计可能出现的各类异常,最终将数据的异常分为四类:任务异常 E_P、设备异常 E_E、物料异常 E_M、生产时间偏差 E_T,具体表示为

$$E = \{E_P, E_E, E_M, E_T\}$$

在整体的动态协同调整的基础上,对各类异常数据进行监控,同时针对各类异常的处理流程进行详细分析。

(1)任务异常E_P

任务异常中最常见的包括紧急插单以及任务取消两种情况,当出现紧急插单异常时,需要判断插单任务的紧急程度并做出相应处理,具体的处理流程如图1-49所示。

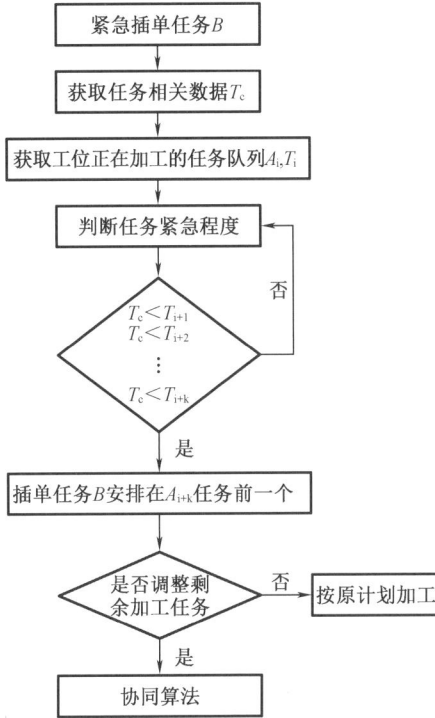

图1-49 紧急插单异常处理流程

当出现任务取消时,处理流程如图1-50所示。

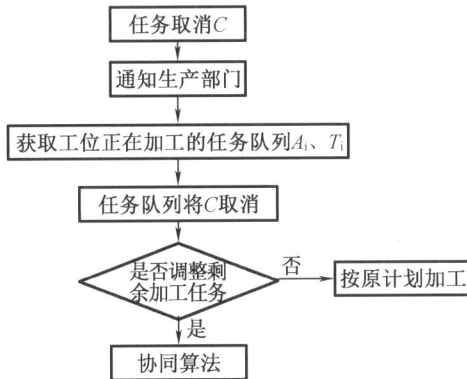

图1-50 任务取消异常处理流程

（2）设备异常E_E

当出现设备故障异常时，首先需要获取故障设备所在工位并进行记录，其次判断该工位的前道和后道工位的生产任务，针对不同的工位做出相应的处理，处理流程如图1－51所示。

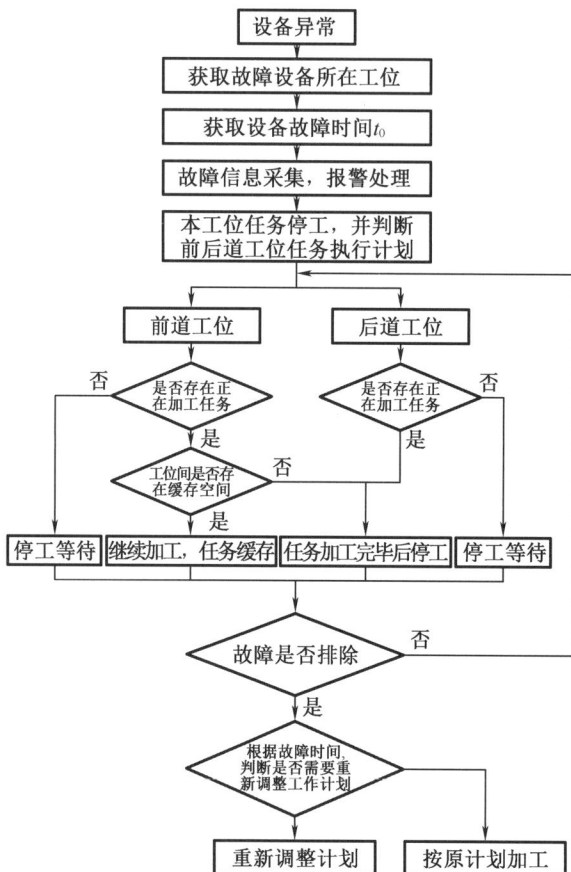

设备异常

获取故障设备所在工位

获取设备故障时间t_0

故障信息采集，报警处理

本工位任务停工，并判断前后道工位任务执行计划

前道工位　　　　后道工位

是否存在正在加工任务　　否　　是否存在正在加工任务　　否

是　　　　　　　　　是

工位间是否存在缓存空间　　否

是

停工等待　　继续加工，任务缓存　　任务加工完毕后停工　　停工等待

故障是否排除　　否

是

根据故障时间，判断是否需要重新调整工作计划

重新调整计划　　按原计划加工

图1－51　设备异常处理流程

（3）物料异常E_M

各工位的生产物料均来源于上道工位/工序，如果工位出现备料不足等异常情况，会导致该工位出现停工现象，影响生产效率，为防止这种异常的出现，需要提前进行物料到位的协调规划，针对物料异常的处理流程如图1－52所示。

（4）生产时间偏差E_T

实际生产过程中，各工位的作业人员变更、生产物量变化、作业工时等因素都会影响实际执行时间，各因素之间相互关联、相互影响，导致任务的实际执行时间与计划时间出现偏差，因此，需要对存在的生产时间偏差进行协同调整，其处理流程如图1－53所示。

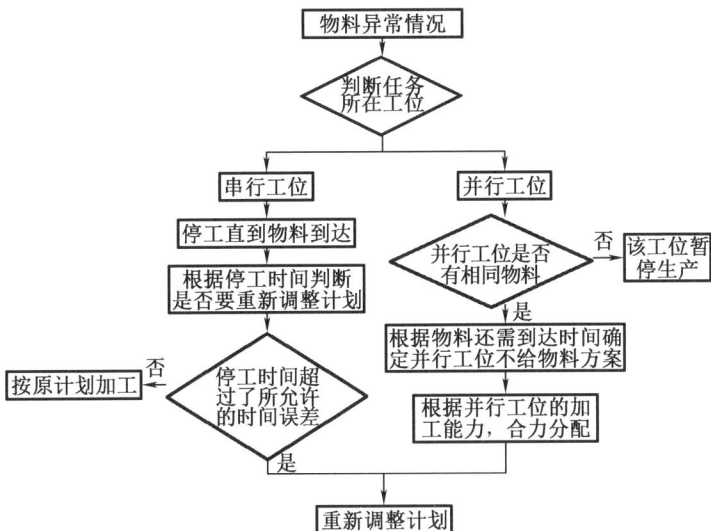

图 1-52　物料异常处理流程

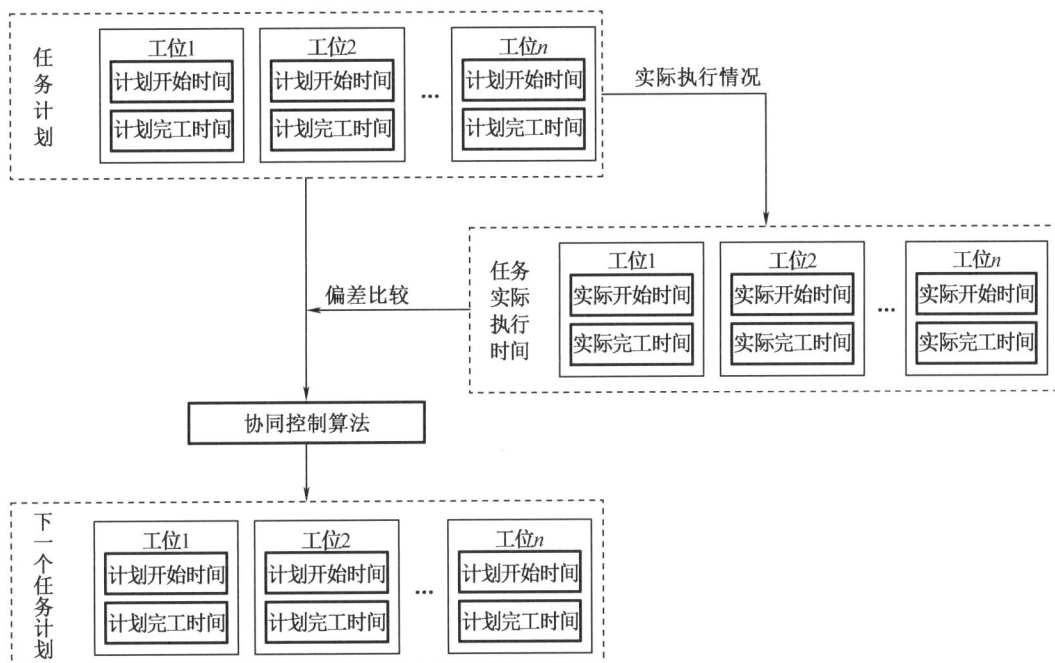

图 1-53　生产时间偏差处理流程

1.4.3　多工位监控技术

通过多工位协同工艺数据监控模型构建、切割机多工位状态监控技术、焊接过程多工位监控技术、工艺执行多工位视频监控技术等四方面的技术分析,搭建多工位系统监控平台,对多工位运行状态等进行监控,为后续多工位协同制造提供数据与技术支持。

1.4.3.1 多工位协同工艺数据监控模型构建

多工位运行状态监控模型由4个部分组成:监控协同模块、事件合成模块、事件数据抓取模块和事件行为执行程序。监控平台负责对多工位运行状态进行监听,同时将获得的事件信息进行分析、处理,如图1-54所示。

监控模块直接从XML定义文件中读取监控对象定义等模型监控信息并对多工位运行状态监控对象实体进行监听,在多工位运行过程监控中只需要定义或修改模型定义部分,而不需要修改监控程序,就能完成系统应用的监控,从而提高了应用系统的柔性,其4个组成构件功能如下。

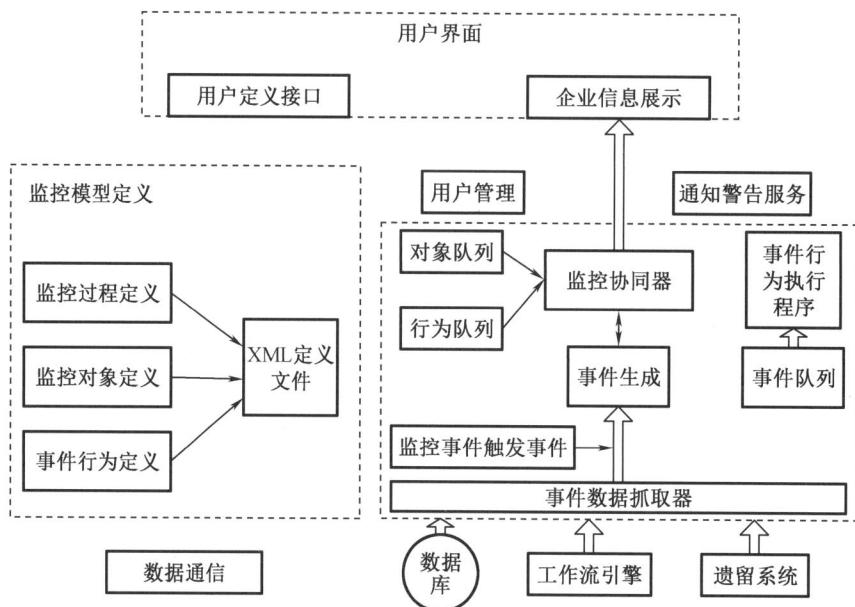

图1-54 多工位运行状态监控业务逻辑模型

(1)监控协同模块是整个监控模块的大脑,由它负责其他组件的协同工作。它根据用户定义的监控XML文件构造事件队列、监控对象队列和事件行为队列。同时在监控事件的分析处理中,它基于EDA机制,当事件生成模块生成一个监控事件实例时,该协同模块根据事件类型,并查找该事件相对应的行为动作,由事件行为执行程序负责执行。

(2)事件生成模块主要负责将数据抓取模块中的数据根据事件定义合成并生成事件实例,传递给监控协同模块。由监控对象的定义文件可知:任意一个监控对象主要由2个部分组成,即属性集和状态集。在系统实现时,每个对象都拥有一个状态链表用于存储该实体的各个状态,而事件生成模块根据每个实体的状态链表的变化来合成监控事件,从而驱动后续的系统行为。

(3)事件数据抓取模块根据由监控协同模块生成的事件队列、监控对象队列实时对相关的监控对象实例进行监听,当这些监控对象实例的状态发生变化时,或者实例相关数据修改时,事件数据抓取模型将这些变化信息传递给事件生成。

(4)事件行为执行程序依次从事件队列中取出队首事件,并负责事件行为的执行,它应该包括如下功能:

调用通知警告服务给用户发送 SM 等信息;调用车间管控信息显示模块,将车间的实时运行信息反馈给车间管理者用户;同时,它还能够完成对工作流引擎的事件通知服务,将多工位运行状态以及资源、中间产品等信息反馈给工作流引擎,以辅助其调度车间工艺执行管控过程,完成多工位工艺执行过程协同运作。

1.4.3.2 切割机多工位状态监控技术

(1)基于数据采集卡的切割机多工位状态监控技术

①监控方案概述

该方案是在法利莱切割机不开放 DNC 接口的情况下,通过给数控切割机外接数据采集卡,采集数控切割机的关机、待机、运行、电流信息。数据采集卡的输出端接工控机,由此将采集到的设备状态信息传输给工控机,工控机再上传给服务器。数据采集系统的现场配置如图 1-55 所示。

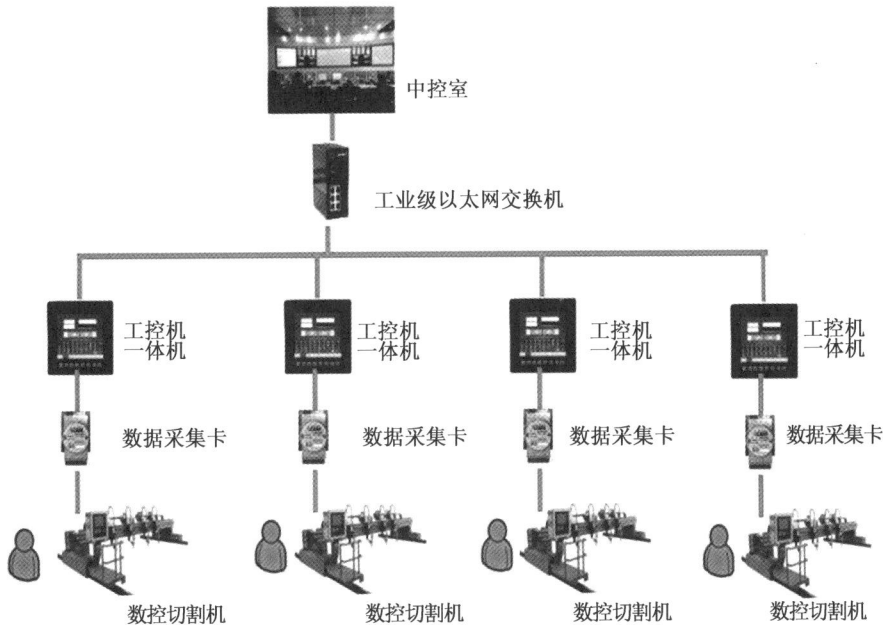

图 1-55 数据采集系统的现场配置

数控切割车间数据采集系统现场布置如图 1-56 所示。

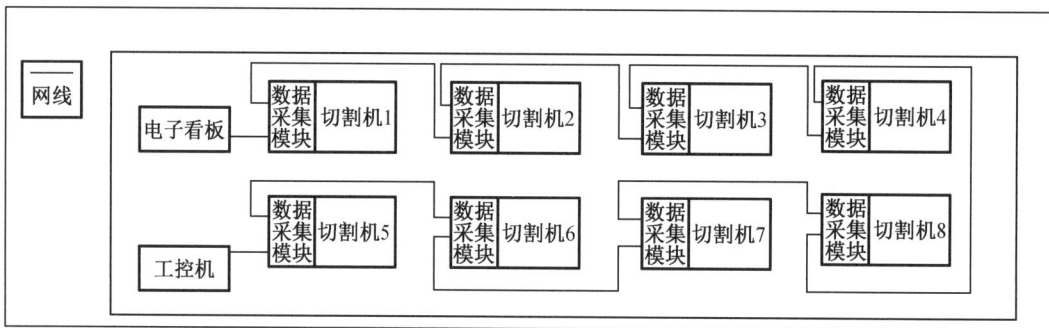

图 1-56　数控切割多工位数据采集现场布置示意图

②模块配置说明

1台数控切割机配置1台工控机、1块开关量数据采集模块和1块模拟量数据采集模块,其中开关量数据采集模块用于采集切割机的开关量信息,模拟量数据采集模块用于采集数控切割机的模拟量信息。此外,1块模拟量数据采集模块还需配置1块电流传感器和电压互感器,各数据采集模块通过千兆网线连接;数据采集模块和工控机之间的通信方式采用千兆网传输。现场需要配置的设备还包括电子看板1块。

③监控系统组成

整套系统的设备组成见表1-26。

表 1-26　基于联网管控系统的设备组成

序号	设备名称	数量	备注
1	工控机	8 台	
2	电子看板	1 块	
3	开关量采集模块	8 个	
4	模拟量采集模块	8 个	
5	电流传感器	8 个	
6	电压互感器	8 个	
7	工业级交换机	1 台	
8	IC 卡读卡器	8 台	
9	网线及导线	若干	屏蔽网线

④系统功能模块

系统功能模块包括电流变送器、数据采集器链接(交叉线,非普通网线)、开关机状态信息采集3部分。

电流变送器及变送器电源分别如图1-57、图1-58所示。

图 1 - 57 电流变送器

图 1 - 58 变送器电源

数据采集器链接模块如图 1 - 59 所示。

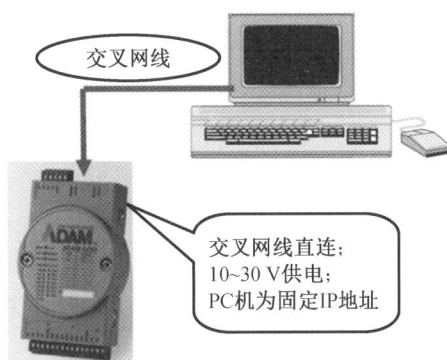

交叉网线

交叉网线直连;
10~30 V供电;
PC机为固定IP地址

图 1 - 59 数据采集器链接模块

电流变送器 + 数据采集器测试实验过程及监控界面分别如图 1 - 60、图 1 - 61 所示。

图 1 - 60 采集器测试实验过程

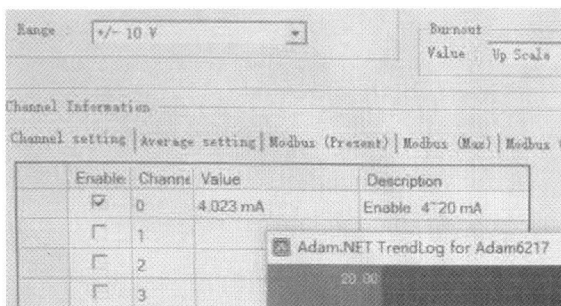

图 1 - 61 监控界面

电流数据采集成功,测试结果显示是 4.023 mA,接近最低电流值。

不同阻值的串联电路 + 数据采集器测试实验环境及串联接线测试形式分别如图 1 - 62、图 1 - 63 所示,监控界面如图 1 - 64、图 1 - 65 所示。

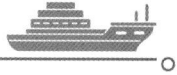

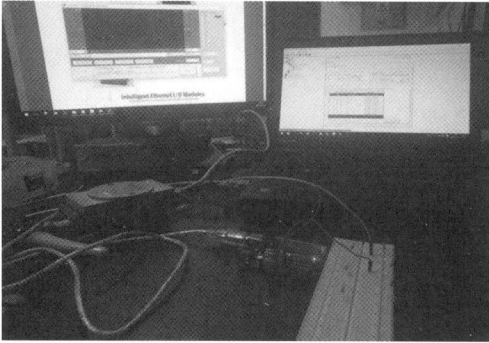

图1-62 不同阻值的串联+数据采集器测试实验环境　　图1-63 不同阻值的串联接线测试形式

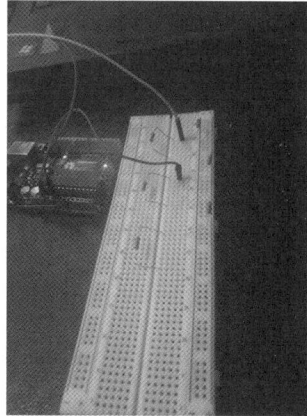

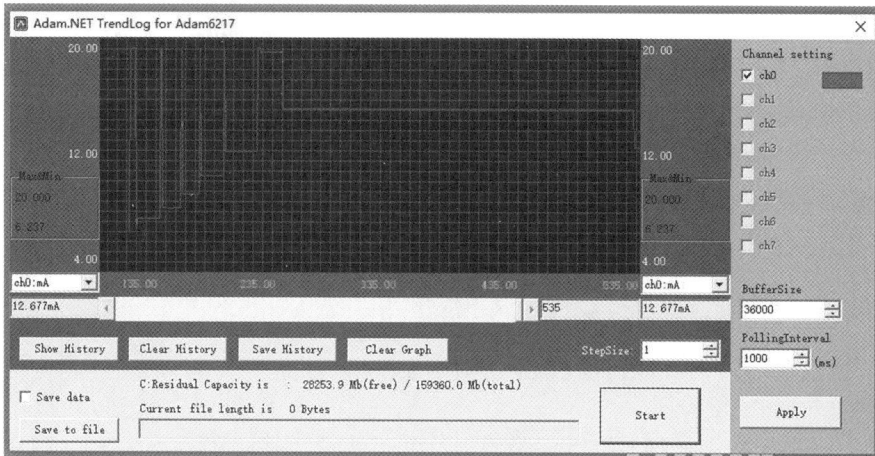

图1-64 接线测试监控界面(1)

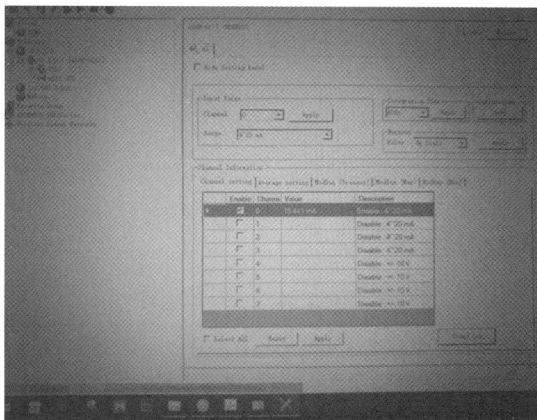

图1-65 接线测试监控界面(2)

程序运行前状态及运行状态下的程序显示如图1-66所示。

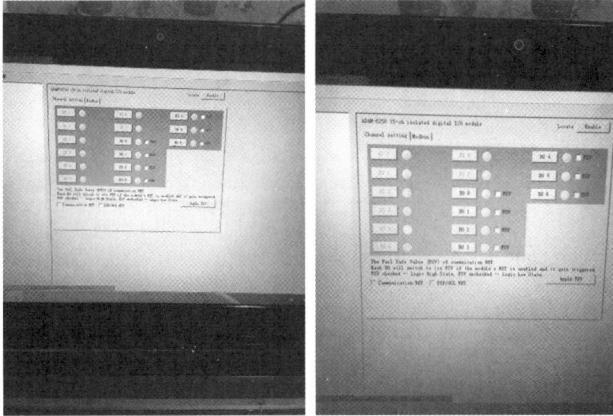

图1-66 程序运行前状态及运行状态下的程序显示

（2）基于数控切割机DNC接口联网的多工位监控技术

①法利莱联网方案概述

基于DNC接口,若通过数控切割的DNC接口函数,且支持串口通信,则可不使用数据采集卡,直接通过工控机一体机读取数控切割机的状态信息即可。基于DNC的数控切割机间联网方案如图1-67所示。

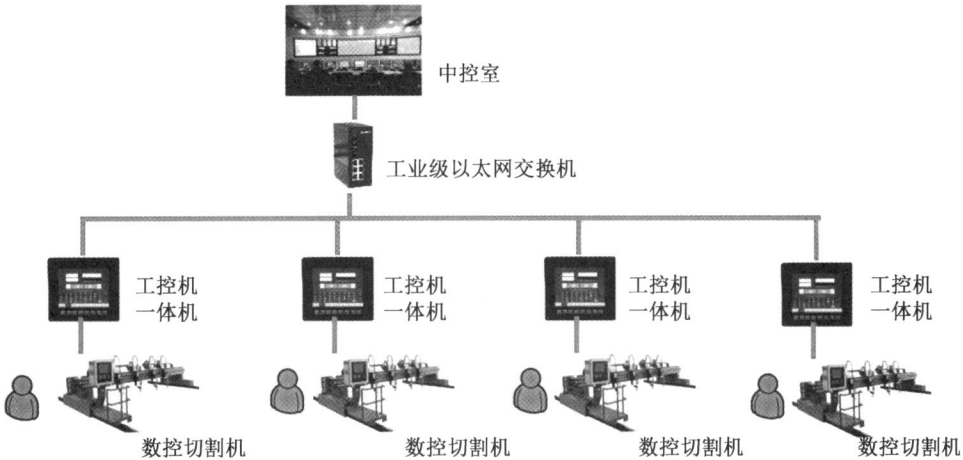

图1-67 基于DNC的数控切割机间联网方案

②系统配置说明

基于DNC接口的数控切割机联网方案,除需要法利莱数控切割解采集设备关机、待机、运行、电流、故障信息的接口函数之外,还需要为每台设备配置工控机一体机1台、工业级以太网交换机1台、IC卡读卡器1台,具体的系统配置见表1-27。

表 1 – 27　基于 DNC 接口的数控切割机系统配置

序号	设备名称	数量	备注
1	工控机	8 台	
2	电子看板	1 块	
3	工业级交换机	1 台	
4	IC 卡读卡器	8 台	
5	网线及导线	若干	屏蔽网线

③数据接口

FOCAS 函数主要有以下特点。

连接方式为 Ethernet，如图 1 – 68 所示。

图 1 – 68　连接方式

系统类型为 0iD 与 30i-A/B 系列，如图 1 – 69 所示。

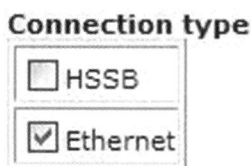

图 1 – 69　系统类型

函数功能如表 1 – 28 所示。

表 1 – 28　函数功能

	函数名称	函数功能
●	CNC：Function Reference related to library handle，node	系统库句柄
●	CNC：Function related to controlled axis/spindle	控制轴信息
●	CNC：Function related to CNC program	程序信息
●	CNC：Function related to CNC file data	CNC 文件信息

表1－28（续）

	函数名称	函数功能
●	CNC：Function related to tool life management data	刀具寿命管理信息
○	CNC：Function related to tool management data	刀具管理信息
○	CNC：Function related to tool geometry size data	刀具几何形状信息
●	CNC：Function related to history data	历史信息
○	CNC：Function related to servo/spindle	伺服/主轴信息
○	CNC：Function related to waveform diagnosis	波形诊断信息
○	CNC：Function related to PUNCH PRESS	冲床信息
○	CNC：Function related to LASER	激光信息
○	CNC：Function related to WIRE CUT	线切割信息
○	CNC：Function related to Data Server DNC1 DNC2	数据服务器信息
○	CNC：Function Reference related to servo learning data	伺服学习数据信息
○	CNC：Function related to Unsolicited 船舶分段制造车间智能管控系统 saging function	推送信息
●	PMC：Function related to PMC	PMC 信息
○	PMC：Function Reference related to PROFIBUS－DP	PROFIBUS 信息
●	CNC：Function related to others	其他信息

　　实际中，函数可以搭建起基本的监控平台环境，帮助用户使用 FOCAS 函数快速实现基本数据的采集与应用。信息采集与实时反馈模块流程示意图如图1－70 所示。

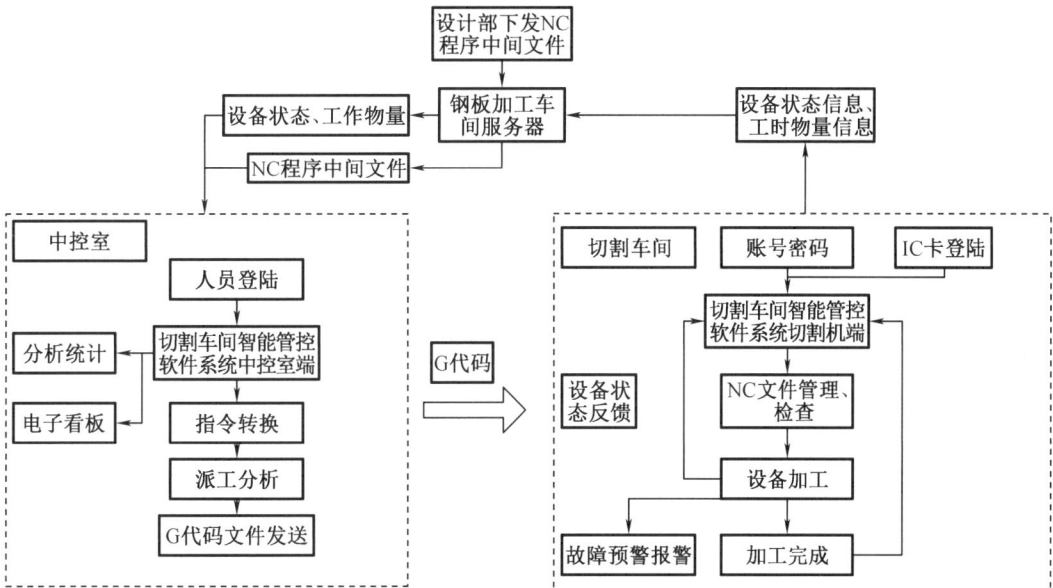

图1－70　信息采集与实时反馈模块流程示意图

1.4.3.3　焊接过程多工位监控技术

(1)焊接设备分析

目前需要监控的焊接设备主要有松下(Panasonic)电焊机、OTC电焊机,输出皆为直流电。其中松下最大输出电流为200 A左右,OTC最大输入电流为400 A左右。

(2)网络拓扑

针对焊接设备分析,设计开发焊接设备工艺执行监控系统,主要包括电流检测模块、数据采集模块、网络传输模块和中控数据显示与记录分析模块,整体的网络结构如图1-71。

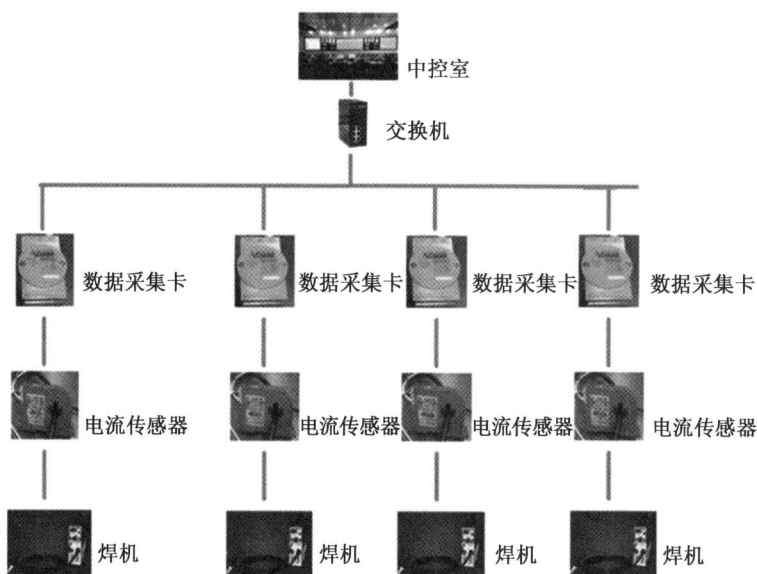

图 1-71　焊接过程多工位监控网络结构

电流检测模块(电流传感器)负责焊接输出电流的实时检测,通过电流变送器实时检测电流值;数据采集模块(数据采集卡)负责将电流传感器的模拟输出(电流或电压)信号转换成数字量并提供网络通信接口;网络传输模块(交换机)负责将数据采集模块的数据传输至中控组网系统中;中控数据显示分析模块与记录分析模块(中控室)负责将电流数据集中显示并记录分析,见表1-29。

表 1-29　设备选型参考

模块	品牌	参考型号	主要性能指标	产地	单位
电流检测模块	美控	MIK – DJI	量程:50 ~ 2 000 A, 额定输出:4 ~ 20 mA, + 500 mV, + 5 V 等 供电:24 V(DC) 精度:1%	中国	台

表 1 – 29(续)

模块	品牌	参考型号	主要性能指标	产地	单位
数据采集模块	研华	ADAM – 6217 – AE	AI 量程:0 ~ 20 mA 通道数:8 路差分 供电:24 V(10 ~ 30 V)(DC) 通信:Modbus TCP 、TCP/IP 等 分辨率:16 位 采集频率:10 Hz 性能稳定	中国台湾	台
	康耐德	C2000 – A2 – SAX0800 – CX3	AI 量程:0 ~ 5 V(DC)/0 ~ 10 V(DC) 通道数:8 路差分 供电:9 ~ 27 V(DC) 通信:Modbus TCP,RS485 分辨率:16 位 采集频率:10 Hz	中国	台
网络传输模块	西门子	6GK1415 – 0AA01	工作电压:220 V 输出频率:60 MHz 处理速度:1 ~ 16000 s 程序容量:256 kB 数据容量:8 MB	德国	台
数据显示分析模块	易控	—	采用传统的框架类结构和多页面设计; 丰富的功能子窗口; 多样数据分析功能; 可同时加载多个 MDF 文件对比分析; 可进行配置内的文件替换; 支持数据导出	中国	套

监控软件实时采集焊接设备的电流信息并判断机器的工作状态,按名称展示出来,对每一个焊接设备,监控软件对电流数据进行实时的曲线显示。

软件将定时记录焊机电流数据和设备工作状态信息到数据库中,可供管理人员进行历史记录查询与分析。

1.4.3.4　工艺执行多工位视频监控技术

工艺执行多工位视频监控模块是监控多功能集成的模块,它将多工位运行状态、数字化视频图像记录与多画面图像显示功能和监视报警功能结合在一起,不同于传统模拟式多画面分割器和长时间录像机,具有灵活方便等特点。其处理流程图如图 1 – 72 所示。

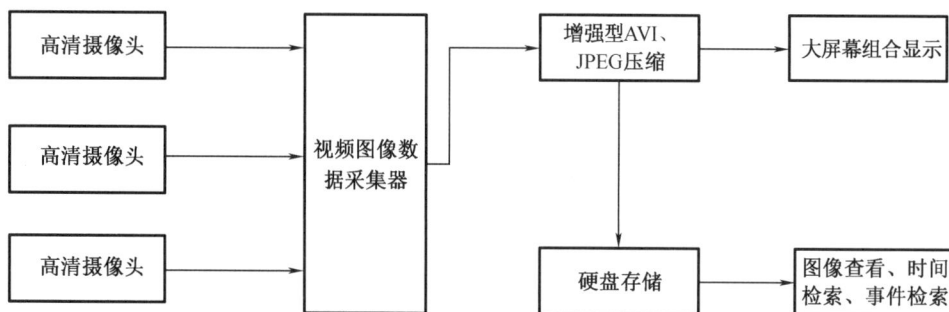

图 1 - 72　多工位视频监控系统信息处理流程

视频监控模块采用工业控制微机、PC 工作站机或者 PC 服务器,增加摄像机图像输入路数,提高多画面图像的显示速率,增加对云台和镜头的控制功能,配之以良好的人机交互界面,构成了以多工位集成监控为核心的数字式监控报警系统。其系统结构如图 1 - 73 所示。

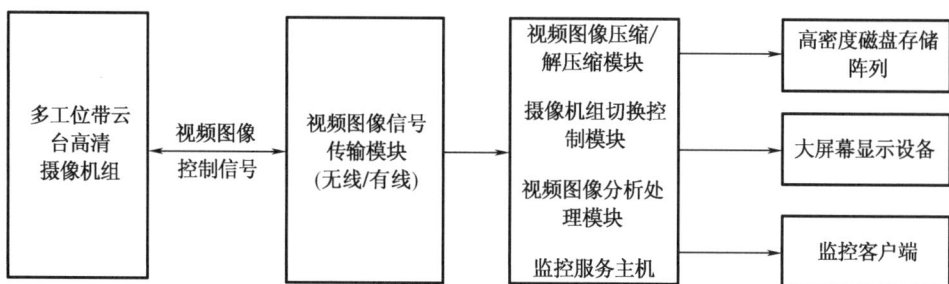

图 1 - 73　多工位视频监控系统结构

为方便用户实时监控车间的多工位运行状态情况,监控平台支持视频监控,主要视频监控界面如图 1 - 74 所示。

具体功能操作包括:

点击 ▷全部开始按钮,开始播放所有摄像头;

点击 □全部暂停按钮,全部暂停播放;

点击 ↳全部关闭按钮,关闭全部摄像头;

点击 ⊠全部截图按钮,截图。

查看左侧列表,可以选中某个区域的摄像头监控,如图 1 - 75 所示。

右下角可以选择摄像头的显示数量,有 1X1 2X2 ⊞3X3 4X4 5X5 几种模式可供选择。

点击 历史录像 按钮,查看历史录像,选择开始、结束时间,列表选择播放,如图 1 - 76 所示。

图 1 - 74　视频监控界面

图 1 - 75　视频监控界面——摄像头列表

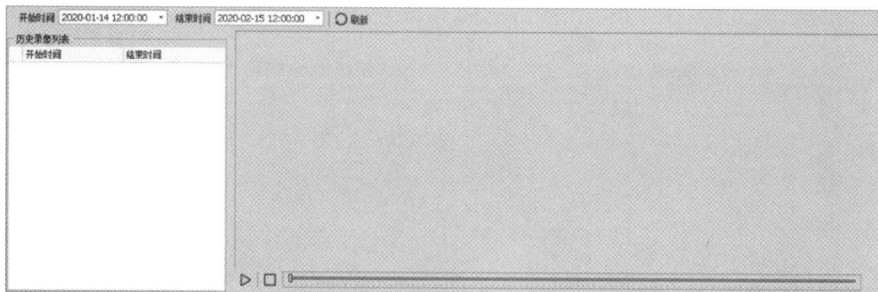

图1-76 视频监控界面——历史录像

1.4.4 多工位工艺执行决策技术

结合多工位工艺执行数据,详细论述多工位协同工艺数据的决策技术方法、多工位间生产节拍的协同决策方法、工位间出错位置与状态分析方法,基于多工位协同工艺数据监控模型,描述多工位工艺执行决策技术,解决工位/工序间的协同错位问题。

1.4.4.1 多工位协同工艺数据的决策技术方法

基于船舶制造工艺执行数据的决策方法,主要针对以下三个方面的决策需求特点进行分析。

(1)分类

故障诊断、模式识别都是典型的分类问题。针对这类问题,传统的方法是通过实验设计所得到的先验信息和样本数据进行分类。但如今,分类方法需要能够有效地处理实时涌现性的数据,决策者无法控制这些数据的产生。目前基于数据的分类方法主要包括决策树、支持向量机、小波分析、聚类分析和神经网络。

(2)决策分析

决策分析是为了达到某个目标,从一些可能的方案(途径)中进行选择的分析过程。基于数据的决策分析方法需要根据已知数据对影响决策的因素做逻辑判断与权衡,并考虑风险或不确定性。目前基于数据的决策分析方法主要包括统计学方法、基于推理的决策分析方法(包括证据推理和模糊推理)、数据包络分析方法、时间序列方法和基于神经网络的方法。针对船舶分段制造多工位工艺执行数据分析与决策的需求具有该类特点。

(3)优化

对于不确定性的优化问题,传统的随机规划方法是在假设随机变量概率分布已知的情况下,对问题进行建模和求解。但现实问题并非如此理想。一种现实情况是,不确定性无法用概率分布表示,另一种情况是问题的复杂性和不确定性导致机理模型无法准确建立,因此需要基于数据的优化方法对这类问题进行分析。目前基于数据的优化方法主要包括鲁棒优化、模糊规划、神经元动态规划和基于神经网络的优化方法。

在船舶制造生产多工位工艺执行过程中涉及大量的设备、工艺和工程数据,而这些数据很多情况下都存在不确定性和部分未知性。为了处理各种类型的不确定性信息,辅助决

策者进行决策分析,主要分析了决策分析理论和技术,包括统计学方法、推理方法、数据包络分析方法、时间序列方法和基于遗传算法的决策分析方法等。

1.4.4.2　多工位间生产节拍的协同决策方法

在对多工位工艺数据进行分析的基础上,利用基于各工位生产过程关键变量数据的数学模型,并根据以上对多种决策方法的特点分析,拟采用遗传算法进行多工位间生产节拍的协同决策,并采用模糊C均值(C-Means)算法对遗传算法的交叉操作进行改进,解决多工位间生产节拍的协同问题。

(1)分段制造多工位生产线节拍协同优化数学模型

以分段制造流水线生产节拍、平滑系数以及装配关系复杂性平滑系数为优化目标,建立多工位产线节拍协同优化模型。下面对模型的相关参数、约束以及优化目标进行具体定义。

①参数定义

C 为生产节拍;

I 为作业元素集合;

J 为工位集合;

N 为作业元素个数;

m_i 为种群中第 i 个个体的实际工位数目;

M 为确定的工位数(约束);

J_k 为第 k 个工位的作业元素集合,$k \in (1, M)$;

x 为一维向量,表示各加工装配作业元素的排序情况,若 $x = [x_1, x_2, x_3, \cdots, x_n]$,满足所有约束条件的 x 即为可行解;

x 为 $n \cdot M$ 维矩阵,表示各装配作业元素在工位上的分配情况,矩阵元素只有0和1,若 $X(i, k) = 1$,则表示装配作业元素 i 分配在工位 k;若 $X(i, k) = 0$,则表示装配作业元素 i 未分配在工位 k;

P_{red} 为 $n \cdot 2$ 维优先关系集合,表示 $P_{red}(i, 1)$ 是 $P_{red}(i, 2)$ 的前序作业元素;

P 为 $n \cdot n$ 维优先关系矩阵,对于 $P(k, i) \in P$,若 $P(k, i) = 1$,则表示 k 为 i 的前序作业元素;若 $P(k, i) = 0$,则表示 k 为 i 的后序作业元素;

t_i 为第 i 道作业元素的作业时间;

$T(k)$ 为第 k 个工位的作业时间,$k \in (1, M)$;

SI 为分段生产线平滑系数;

P_j 为描述装配关系复杂性的特征值概率;

H_i 为第 i 道作业元素的装配关系复杂性;

$H(k)$ 为第 k 个工位各作业元素装配关系复杂性总和;

HSI 为装配关系复杂性平滑系数;

L 为模糊聚类的类别个数值;

P_{ik} 为种群中第 i 个个体的模糊聚类第 k 类隶属度,$k \in (1, l)$;

P_{ij} 为种群中第 i 个个体与第 j 个个体属于近亲的概率。

②模型约束

每道装配作业元素只能分配给一个工位,不可重复:

$$\sum_{k=1}^{M} X(i,k) = 1 \quad (i = 1,2,\cdots,n)$$

装配作业元素在工位中的分配要满足优先关系,已知 p 为 $n \cdot n$ 维的优先关系矩阵:

$$\sum_{k=1}^{M} k[X(a,k) - X(b,k)] \leqslant 0, \forall (a,b) \in P_{\text{red}}$$

每个工位的装配作业元素的总时间小于等于生产节拍:

$$\sum_{i=1}^{n} t_i X(i,k) \leqslant C \quad (k = 1,2,\cdots,M)$$

工位数一定:

$$m_i = M, \forall i \in (1,2,\cdots,n)$$

③分段制造多工位产线节拍协同优化目标选择

分段制造流水线平衡的需求主要包括三类:在分段制造流水线规划设计期,以最小化工位数为优化目标;分段制造流水线工位已设立,工位数一定,以最小化生产节拍 C 为优化目标;在前两个优化目标一定的情况下,均衡分段制造流水线负荷,以平滑系数 SI 作为优化目标。

在实际应用中,船厂分段制造产线已经建立,改建或扩建成本高昂,因此工位数一定。此时分段制造流水线平衡的目标主要是提高效率和减少总空闲时间。优化生产节拍 C 可以有效减少总空闲时间;平滑系数 SI 是分段制造流水线负荷平衡的评价指标,负荷平衡可以提高人员和设备利用率,并增加分段制造流水线产出。另外,装配关系复杂性平滑系数 HSI 是装配关系复杂性均衡的评价指标,装配关系复杂性均衡可以减少作业人员的操作失误,装配关系复杂性越高,分段生产线的一次通过率越低。综上所述,在工位数一定的情况下,优化模型选择生产节拍 C、平滑系数 SI 以及装配关系复杂性平滑系数 HSI 三个指标作为优化目标:

$\min C$;

$\min \text{SI}$;

$\min \text{HSI}$。

其中,生产节拍 C 定义为最大的工位作业时间,

$$C = \max T_k, \quad k \in (1,M)$$

平滑系数

$$\text{SI} = \sqrt{\frac{\sum_{k=1}^{M} [T(k) - c]^2}{M}} S$$

$H(k)$ 定义为第 k 个工位各作业元素装配关系复杂性总和:

$$H(k) = \sum_{i \in J_k} H_i$$

HSI 定义为各工位装配关系复杂性与各工位装配关系复杂性平均值之差的平方和：

$$\text{HSI} = \sum_{k=1}^{M} \left[H(k) - \sum_{k=1}^{M} H(k)/M \right]^2$$

HSI 可以有效衡量各工位装配关系复杂性分配的均衡性，数值越小，装配关系复杂性的分配越均衡。

④建立数学模型

综合以上所有信息，建立如下数学模型：

$$\text{目标函数}: y = \min\{c, \text{SI}, \text{HSI}\}$$

$$\text{s. t.} \quad m_i = M, \forall\ i \in \{1, 2, 3, \cdots, n\}$$

$$\sum_{k=1}^{M} X(i, k) = 1 \quad (i = 1, 2, \cdots, n)$$

$$\sum_{k=1}^{M} k[X(a, k) - X(b, k)] \leqslant 0, \forall\ (a, b) \in P_{\text{red}}$$

$$\sum_{i=1}^{n} t_i X(i, k) \leqslant c \quad (k = 1, 2, \cdots, M)$$

（2）基于改进交叉操作的遗传算法设计

为增加算法的搜索深度，采用模糊 C 均值（C – Means）算法对遗传算法的交叉操作进行改进，通过判断交叉的两个个体属于近亲的概率，在一定概率上防止近亲交叉，增加种群繁衍的多样性。

算法流程设 S 为种群数目；$\text{pop}(t)$ 为第 t 代种群；M 为确定的工位数；P_c 为交叉概率；P_m 为变异概率；G 为遗传代数；C 为生产节拍。多目标分段制造流水线平衡的遗传算法具体步骤如下。

步骤1：算法参数初始设定。输入 S、$\text{pop}(t)$、M、P_c、P_m、G、C 的值。

步骤2：初始化种群。令 $t = 0$，在满足所有约束的情况下，随机产生种群数为 S 的初始种群 $\text{pop}(0)$。

步骤3：计算各个适应度。对第 t 代种群 $\text{pop}(t)$ 中所有个体计算各个适应度，包括每个个体的生产节拍 C、平滑系数 SI 以及装配关系复杂性平滑系数 HSI。

步骤4：惩罚策略。对当前种群中所有个体做约束条件检查，若某个体不满足工位数为 M 的约束，则给予该个体适应度惩罚项，将每个个体的 3 个适应度参考值置为一个极大值（如 500）。

步骤5：多目标并列选择操作。依据 3 个目标的适应度值，分别单独选出各自适应度值最高的 s 个个体（$s = S/3$），再重新组成新的种群，作为第 $t+1$ 代种群。

步骤6：交叉操作。利用模糊聚类算法改进交叉规则，交叉形式采用单点交叉。

步骤7：变异操作。变异规则采用单点变异。

步骤8：循环。令 $t = t + 1$，如果满足停止条件，结束，否则转步骤3。

①编码及译码

编码是按照作业元素的装配优先关系，对作业元素进行遍历次序的染色体编码。根据作业元素有向图，对作业元素进行排列，每个作业元素放置在一个基因位上，排好顺序的一排对应一个染色体。

译码是把单个染色体按照基因位(即作业元素)的排列顺序,在单个工位作业元素总时间小于等于生产节拍的约束条件下,依次分配到各工位的过程。译码后可以得到单个染色体对应的各工位的具体作业元素以及工位数。

②初始化种群

对于作业元素的优先关系约束可以表示为

$$\sum_{k=1}^{n} P(k,x_i) = 0, \quad i = 1$$

$$\sum_{k=1}^{n} P(k,x_i) = \sum_{k=1}^{i-1} P(x_k,x_i), \quad i = 2,3,\cdots,n$$

种群初始化过程如下。

步骤1:针对当前要产生的个体,随机产生基因位上的作业元素。

步骤2:对于某一个体,随机产生一个作业元素,做优先关系检查。

a. 对于随机产生的首道作业元素,进行约束检查,若不满足,则重新随机生成本道作业元素;

b. 随机产生$(1,n)$之间的整数a,判断该整数是否在$x_1,\cdots,x_{i-1}$中出现过,若出现过,则重新生成随机整数。对于未重复的非首道作业元素a,如果序列$x_1,\cdots,x_{i-1}a$满足$\sum_{k=1}^{M} X(i,k) = 1(i = 1,2,\cdots,n)$,则令$x_i = a$,进行步骤3;如果不满足则重新执行步骤2的b。

步骤3:满足优先关系约束的个体产生后,进行译码,判断该个体工位数是否为M,若不满足,则转步骤1重新生成该个体。

步骤4:转步骤1,直至达到设定的种群数量。

③各适应度计算、惩罚策略以及多目标并列选择策略

计算第t代种群$POP(t)$中所有个体的适应度参考值,包括每个个体的生产节拍C、平滑系数 SI 以及装配关系复杂性平滑系数 HSI。其中,将本代种群$POP(t)$中每个个体的最大工位时间作为其生产节拍c。

交叉变异操作后,将不满足工位数等于M的个体的适应度参考值,包括每个个体的生产节拍C、平滑系数 SI 以及装配关系复杂性平滑系数 HSI 置为一个极大值(如 500)作为惩罚,被惩罚的个体在下一代选择操作时容易被淘汰。

在第t代种群$POP(t)$中,根据计算出来的 3 个适应度参考值,分别独立地选取最优的前 1/3 个体组成新的种群,作为第$t+1$代种群。

④对遗传算法交叉操作的改进

自然界中并非任意两个随机个体都可以进行交叉,伦理上近亲不允许交叉,生理上近亲若是交叉则不利于种群多样性而且容易产生缺陷和遗传病。受此启发,在对随机配对的两个个体做交叉操作前,应当判断其是否属于近亲。对于遗传算法,防止种群中近亲交叉,既使算法更接近于真实自然界,又有助于提高种群的多样性,从而提高算法的搜索和寻优能力。遗传算法中,个体以编码形式存在,可以将各编码值看作个体的特征值,采用聚类方法来判断两个个体是否属于近亲。聚类算法主要有 K – Means 和谱聚类,但这两种聚类算

法均属于硬聚类,每个个体一定只属于某一类。自然界中情况复杂,存在一个个体隶属于两个类别的情况,故而硬聚类无法真实模拟,此处采取模糊 C 均值算法。根据设定的交叉概率 P_m 决定第 t 代种群 POP(t) 发生交叉的概率,采用单点交叉,设计规则如下。

步骤1:打乱 POP 的排序,随机两两配对。

步骤2:对第 t 代种群 POP(t) 中所有个体进行类别数为 l 的模糊聚类,得到每个个体对于 l 个类别的隶属度,p_{ik} 为种群 POP(t) 中第 i 个个体对于第 k 个类别的隶属度,$p_{ik} \in (1, l)$。

步骤3:对随机配对的两个体,根据得到的隶属度计算属于近亲的概率,P_{ij} 为种群中第 i 个个体与第 j 个个体属于近亲的概率,其中

$$P_{ij} = \sum_{k=1}^{l} (p_{ik} \times p_{jk})$$

步骤4:产生 0~1 之间的随机数 p,若 $p < P_{ij}$,则当前两个个体不交叉,跳过,进行下一组;反之,两个体进行交叉,交叉采用单点交叉规则,具体规则如下。

a. 针对当前要交叉的两个个体 N_1 与 N_2,在 $[2, n-1]$ 之间随机产生交叉点,如 CROSSPOINT = 5;

b. 交换交叉点及之前所有基因(即 1-CROSSPOINT),得到新的个体分别为 N_1' 与 N_2';

c. 取出 N_1' 与 N_2' 中交叉点右侧重复基因,分别记作 d_1 与 d_2;

d. 将 d_1 插入到 N_2' 交叉点后的基因串中,从 CROSSPOINT + 1 位置开始向后遍历,找到第一个满足 $P(d_1, x)$ 条件的基因 x,将 d 插到 x 前面的位置;将 d_2 按照同样的方式插入到 N_1' 交叉点后的基因串中。

步骤5:重复步骤4直至处理完所有配对个体。

⑤变异操作

根据设定的变异概率 P_m 决定第 t 代种群 POP(t) 发生变异的概率,变异采用单点变异,为使变异后个体仍然满足作业元素优先关系的约束,设计单点变异规则如下。

步骤1:针对当前要变异的个体,在 $[2, n-1]$ 之间随机产生变异基因位。

步骤2:取出该基因记作 d,并按照如下规则重新插入到个体中:从个体的第一个位置开始依次向后遍历,找到第一个满足 $P(d, x)$ 条件的基因 x,将 d 插到 x 前面的位置。

(3)船舶分段制造多工位产线节拍协同优化收敛性分析

随着建造效率的不断提升,船舶制造行业对分段生产线的平衡越来越重视,考虑合适的优化目标并采用优秀的算法对分段生产线进行平衡成为关注的重点。当装配过程复杂时,作业元素较多的分段生产线的平衡难度也明显增加。

某分段装配体由 13 个主要部分组成,分段生产线作业元素数 $n = 27$。分段生产线已建成,工位数 $M = 12$,改建或扩建成本高昂。该分段生产线配备了部分自动化作业设备(如自动焊接机等),但由于本身形状不规则,不便于在各个装配环节都制作通用的工装夹具,且作业元素间的装配关系复杂,最终完成复杂的装配操作全部依赖于自动化设备较为困难,基本上每道作业元素都需要人工操作。

在工位数一定的情况下,以生产节拍 C、平滑系数 SI 以及装配关系复杂性平滑系数 HSI 三个指标作为优化目标,利用提出的多目标分段制造流水线平衡优化方法进行优化求解,以提高装配效率,减少总空闲时间,同时减少作业人员的操作失误,提高一次通过率。

（4）多目标求解

各作业元素时间 $t = \{60,75,124,71,252,30,212,300,108,65,30,80,105,75,80,60,$ $127,90,255,110,320,65,72,51,36,150,62\}$，单位为 min。

根据建立的数学模型,利用 MATLAB 2017a 编写程序求解。参数初始值的设定分为两种情况:①参数的初始值可以迁移到其他实例中,如交叉概率P_c、变异概率P_m、遗传代数 G 以及种群数量 S,这是因为其参数在大量研究实例的基础上有合理的经验值范围;②参数的初始值无法迁移,随着实例的不同而改变,如工位数 M 和生产节拍 C,其初始值需要根据实例情况做调整。

本算例的参数初始值设定如下:分段制造流水线已经建立好,故工位数 M 固定为12;总的作业时间/工位数 = 3 065/12 = 255.4,初始生产节拍通常高于该比值一定量,应给予适当的优化空间,并降低优化初期的解码难度,故设定初始生产节拍 $C = 300$;交叉概率越大,搜索越快,但过快会影响种群的稳定性,一般取值在 0.4 ~ 0.8 之间,这里设交叉概率$P_c = 0.6$;变异概率越大,搜索空间越大,同样的过大会导致种群的不稳定,一般取值 0.001 ~ 0.1,设变异概率$P_m = 0.05$;遗传代数的经验值通常为 100 ~ 500,但过高会极大增加计算的复杂度和时间,取遗传代数 $G = 200$;遗传算法在并列选择环节分别选择 3 个目标值最优的个体,因此种群数量应为 3 的倍数,综合考虑后设定种群数量 $S = 210$。聚类类别个数的设置没有统一标准,通常是凭借经验进行调试,这里取 3 作为一个合理值。收敛过程如图 1 - 77 所示。

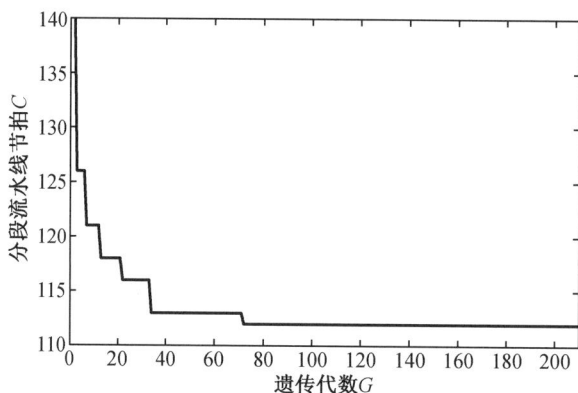

图 1 - 77　遗传迭代优化收敛过程

通过改进遗传算法,在工位数一定的情况下,生产节拍 C、平滑系数 SI 以及装配关系复杂性平滑系数 HSI 三个目标均得到了优化,在上述遗传参数设置的情况下,整个算法也具有良好的收敛性,具有较高的计算效率。

1.4.4.3　工位间出错位置与状态分析方法

分段流水线的高效准确运转对船舶建造效率和质量具有至关重要的影响。随着技术的进步,船厂对船舶分段的建造效率、质量提出了更高的要求。船厂车间制造执行管控系统会对所发现和处理的故障出错和问题进行记录和归档,方便日后的查看、统计和分析。

这些分段流水线故障出错数据蕴含着大量的有用信息,对故障出错和问题数据信息进行挖掘和分析对提升分段制造质量和管控水平有着重要的意义。分段流水线故障出错受多种因素影响,相关经验知识难以收集、总结和利用,当前对于分段流水线故障出错数据的挖掘和分析仍然缺乏深度和系统性,主要体现在分析方法简单,仅仅是简单的分类和统计,对于数据之间内在隐藏的关联关系等重要特性缺乏深入研究。

数字化设备监控测量手段和质量管理相关信息系统的应用为分段流水线故障出错数据分析提供了基础数据。数字化设备监控手段对设备状态和故障出错情况的甄别和记录更加准确。人员信息管理软件能够详细记录操作者、班组的资格等级、任务完成情况、项目经历等;分段车间执行管控软件则实现了分段制造工艺、设备、部件和检验结果等信息的记录。

近年来,数据挖掘技术被应用在船舶建造领域并解决了一些关键问题,采用数据挖掘技术对船舶平面分段智能调度模型设计问题,采用关联规则技术对船舶故障数据分类方法进行研究,采用数据挖掘对船体结构焊接变形进行预测与控制,采用数据挖掘技术对石油管道焊接中的焊件质量诊断问题进行研究。但是数据挖掘技术在船体分段流水线故障出错分析方面的研究并不多。

在分析关联规则与Apriori算法基本思路的基础上,建立基于关联规则的分段流水线故障出错模型,并以某车间制造过程的故障出错数据为例,收集故障出错数据记录,如表1－30所示分段流水线部分故障出错信息记录,并进一步利用改进的Apriori算法对船舶分段流水线故障出错记录进行数据挖掘和分析,形成故障出错与分段制造影响要素间的关联规则并利用,为解决分段制造工位/工序间的协同改进、效率提升提供支持。

船舶分段流水线故障出错主要包括工位阻塞、加工能力欠缺、质量缺陷、精度误差和其他等五类,根据缺陷严重程度的不同又可划分为若干等级。

表1－30　分段流水线部分故障出错信息记录

序号	工位标识号	部件信息	工艺 WPS	操作班组	相关设备	故障性质	故障等级
1	工位APB01	A－U012(R1)	FCAW/SAW	WEOYS003	WMS249/WMF086	工位阻塞	I
2	工位AZGZP02	U006	FCAW	WEOYS045	WMF065	质量缺陷	II
3	工位BPB02	BW001－1－U015－1	FCAW	WI023	焊机 WMF122	精度误差	I
4	工位AZZZP01	U007	FCAW	WEOYS003	WMF082	加工能力欠缺	III
5	工位AXBJC02	U004	FCAW	WI039	焊机 WMF112	质量缺陷	I

表 1 - 30(续)

序号	工位标识号	部件信息	工艺 WPS	操作班组	相关设备	故障性质	故障等级
6	工位BZZDH01	SEC. - U001	FCAW	WEITH027	WMF065	工位阻塞	Ⅱ

Apriori 算法是关联规则挖掘中的经典算法,该算法通过生成候选集和向下逐层筛选来获得频繁项集,并进一步查找发现关联规则。其主要操作步骤如下。

①根据用户设定的最小支持度,检索出样本中所有满足最小支持度要求的项集,形成频繁项集。

②根据用户设定的最小置信度,检索出频繁项集中的强关联规则。

其中支持度和置信度是关联规则的两个重要指标。支持度指某子项集在总项集中发生的概率;置信度表示包含某子项集 A 的项集同时包含子项集 B 的概率。支持度和置信度同时满足一定要求的关联规则称为强关联规则。

在上述关联规则的挖掘过程中,通常采用连接步和剪枝步两个子步骤获得频繁项集。为提高计算效率,避免项集规模指数增长,在生成候选项集过程中,必须充分发挥任一频繁项集的所有非空子集也必须是频繁项集这一重要性质的作用,从而在合理时间内计算出频繁项集和关联规则。

分段流水线故障出错数据分析 Apriori 算法操作流程如下。

(1)建立算法数学表达

本部分针对船舶分段流水线故障出错影响要素和故障出错描述信息,将场地信息、设备信息、人员信息、工艺信息和故障出错类型等五类信息作为关联规则挖掘和数据分析的对象。

船舶分段流水线故障出错样例可通过这五类描述信息定义并表示为多维向量(m, f, p, w, d),其中 m 表示场地信息,f 表示设备信息,p 表示工艺信息,w 表示人员信息,d 表示故障出错类型。

结合船舶实际生产情况,本节所讨论的场地包括 4 种类型,设备类别为 4 种,工艺方法类别为 6 种,操作班组个数为 12 个,缺陷类别数为 7。由此构建出 Apriori 算法最初的候选项,并作为 Apriori 算法输入,按照支持度和信任度指标逐层筛选频繁项集。

支持度和信任度实例化表达公式如下所示:

$$\text{Support}(F_a, F_b) = \frac{N(F_a \cap F_b)}{T}$$

式中,Support 为支持度;F_a 和 F_b 为流水线故障出错信息要素;N 为 F_a 和 F_b 同时出现的样本数;T 为焊接质量缺陷流水线故障出错数据样本数据总数。

$$\text{Confidence}(F_a, F_b) = \frac{N(F_a \cap F_b)}{T_{F_a}}$$

式中,Confidence 为置信度;F_a 和 F_b 为流水线故障出错信息要素;N 为 F_a 和 F_b 同时出现的样本数；T_{Fa} 为流水线故障出错信息要素 F_a 样本总数。

（2）改进 Apriori 算法与操作过程

传统 Apriori 算法按照设定的支持度和信任度指标要求，对候选项集筛选后进行"连接"操作，生成完全组合的下一级候选项集。但是由于分段流水线故障出错信息要素本身的实际特点，完全组合操作会产生大量的无效候选项，例如会出现某候选项中包含多个操作者的情况，或者某候选项中包含两项以上的工艺方法的情况，这在实际业务中没有意义。因此，本小节对传统 Apriori 算法中"连接"环节进行改进，首先对流水线故障出错信息要素按其业务特点进行分组，然后按组别连接生成下一级候选项集，从而减少大量无效组合，进而提高后续筛选的计算效率。关联规则挖掘 Apriori 算法流程图如 1－78 所示。

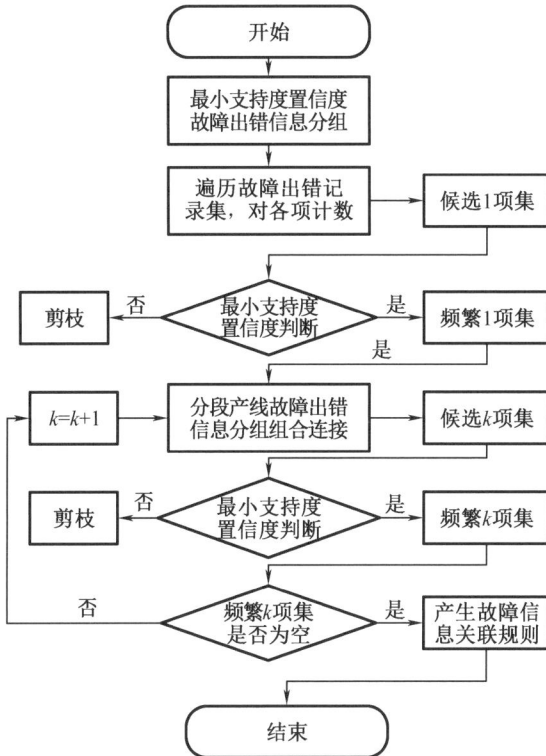

图 1－78　关联规则挖掘 Apriori 算法流程

1.4.5　分段组立车间多工位协同决策与监控应用

通过分析国内某骨干船厂现场验证车间流水线的情况，得到其平直分段流水线现场布局图如图 1－79 所示。

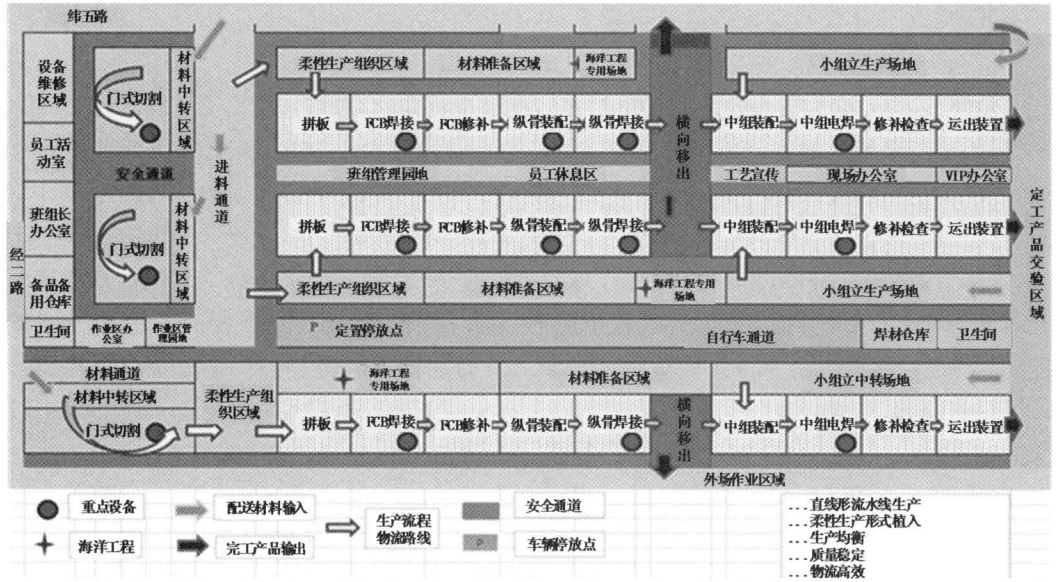

图 1-79　国内某骨干船厂平直分段流水线现场布局图

针对目前该平直分段流水线布局情况,在现场门切、拼板、FCB 焊接、纵骨装配、纵骨焊接、中组装配、中组焊接等工位建立模型和设置监控终端,从分段组立车间多工位工艺执行数据分析、分段组立车间多工位工艺执行监控、分段组立车间多工位工艺执行决策三方面进行多工位协同决策与监控应用分析。

1.4.5.1　分段组立车间多工位工艺执行数据分析

分段小组立业务过程中,切割机工位和焊接工位是典型的操作工位,采集和分析切割机、焊机对于确定相关工位的工作效率、故障出错原因和形成决策建议尤为重要。本部分以切割机监控采集到的数据为例进行分析。某典型船体切割机在监控过程中采集到的部分样例数据如图 1-80 所示。

	ID	EquipmentID	Time	Status	WorkCurrent	CuttingCurrent	MX	MY	MZ	AX	AY	AZ	RX	RY	RZ	SX	SY
1	267077	280	2019-01-08 22:35:00.2486069	2	251.18	251.18	715.736	-330.486	715.78	457.838	14.241	715.78	457.838	14.241	715.78	-1.506	0
2	267081	280	2019-01-08 22:35:04.8278688	2	251.22	251.22	717.43	-342.754	717.443	459.532	1.973	717.443	459.532	1.973	717.443	-0.822	-1.031
3	267085	280	2019-01-08 22:35:09.4241317	2	251.24	251.24	695.614	-343.792	695.635	417.716	0.936	695.635	417.716	0.936	695.635	-10.08	-0.002
4	267090	280	2019-01-08 22:35:14.0883985	2	251.22	251.22	684.734	-343.689	684.734	426.836	1.038	684.734	426.836	1.038	684.734	0	-0.106
5	267094	280	2019-01-08 22:35:18.6476962	2	251.18	251.18	662.665	-343.802	662.685	404.767	0.925	662.685	404.767	0.925	662.685	-8.355	-0.003
6	267098	280	2019-01-08 22:35:23.3639290	2	331.81	331.81	652.294	-343.805	652.294	394.396	0.922	652.294	394.396	0.922	652.294	0	0
7	267102	280	2019-01-08 22:35:27.9361905	2	563.21	563.21	633.065	-343.811	633.085	375.166	0.916	633.085	375.166	0.916	633.085	-10.28	-0.003
8	267109	280	2019-01-08 22:35:32.5194527	2	563.21	563.21	618.856	-343.815	618.876	360.957	0.912	618.876	360.957	0.912	618.876	-29.302	-0.009
9	267113	280	2019-01-08 22:35:37.1997204	2	563.21	563.21	595.164	-343.822	595.184	337.265	0.905	595.184	337.265	0.905	595.184	-5.611	-0.002
10	267117	280	2019-01-08 22:35:41.9439917	2	563.15	563.15	587.722	-343.662	587.735	329.823	1.065	587.735	329.823	1.065	587.735	-0.143	-0.163
11	267121	280	2019-01-08 22:35:46.5071059	2	563.25	563.25	564.8	-343.83	564.82	306.902	0.894	564.82	306.902	0.894	564.82	-7.794	-0.002
12	267126	280	2019-01-08 22:35:51.4315344	2	563.27	563.27	554.32	-343.837	554.34	296.421	0.89	554.34	296.421	0.89	554.34	-28.042	-0.009
13	267131	280	2019-01-08 22:35:56.0798002	2	563.23	563.23	530.79	-343.845	530.811	272.892	0.883	530.811	272.892	0.883	530.811	-4.512	-0.001
14	267135	280	2019-01-08 22:36:00.7080062	2	563.1	563.1	527.284	-330.946	527.264	269.385	13.782	527.264	269.385	13.782	527.264	25.218	0.008
15	267139	280	2019-01-08 22:36:05.2633255	2	563.15	563.15	550.489	-330.938	550.468	292.59	13.789	550.468	292.59	13.789	550.468	2.013	0.001
16	267144	280	2019-01-08 22:36:10.0515994	2	563.21	563.21	565.449	-330.934	565.428	307.55	13.794	565.428	307.55	13.794	565.428	21.202	0.007
17	267149	280	2019-01-08 22:36:14.8078174	2	563.32	563.32	586.915	-330.926	586.915	329.017	11.871	586.912	329.017	11.871	586.912	0.438	-3.195
18	267153	280	2019-01-08 22:36:19.3201295	2	563.27	563.27	589.353	-344.126	589.353	331.455	0.601	589.353	331.455	0.601	589.353	0	0
19	267157	280	2019-01-08 22:36:23.8953912	2	563.17	563.17	589.353	-344.126	589.353	331.455	0.601	589.353	331.455	0.601	589.353	0	0
20	267163	280	2019-01-08 22:36:28.4686528	2	563.31	563.31	589.353	-344.124	589.353	331.452	2.183	589.353	331.452	2.183	589.351	-0.002	7.918
21	267167	280	2019-01-08 22:36:33.1679216	2	563.34	563.34	589.353	-336.662	589.351	331.452	8.066	589.351	331.452	8.066	589.351	-0.001	0.023
22	267171	280	2019-01-08 22:36:37.7511837	2	563.34	563.34	608.244	-330.92	608.224	350.346	13.807	608.224	350.346	13.807	608.224	11.261	0.004
23	267175	280	2019-01-08 22:36:42.3354459	2	563.34	563.34	620.949	-335.309	620.928	363.05	4.872	620.928	363.05	4.872	620.928	0.132	-0.005
24	267180	280	2019-01-08 22:36:47.0197139	2	563.27	563.27	632.924	-330.912	632.904	375.026	13.815	632.926	375.026	13.815	632.904	14.267	0.005

图 1-80　某船体切割机的部分实际监控数据

（1）切割机监控数据采集

采集的切割机设备数据包括:设备编号、设备状态、切割电流、切割时间、位置信息(包括机械坐标 X 、机械坐标 Y 、机械坐标 Z 、绝对坐标 X 、绝对坐标 Y 、绝对坐标 Z 、相对坐标 X 、相对坐标 Y)。数据采集间隔小于 5 s。

采集的切割任务记录信息具体包括:切割记录 ID、日期、开始日期、结束日期、工程 ID、板材 ID、设备 ID、操作人、切割空程、切割长度、划线长度、炉批号、板图号。切割设备数据的实时状态信息表见表 1 – 31,切割任务记录信息表见表 1 – 32。

表 1 – 31　切割设备数据的实时状态信息表

序号	字段	含义	类型
1	ID	切割实时状态	int（4）
2	EquipmentID	设备 ID	int（4）
3	Status	状态	int（4）
4	CuttingCurrent	切割电流	float（4）
5	CuttingTime	切割时间	datetime2
6	MX	机械坐标 X	float（4）
7	MY	机械坐标 Y	float（4）
8	MZ	机械坐标 Z	float（4）
9	AX	绝对坐标 X	float（4）
10	AY	绝对坐标 Y	float（4）
11	AZ	绝对坐标 Z	float（4）
12	RX	相对坐标 X	float（4）
13	RY	相对坐标 Y	float（4）
14	RZ	相对坐标 Z	float（4）

表 1 – 32　切割任务记录信息表

序号	表名:conn_cutingrecord	备注:切割记录信息	
1	字段名	说明	类型及长度
2	ID	切割记录 ID	int（4）
3	Date	日期	datetime2
4	StartTime	开始日期	datetime2
5	EndTime	结束日期	datetime2
6	ProjectID	工程 ID	int（4）
7	SteelPlateID	板材 ID	int（4）
8	EquipmentID	设备 ID	int（4）
9	Operator	操作人	nvarchar(150)
10	SliceVia	切割空程	float(4)

表 1－32　切割任务记录信息表

序号	表名:conn_cutingrecord	备注:切割记录信息
float1(4)	SliceLength	切割长度
float2(4)	MarkLineLength	划线长度
nvarchar3(150)	FurnaceNumber	炉批号
nvarchar4(150)	FigureNumber	板图号

（2）数据整理

数据整理的对象为上述采集的数据,数据整理主要包括去除错误、空白、重复、异常数据。数据整理的具体环节包括核对字段、比较数值和删除数据等过程。

（3）聚类分析

根据上述聚类分析方法,具体操作过程如下。

步骤1:确定切割机工作状态类别。

根据切割设备实际运行过程,其工作状态一般包含:关机、待机、运行(启动、切割、关闭)、故障等状态。

步骤2:确定切割机工作状态关联因素。

根据采集的设备数据,切割设备工作状态的具体关联因素包括:时间、切割电流、设备状态、位置(间接计算)。

步骤3:采用聚类分析法确定切割设备各工作状态持续时间。

（4）切割效率评估

根据切割机各工作状态的持续时间,按不同周期评估切割机运行效率,重点参考有效切割时间与工作总时间比值。由于上述步骤运用聚类分析方法全面考虑了电流、切割速度、标称状态和时间的影响,因而能够比传统方法更加准确地确定有效切割时间,进而更科学地评价切割机运行效率。某切割机、焊机作业时长分析实例分别如图1－81、图1－82所示。

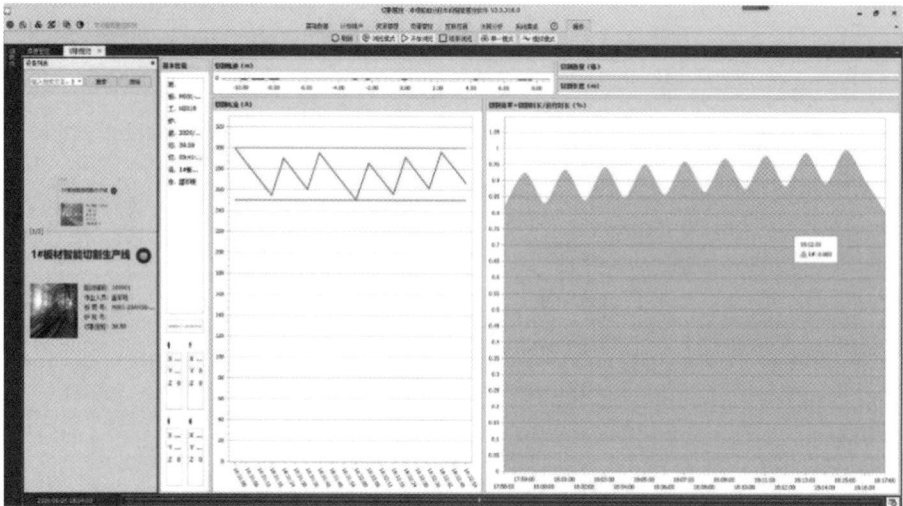

图 1－81　某切割机作业时长分析示例

1.4.5.2　分段组立车间多工位工艺执行监控

以分段组立车间流水线多工位为应用对象,在多工位工艺数据分析的基础上,依据建立的多工位生产过程监控模型,采用基于数据采集卡的切割机多工位状态监控技术、基于数控 DNC 接口联网的切割机多工位监控技术、焊接设备多工位监控技术,对多工位运行状态等进行全程监控,为后续多工位协同制造提供数据与技术支持。

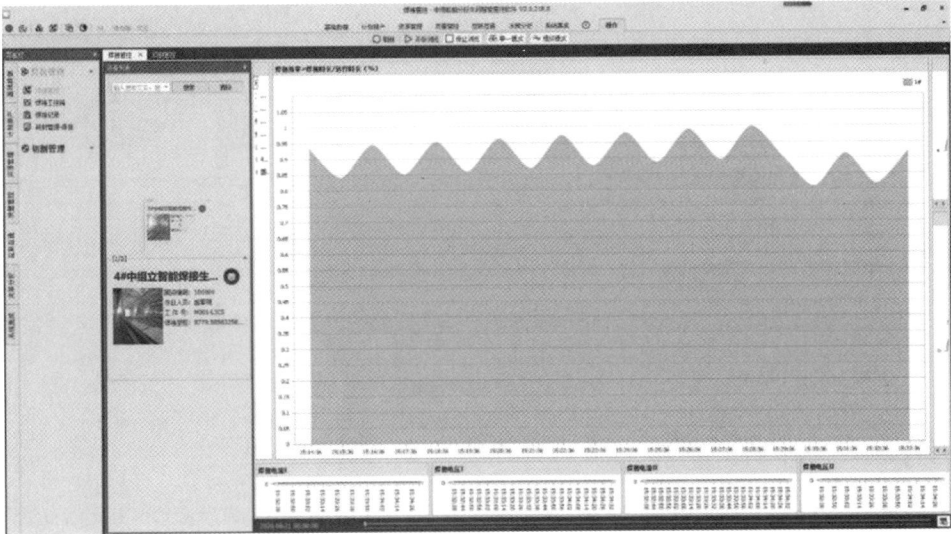

图 1 – 82　某焊机作业时长分析示例

(1)分段组立切割下料工位监控应用

①基于数据采集卡的联网监控

在法利莱切割机不开放 DNC 接口的情况下,通过给数控切割机外接数据采集卡,采集数控切割机的关机、待机、运行、电流、位置坐标等信息,数据采集卡的输出端接工控机,工控机再上传给服务器。

切割生产线集成监控界面如图 1 – 83 所示,左侧为设备列表,右侧为设备状态信息,可以通过点击按钮开始浏览或停止浏览。界面下方进度条可设置播放某个时间的历史信息。

②分段小组立切割下料工位状态及时长监控

该模块适用于对切割机派工时长进行记录和分析。通过检测派工时长,当某台切割机出现故障不能工作时,将剩余的切割代码平均分配给其他的切割机。派工时长监控界面如图 1 – 84 所示。

图 1-83　切割生产线集成监控界面

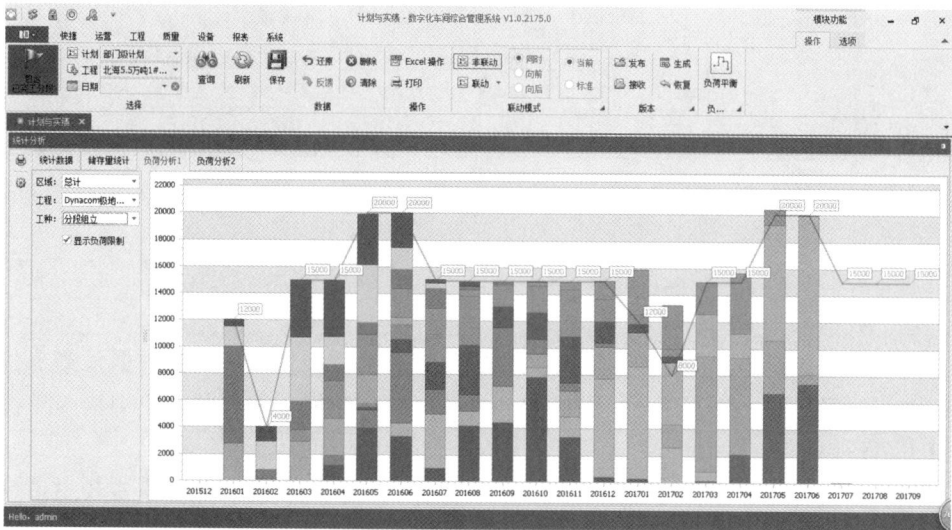

图 1-84　派工时长监控界面

③NC 文件切割执行可视化技术

通过工控机上的客户端,可以实现对 NC 程序的查阅、删除、修改等操作;通过 NC 文件管理模块的切割轨迹显示功能,将 G 代码转化为切割轨迹二维图,供作业人员检验程序的正确性。NC 文件执行管理监控界面如图 1-85 所示。

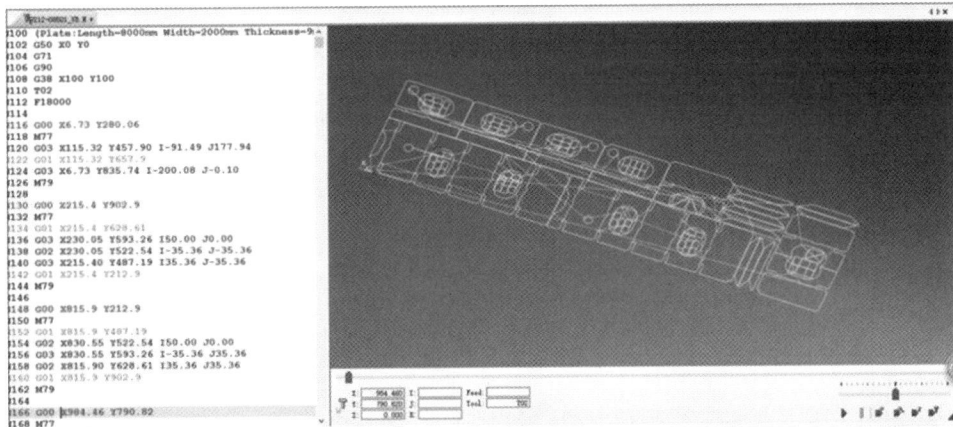

图1-85 NC文件执行管理监控界面

⑤数控切割机作业实时反馈技术

对机床的状态信息进行采集和分析,主要包括数控切割机的实时状态信息(图1-86):切割机关机、待机、运行、电流、故障(时间/类型)五个状态量;作业详细信息(图1-87),如某作业人员在单位时间内切割的零件个数或者切割米数的记录等;耗材管理模块(图1-88),包括主要消耗件的更换记录、工作时长等。分别如图1-86至图1-88所示。

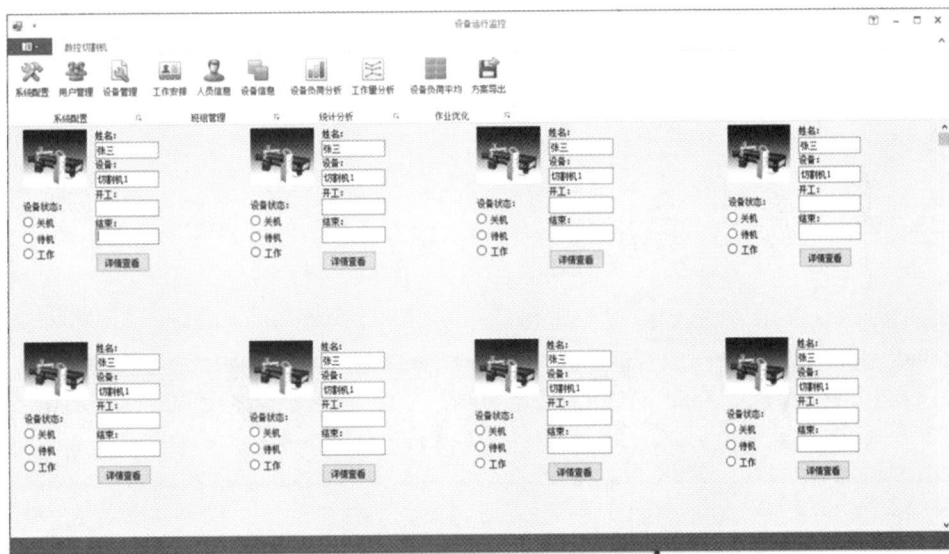

图1-86 数控切割机运行监控界面示意图

图 1-87　切割机详细信息显示界面图

（2）分段组立焊接工位监控应用

分段组立焊接工位监控实时监控生产线作业情况，并通过数据采集反馈到客户端，焊接管控界面、工控端界面、记录界面、生产线实时信息报表界面分分别如图 1-89 至图 1-92 所示。

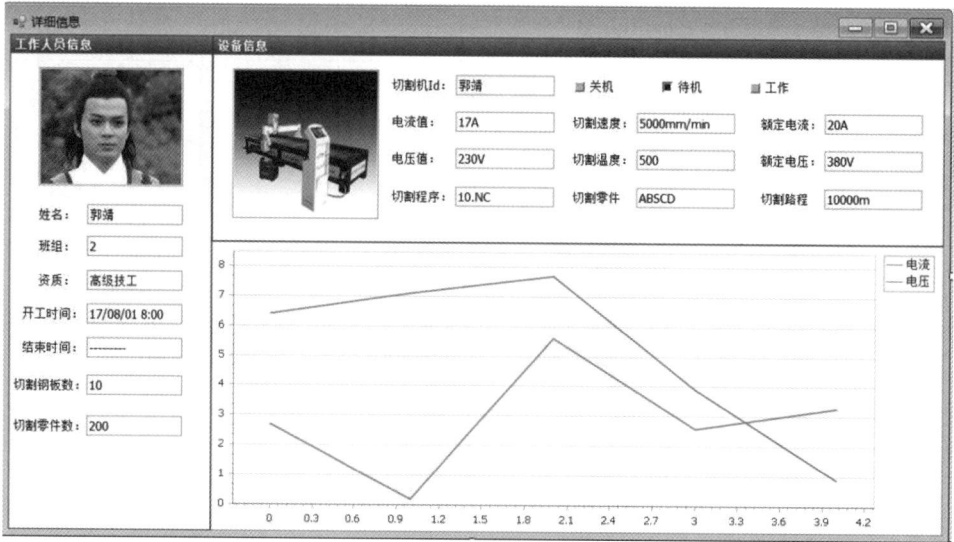

图 1-88　耗材管理界面（切割）

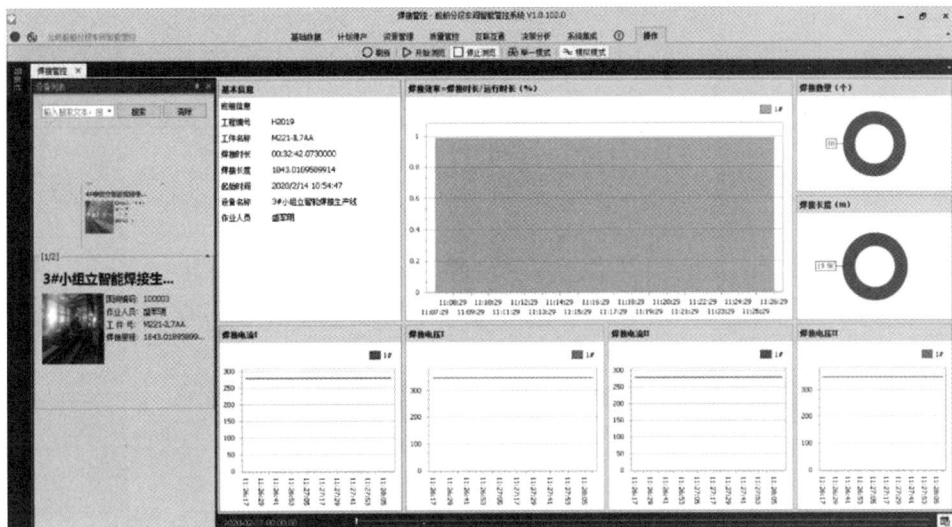

图 1 - 89　焊接管控界面

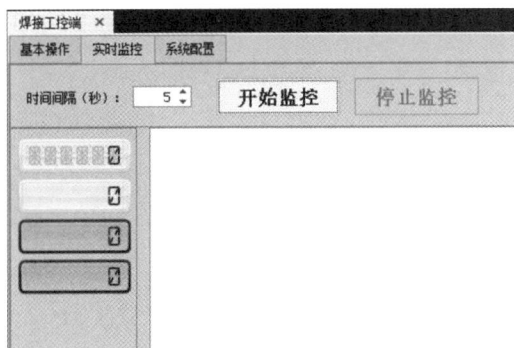

图 1 - 90　焊接工控端界面(实时监控)

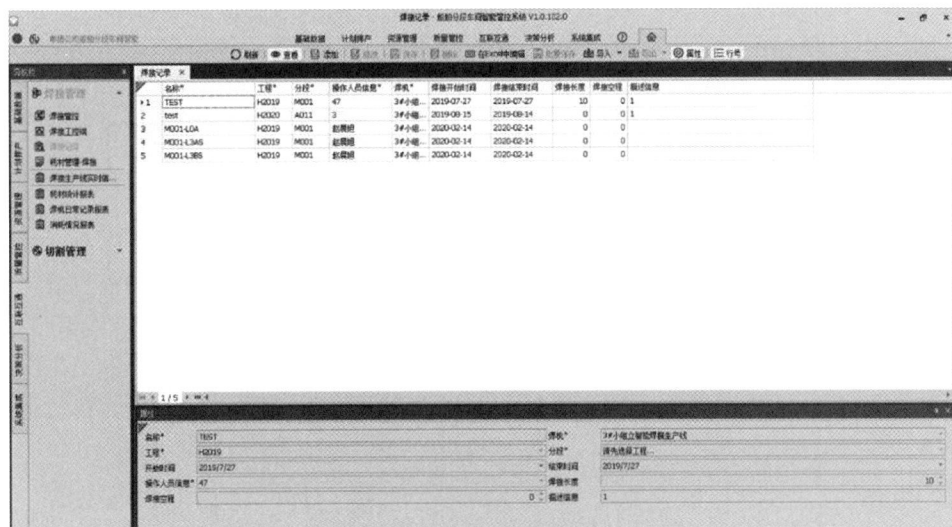

图 1 - 91　焊接记录界面

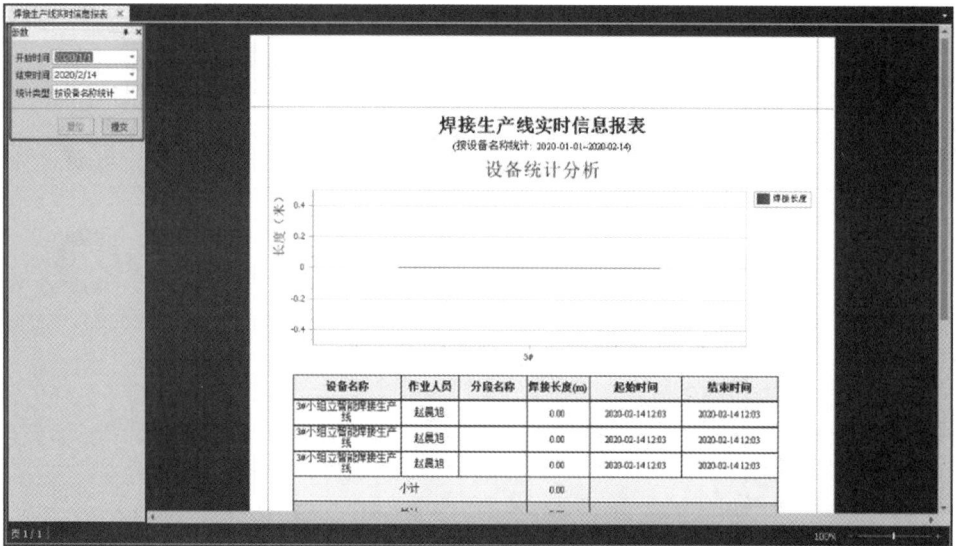

图 1 - 92　焊接生产线实时信息报表界面

1.4.5.3　分段组立车间多工位工艺执行决策

（1）分段组立车间多工位节拍协同决策优化

针对某船厂的平面分段制造车间，以某散货船的双层底分段制造为例，通过本小节所述切割、焊接等重要工位工艺执行过程监控及分析，获得较准确的生产过程工位耗时情况，找出以往生产顺序下存在的缺陷并对其进行优化处理。

当前该船厂车间共有 A、B、C 三条生产线，每条生产线上有 11 个工位。以正在使用的 B 生产线为例，B 线拥有 20 t 电磁吊 1 台，20 t 行车 1 台，32 t 行车 2 台。

由于双层底分段存在结构相似、制造工艺流程相似的特征，故而可选择某一块分段进行制造流程分析。本小节以 H1388 散货船 203 双层底分段为例进行制造流程分析，203 分段的制造工艺流程如图 1 - 93 所示。203 分段组装配顺序如图 1 - 94 所示。

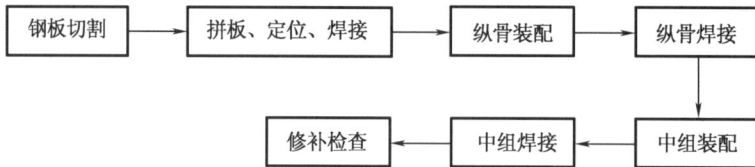

图 1 - 93　203 分段制造工艺流程

-TT1A ASS′Y PROCESS

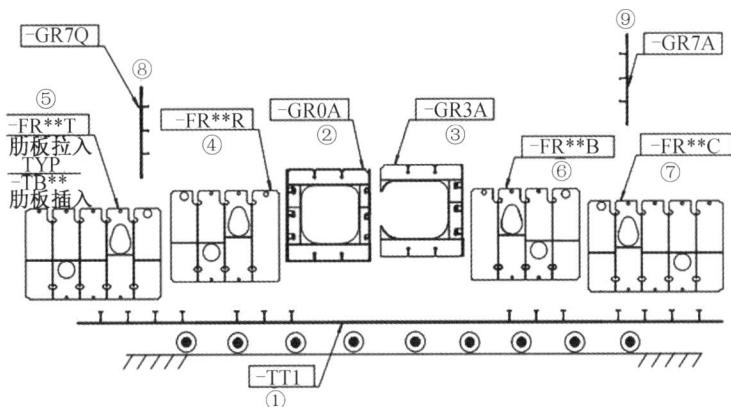

图 1 – 94　203 分段组装配顺序

结合船厂平直车间的工序流程以及车间工位、设备的布局,可将平直车间的调度问题归纳为混合流水车间调度问题(hybrid flow – shop scheduling problem,HFSP)。

HFSP 可描述为有 n 个分段需要被加工,这 n 个分段的结构相似且工艺流程相似,生产流水线上有 m 个工位按序排列(M1→M2→M3→⋯→Mm),每一个工位上都包含一至多台生产设备,每一个平面分段的生产都必须满足车间制定好的加工顺序。

HFSP 的约束条件如下。

①一个分段在一个工位上可以被多台设备同时进行加工。

②生产作业开始后,某一工位上的一台设备在某一时刻只能处于空闲状态或对一个分段进行加工作业。

③分段在生产流水线上只能按照加工工艺顺序进行加工。

④每一个工件在加工工序开始以后不允许被中断。

⑤出现多个分段需要同时进行生产时,必须按照优先级进行生产作业。

建立完平直车间的数学模型后,对每一个工位的作业时间和控制策略进行设置。本小节以 H1388 散货船为例,选取 14 个双层底分段在 B 线进行生产,分段编号为 203 ~ 209,211 ~ 213,244,245,254,255。这 14 个双层底分段结构相似且都需要进行 11 道相同的工序。203 ~ 209 分段制造任务表如表 1 – 33 所示。

表 1 – 33　203 ~ 209 分段制造任务表

序号	分段数量	分段名称	加工顺序	分段在各工位上的加工时间/min										
				M1	M2	M3	M4	M5	M6	M7	M8	M9	M10	M11
1	1	J1	1	60	72	120	70	150	240	30	260	300	100	60
2	1	J2	2	85	80	150	75	165	270	30	280	390	125	100
3	1	J3	3	70	78	138	62	144	258	30	258	372	90	90

表 1 - 33(续)

序号	分段数量	分段名称	加工顺序	分段在各工位上的加工时间/min										
				M1	M2	M3	M4	M5	M6	M7	M8	M9	M10	M11
4	1	J4	4	84	90	138	84	168	244	30	276	390	106	120
5	1	J5	5	90	84	160	84	150	270	30	270	386	108	110
6	1	J6	6	50	60	132	78	156	252	30	258	280	84	96
7	1	J7	7	92	96	180	90	180	300	30	296	390	150	120
8	1	J8	8	85	84	150	80	150	256	30	284	360	120	96
9	1	J9	9	78	84	132	76	162	260	30	258	356	96	90
10	1	J10	10	98	78	144	98	174	280	30	268	384	90	115
11	1	J11	11	90	90	168	110	202	240	30	300	388	126	108
12	1	J12	12	94	88	200	84	150	270	30	296	378	120	120
13	1	J13	13	86	96	180	90	144	232	30	310	390	108	120
14	1	J14	14	65	100	175	78	136	266	30	266	320	132	114

按照以往经验建立的双层底分段制造加工过程模型中,14 个分段按初始顺序进入生产线进行生产作业。按照实际生产节拍八个小时轮班制,每天两个班次,B 线生产 14 个分段耗时 14 d10 h,形成相对应工时的甘特图。

针对上述分段制造加工问题,运用上述改进的遗传算法,以提升生产线多工位协同效率、缩短分段制造时间为目标,对船厂平直车间作业流程进行优化。所用遗传算法主要从以下五个方面进行定义:染色体编码、设置控制参数、设定初始种群、构件适应度函数、确定交叉与变异概率。

对于遗传算法中各项参数的设定如下:种群规模为 20,变异概率为 0.1,交叉概率为 0.8、迭代次数为 25 代。通过使用遗传算法进行优化,得到的这 14 个双层底分段的制造顺序变为 J1→J14→J5→J9→J12→J6→J13→J2→J7→J10→J8→J4→J3→J11,如图 1 - 95 所示。经过优化后得到的甘特图如图 1 - 96 示,生产 14 个双层底分段的时间为 13 d10 h,相较于优化的前初始总耗时,有了明显缩短,并且提高了各工位的负荷平衡性能。

string	object 1	integer 2	string 3	table 4	integer 5	integer 6
	MU	Number	Name	Attrib...	Orig	Chrom
1	.AutoObj...	1	J1		1	1
2	.AutoObj...	6	J14		14	2
3	.AutoObj...	1	J5		5	3
4	.AutoObj...	2	J9		9	4
5	.AutoObj...	1	J12		12	5
6	.AutoObj...	1	J6		6	6
7	.AutoObj...	3	J13		13	7
8	.AutoObj...	2	J2		2	8
9	.AutoObj...	3	J7		7	9
10	.AutoObj...	5	J10		10	10
11	.AutoObj...	1	J8		8	11
12	.AutoObj...	1	J4		4	12
13	.AutoObj...	7	J3		3	13
14	.AutoObj...	1	J11		11	14

图 1-95　优化后分段的生产顺序

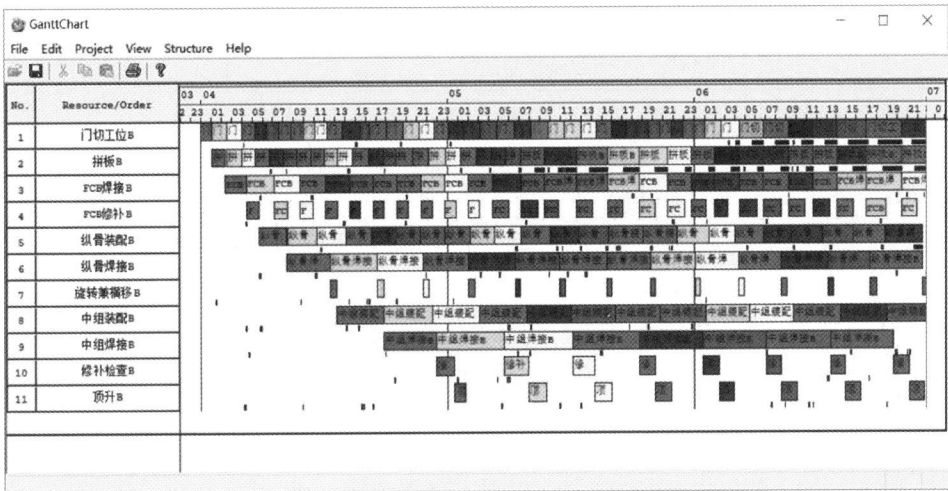

图 1-96　优化后生产顺序下仿真甘特图

目前船厂平直车间已经采用固定工位、流水线式的生产模式,满足生产流程规范化的要求。基于生产线优化理论建立船厂平直车间管理模型,选择 H1388 散货船的 14 个双层底分段,在合理评估设备加工效率和各工位有效作业时间的基础上,通过软件改进的遗传算法功能对其进行优化,得到更为合理的制造顺序,提高生产节拍的协调性,提升平直车间生产线产能。

(2)分段组立车间工艺执行出错位置与状态分析决策

分析关联规则与 Apriori 算法基本思路,建立基于关联规则的分段流水线故障出错模型,并以分段制造车间加工过程的故障出错数据为例,收集故障出错数据记录,形成分段生产线故障出错实例库,并进一步利用改进的 Apriori 算法对船舶分段流水线常见的工位阻塞、加工能力欠缺、质量缺陷、精度误差和其他等五类故障出错记录进行数据挖掘和分析,形成故障出错与分段制造影响要素间的关联规则,为解决分段制造工位/工序间的协同改进、效率提升提供支持。

以某船舶企业近半年的分段生产线故障出错数据为样本,共收集整理得到 791 条记录。对这些数据进行上述 Apriori 算法数据挖掘,其中最小支持度设置 $S_{min} = 2\%$,最小置信度设置 $C_{min} = 35\%$,共获得强关联规则 27 条,部分规则见表 1 - 34。根据关联规则,可进一步分析评价分段制造工序工位合理性与调整、操作者及班组、技能与绩效表现以及设备性能。

表 1 - 34　分段加工故障出错信息部分强关联规则

序号	关联规则	支持度/%	置信度/%
1	FCAW →质量缺陷	10.4	38
2	精度误差、FCAW →班组 WE0TD	3.6	83
3	Q345C、焊机 WMG109 →未焊透	2.7	93
4	A345C、A346D →工位阻塞	2.3	52
5	精度误差、FCAW →班组 WEIST	5.2	46
6	FCAW/SAW →质量缺陷	8.6	41

1.5　多工位协同控制系统

1.5.1　系统架构及功能模块

结合现场实际情况,将数字化多工位协同控制系统搭建为三层架构,包括服务器端、客户端和数据库。通过局域网将服务器端与数据库连接,实现数据可读可写,客户端与数据库连接,实现数据可读可写。其整体架构如图 1 - 97 所示。

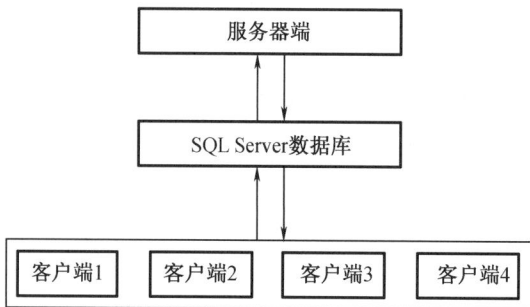

图 1 - 97　系统整体架构

在系统整体架构的基础上,详细分析数字化多工位协同控制系统的具体功能模块,如图 1 - 98 所示。

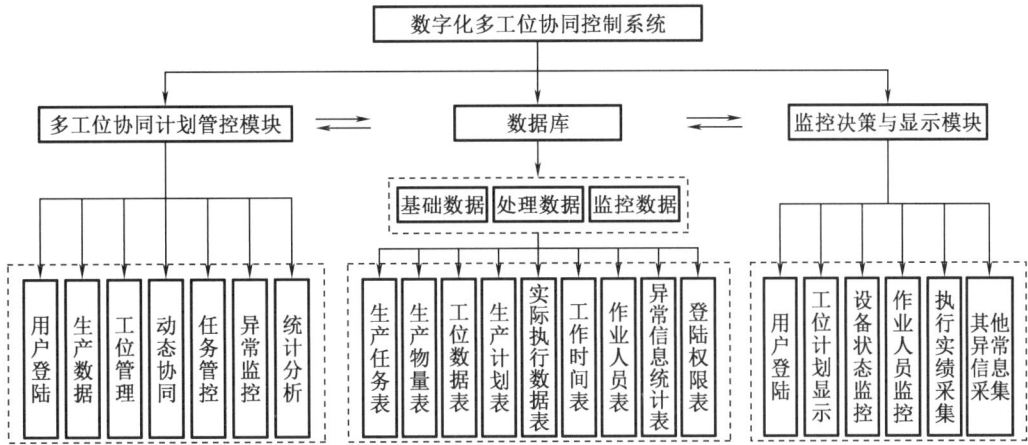

图 1 - 98　系统功能模块

本系统在数据库的基础上包含多工位协同计划管控和监控决策与显示两大模块。其中,监控决策与显示模块布置在客户端,主要负责从数据库读取服务器端已经协同完成的工位级生产任务,为各工位提供相对精确的生产计划,同时针对现场各工位可能发生的异常情况进行数据的采集;多工位协同计划管控模块布置在服务器端,主要负责读取上层车间级月度生产计划及相关数据,将月度计划拆解为工位级生产计划并进行计划下达,同时从数据库读取客户端采集的异常信息,针对不同异常情况进行判断,完成异常情况下的多工位动态协同处理,并进行协同后的生产计划下达,同时针对各类异常信息以及任务进度等进行统计分析,便于为工作人员提供相应的决策信息。

1.5.2　数据库

数字化多工位协同数据主要包括各工位工艺数据、生产任务数据、班组信息、设备资源、物量数据、执行实绩数据等。根据所包含的数据,进行数据表关联规则、数据库与软件系统接口定义、数据格式规范等的设计规划,如表 1 - 35 所示。

表 1 - 35　数据库的设计规划

序号	表名	备注
1	生产任务表	根据月度生产计划更新
2	生产物量表	根据月度生产计划更新
3	工位数据表	包括工位设备类型及加工能力等
4	生产计划表	根据多工位协同管控系统的计划结果更新
5	实际执行数据表	根据监控决策与显示模块的采集数据更新

表 1 - 35（续）

序号	表名	备注
6	工作时间表	根据船厂的实际工作时间更新
7	作业人员表	根据车间的实际作业人员更新
8	异常信息统计表	根据监控决策与显示模块的采集数据更新
9	登陆权限表	—

数据库设计中,采用 MS SQL Server 数据库软件完成数字化多工位协同控制系统数据库的开发。

1.5.3　硬件布局

（1）硬件布局方案

现场采用"服务器 + 显示屏 + 现场终端"的硬件实施验证方案,如图 1 - 99 所示。

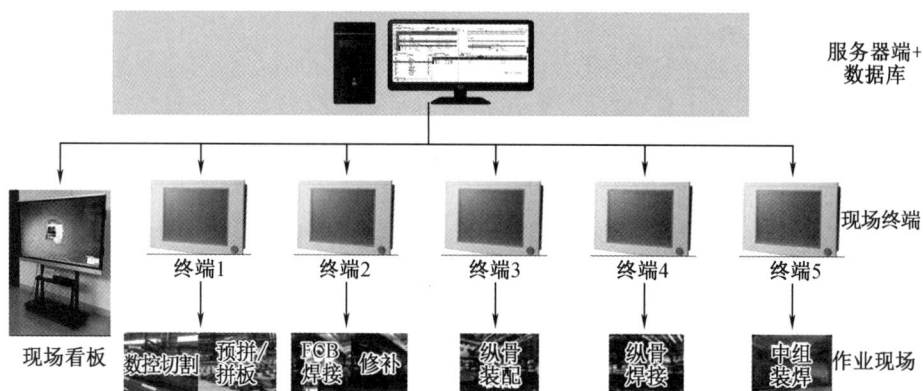

图 1 - 99　总体方案

服务器采用台式服务器,安装在现场办公室;显示屏采用 LCD 显示屏,安装在 A 线与 B 线中间的安全通道处;现场终端采用工业平板电脑,分别安装在各工位处。

其中,现场终端搭载采集与监控系统,主要完成各工位生产计划下达、生产过程数据采集、异常状态监控等工作。结合现场环境、生产工艺及功能需求,生产线共部署 5 台终端。具体方案为:

①切割工位、(预拼工位)、拼板工位为一组,部署 1 台终端。

②FCB 焊接工位、FCB 修补工位为一组,工位部署 1 台终端。

③纵骨装配工位部署 1 台终端。

④纵骨焊接工位部署 1 台终端。

⑤中组装配工位、中组焊接工位为一组,工位部署 1 台终端。

终端布局图如图 1 - 100 所示。

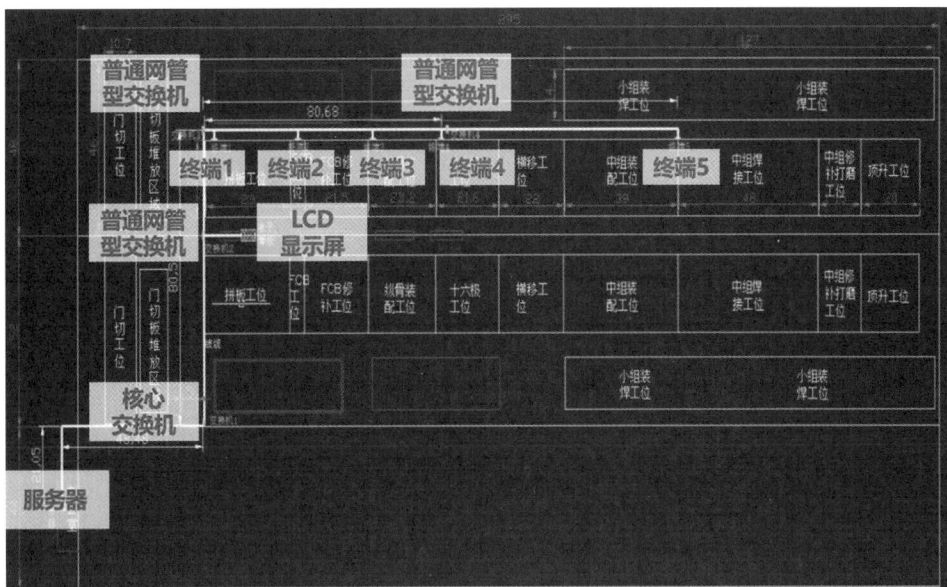

图1-100 终端布局图

(2)现场组网设计

结合总体方案和现场终端布局方案,进行现场组网方案设计,由于车间跨度大,距离远,设计并采用多个交换机保证设备间的正常通信,网络拓扑图如图1-101所示。

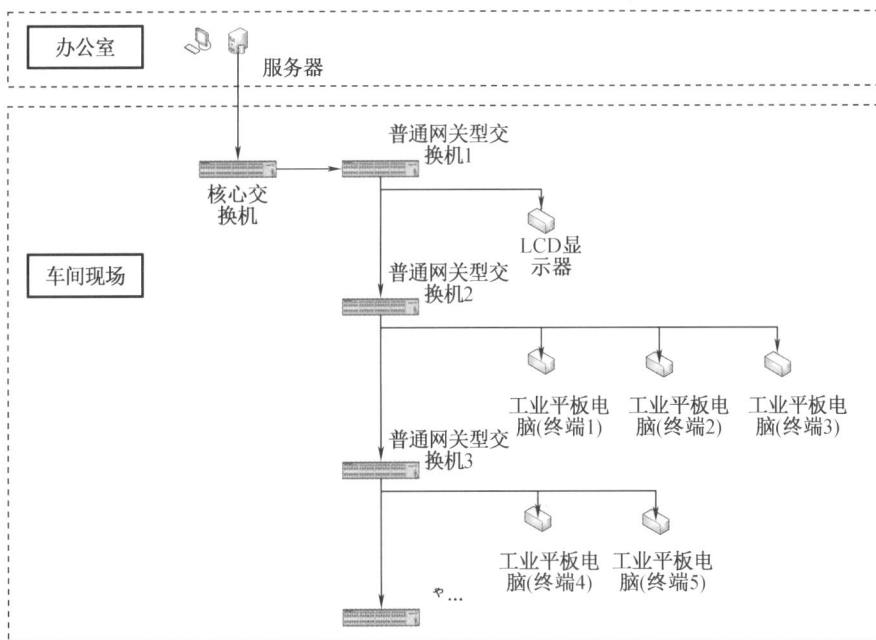

图1-101 网络拓扑图

1.5.4 软件构成

（1）软件架构及功能

多工位控制系统的功能主要分为数据监控模块、数据采集模块、协同管控模块、数据统计分析以及数据显示五个模块。

数据监控模块主要是对终端上各工位的生产状态、生产过程、人员变动、计划更新、异常数据等信息进行监控。

数据采集模块主要对设备运行状态、生产工时、任务实际开始时间、结束时间等信息进行采集。

协同管控模块包括用户权限管理、任务管理、工位管理、任务拆解、协同管控等功能，实现工位及生产任务的动态协同调整。

数据统计分析模块主要对生产人员、产品状态、生产进程、异常信息等指标结果进行统计分析；

数据显示模块主要通过图表、甘特图等形式，对生产数据进行不同形式直观地显示。详细功能模块如图 1 – 102 所示。

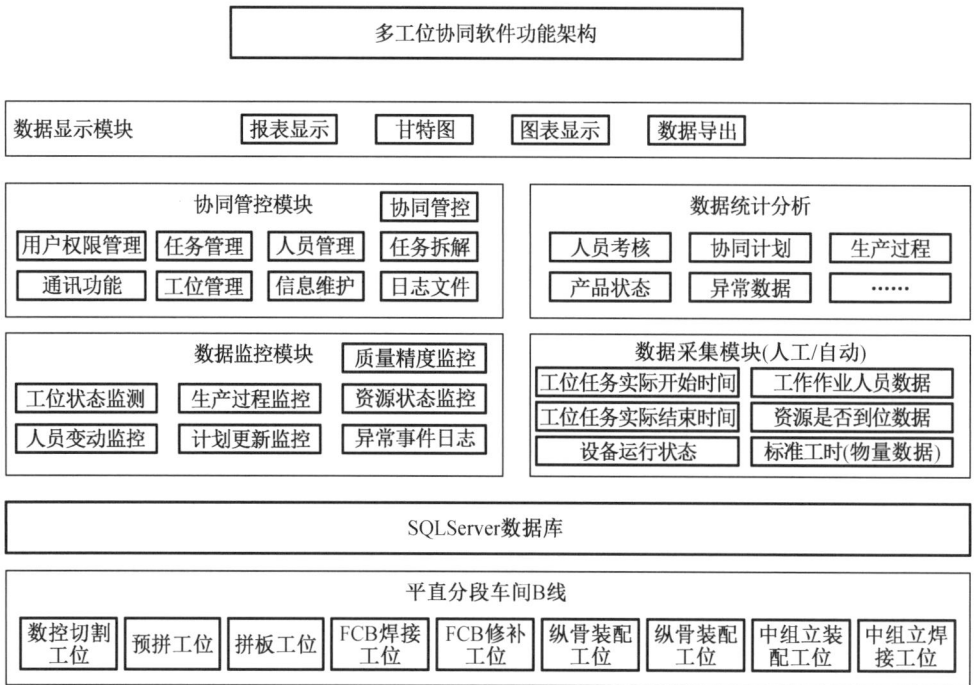

图 1 – 102　软件功能模块

（2）软件部署方案

结合"服务器 + 显示屏 + 现场终端"的硬件实施验证方案，进行软件部署方案设计，具体方案如图 1 – 103 所示。

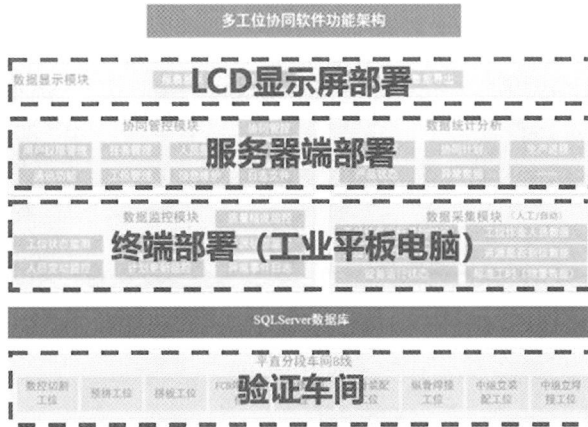

图1-103 软件部署方案

数据监控模块及数据采集模块部署在现场终端,主要实现生产过程数据的采集与监控功能,同时可进行生产计划的下达。

协同管控模块及数据统计分析模块部署在服务器端,主要实现工位集生产任务的动态协同调整,同时负责各类数据的统计分析。

数据显示模块部署于LCD显示屏,实现各工位生产计划及执行情况的直观显示。

(3)软件环境配置

软件运行环境:Windows7及以上,内存8G+,CPU≥2 GHz。

编程语言:C++/C#。

软件开发工具:Visual studio 2015。

数据库开发工具:SQL Server2008。

1.5.5 系统开发

多工位协同控制系统主要包括多工位协同管控、采集监控、看板显示三大子系统。

(1)协同管控系统

协同管控系统界面主要包括生产数据、工位管理、协同管控、统计分析、人员管理、异常查询、用户管理、帮助文档八个部分,软件界面如图1-104所示。

(2)采集监控系统

采集监控系统中共包括:客户端1、客户端2、客户端3、客户端4、客户端5。可根据登陆的不同客户端进行不同工位选择。各客户端界面相似,但结合不同工位显示及不同采集数据,系统界面如图1-105所示。

(3)看板显示系统

看板显示系统中滚动显示各工位生产计划以及实际进度,显示按周、按月的任务完成量数据统计,显示任务实际完成时间与计划完成时间对比,是否正常/提前/逾期等实际完成情况,系统界面如图1-106所示。

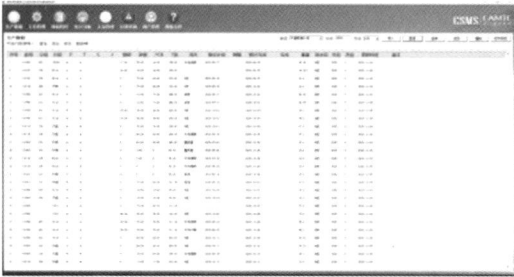

(a)生产数据界面

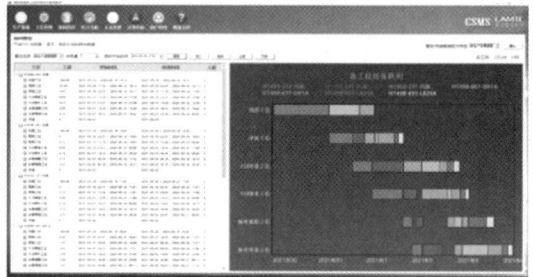

(b)协同管控界面

(c)工位管理界面

(d)异常查询界面

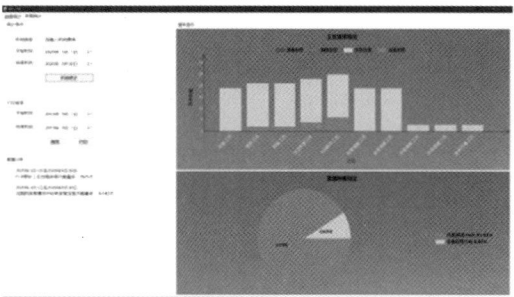

(e)统计分析界面

(f)用户管理界面

图 1－104　协同管控系统界面

（4）现场测试应用验证

船舶智能制造多工位协同控制系统在国内某骨干船厂平直流水线车间 B 线进行测试应用验证。系统完成现场关键工位覆盖率达 90%,测试过程中系统运行稳定,能够满足现场实际需求。现场测试如图 1－107 所示。

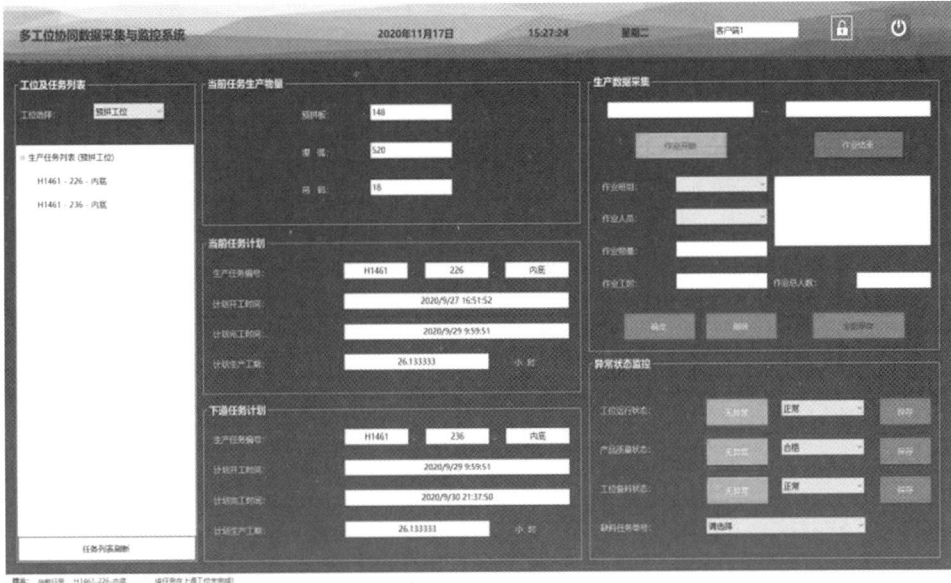

图 1 – 105　采集监控系统界面

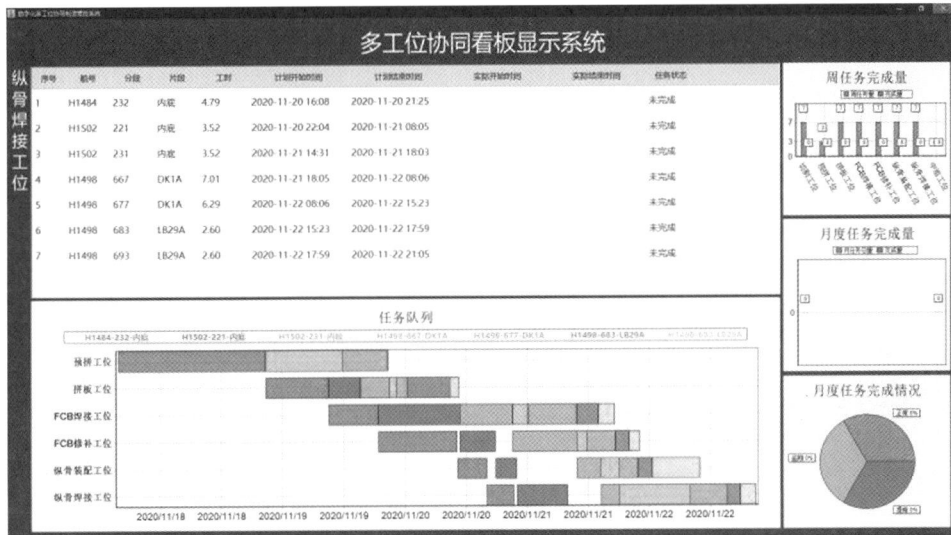

图 1 – 106　看板显示系统界面

图 1 - 107　现场测试图

1.6　本 章 小 结

本章节从多工位协同工艺数据流、多工位协同控制技术、异常调整与多工位监控技术、多工位协同控制系统开发及应用等四个方面详细论述了多工位数字化协同控制技术。实现了将人工排产过程转化为电子信息排产计划,大大节约了人力成本;实现了月度生产计划到工位级生产计划的拆解,提高了生产计划的精准度;同时针对生产过程出现的各类异常实现了生产计划的及时动态协同调整,提高了响应速率,进而提高了生产效率。多工位数字化协同控制技术不仅可以提高船舶分段制造行业的智能化水平,同时为行业的转型升级奠定基础。

第2章 船舶制造现场多数据源协同集成技术

2.1 概 述

船舶生产工艺复杂繁多,船厂生产制造系统具有多流水线、多工艺、多设备、多工装、多系统化管理等复杂特征。船舶制造过程中产生的数据具有多源异构的特点。长期以来,船舶生产过程中对于数据信息多"各自为战",各个部门负责收集、分析和解释各自的数据库,建立适合各部门自己需求的三维模型,基于这些模型开展本部门的分析决策工作。由于单一的信息源所提供的信息往往是片面的,只利用现有数据的一小部分做出工程决策,难免会有偏颇和失误,造成错误研判乃至决策失误。且随船舶生产作业的动态循环,对组立建造过程安全性要求的不断提升,船舶生产过程中信息的来源和种类会越来越多,越来越丰富,数据也不断被更新,生产对象的物理构造、属性信息不断地被重新认知,因此,原有静态建模技术及所构建的静态模型已经不能准确表述生产对象和生产环境的变化特征,不能正确反映船舶生产过程的动态时空关系,不能满足当前组立制造过程高效的信息处理与协同分析的需求。

通过多源数据分析与集成技术(multi-source data analysis and integration)可以有效消除多源数据中的不确定因素,吸收以上各种数据源的优点,使不同类型的打磨、喷砂、切割、理料、焊接、装配等手段优势互补,从中提取更加丰富的信息,提高监测结果的准确性,达到"1+1=3"的效果;多模型动态更新技术研究,符合动态生产过程,使生产过程中几何、工程、力学分析模型等随着认知的提升,不断地被动态更新,从而保持多模型与工程实际的最大一致性。

本章节将对船舶制造过程中切割、焊接、打磨、装配等制造单元的数据来源开展分析,探索数据集成应用,针对船舶总段对接、船舶小组立作业等特定场景,详细论述多源数据协同集成技术,包含数据的建模与传递、车间调度等内容。最终探讨工艺执行结果的多源数据集成技术,通过多源数据分析与集成技术可以有效消除多源数据中的不确定因素,吸收各种数据源的优点,使不同工艺环节手段优势互补,从中提取更加丰富的信息,提高监测结果的准确性。

2.2　船舶制造过程多数据源特征分析与集成

2.2.1　船舶制造单元的数据源分析与集成分析

2.2.1.1　船舶制造单元数据来源

制造单元的数据源主要包括生产类数据和工艺类数据,生产类数据包括生产对象信息、设备信息、生产信息(如计划数据、工单数据、生产进度数据)、人员数据等;工艺类数据包括工艺规范、工艺参数、各类标准等。

产生这些数据来源的制造单元(图2-1)主要包括以下几种。

(1)板件切割:将钢板切割成需要形状的过程。船舶制造中的切割方式主要包括火焰切割、激光切割、等离子切割、线切割。这一过程中,切割电流、切割水压、切割气压等会产生板件尺寸超差的数据。

(2)零件焊接:将切割板件焊接成零件的过程。船舶制造中的焊接方式主要包括气焊、电阻焊、电弧焊。焊接过程中的各项参数以及产生的应力会产生板件热变形、焊接收缩等数据。

(3)钢板表面预处理:将板件加工至合适粗糙度的过程。船舶制造中的表面预处理包括喷砂、打磨、除锈。这些过程将产生表面处理等级、钢板可溶盐、表面破坏率等数据。

(4)装配:将加工好的船体零件按规定的技术要求组装成部件、分段、总段及完整船体的工艺过程。这一过程会产生装配误差。

2.2.1.2　船舶制造单元数据集成

FMS环境下的信息集成是实现数据集成的基础和关键,但因FPMS在实施过程中,根据各自的应用需求配置了不同的计算机系统、网络系、数据库系统以及其他支撑系统,从而导致了CIMS的支撑环境是异构分布的环境,那么,如何在这种异构分布环境下实现不同数据源之间的互操作,实现分布的应用系统间、应用系统与多种数据库源间的互连与互操作,在各种数据源自治的基础上实现数据的共享与分布处理,是当前CIMS集成技术的关键之一。

(a)板件切割　　　　　　　　　　(b)零件焊接

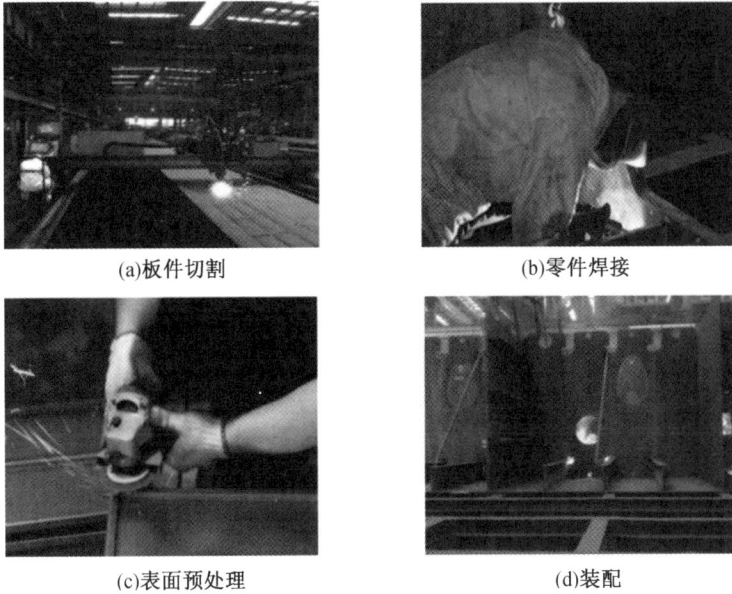

(c)表面预处理　　　　　　　　　　(d)装配

图2-1　制造单元

目前,信息系统的集成方法主要有两种:重构方式和互操作方式,在重构方式中,需要把旧系统中的应用逻辑、数据定义和数据都转移到新系统中。这种方式的优点便于新系统维护和集成,但重构过程复杂,且费用高昂;互操作方式是通过设置新的标准界面,在已有信息系统的基础上建立一个互操作平台,实现不同系统之间的互操作,这种方式既保持了已有系统中的数据和应用程序,还允许新的系统加入互操作平台中,实现计算资源的共享,为用户提供一种统一的、规范化的、跨越不同领域的、独立于数据源的互操作手段,因此,它更受人们的欢迎。

图2-2描述了船舶建造信息融合的体系结构。在检测、分类和确认的融合过程中,每个传感器向融合处理器提供预处理的数据。这些数据有打磨、喷砂、切割、焊接、喷涂的生产数据,有板件处理等级、粗糙度、应力特征等材料参数。在状态估计和跟踪融合过程中,传感器提供典型的测量数据。要对每个传感器的数据进行配准,即把传感器数据从各个传感器的单位和坐标转换成适合集中处理的单位和坐标,会非常复杂。一旦做出观测数据的关联,就应对数据进行融合。

2.2.2　切割制造单元误差来源分析与集成应用

2.2.2.1　切割制造单元误差来源分析

切割工艺参数的选取对零件的机械加工精度和表面质量有着重要的影响。利用工艺分析方法将影响切割工艺的因素分为八个要素:原料、产品、规范、环境、人员、设备、方法和时间。

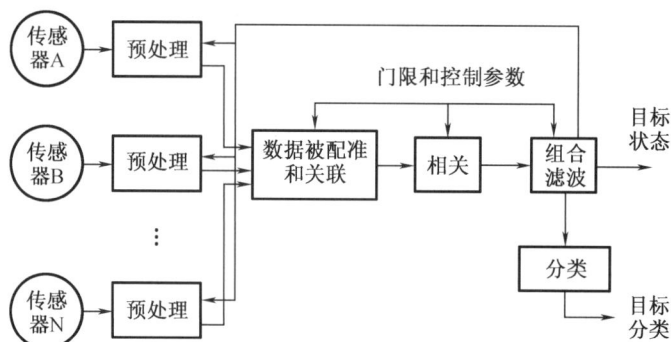

图 2-2 船舶建造信息融合的体系结构

（1）原料

原料包括对象和属性。对象是指参与该工艺的输入资源；属性是指能够影响该工艺过程的属性。原料为板材，板材字段为外键索引，可以由板材表获得原料的属性（材质、长度、宽度、厚度等）。

（2）产品

产品指该工艺工程最终的输出结果或产品。零件表的属性中包含了切割工艺的序号，可标识零件与工艺过程之间的关系。

（3）规范

规范指执行该工艺过程参照的规范标准。

（4）环境

环境指在进行工艺的过程中，可能对该工艺产生影响的环境因素。由于切割工艺过程受环境（温度、湿度、气压等）因素影响较小，因此不考虑环境因素。

（5）人员

人员包括参与该工艺过程的设计人员和操作人员。

（6）设备

设备指该工艺过程中的相关执行设备，包括设备编号、控制参数和实时参数三个部分：设备编号标识了哪台设备参与完成工艺过程；控制参数指在具体的某个工艺过程中设备进行了哪些具体的参数设置；实时参数指在进行该工艺过程中，设备的一些参数状态的实时变化情况。

切割工艺过程中，切割机和设备参数方案字段，分别表示设备编号和控制参数；利用工艺表中的开始时间和结束时间，对设备状态表的数据进行筛选，可获取对应工艺过程中所有的设备状态情况。

（7）方法

方法指该工艺过程的具体实施细节，包括方法类型、设计参数、操作顺序：方法类型标识了采用何种方式实现该工艺过程；设计参数是除设备控制参数外的一些相关的参数；操作顺序是指该工艺过程中特定的工艺过程。

切割工艺过程中，方法类型选用激光切割（等离子切割、火焰切割等方式）；设计参数包括套料卡、切割精度、是否有余料,其中套料卡为外键;套料表中包括切割长度、空程长度、划线长度等;操作顺序包括零件切割顺序、本次切割工艺程度文件和整个切割的轨迹图。

(8)时间

时间包括工艺开始的时间和结束的时间。

船舶的建造是一项系统性强、集成性高的工程,钢材切割是船体分段建造的第一道工序,其质量影响着整船质量,因此提高板件的切割质量具有较高价值。数控等离子切割是平直流水线的起始端,用于切割不同厚度、不同尺寸的板料。切割过程中常见的误差源有:人(工作水平、工作心态),机(切割直线度、切割电流、割嘴型号、切割速度),料(钢板特性、残余应力),法(切割方式、切割参数),环(现场环境、平台状态),钢材切割工艺信息模型如图2-3所示。

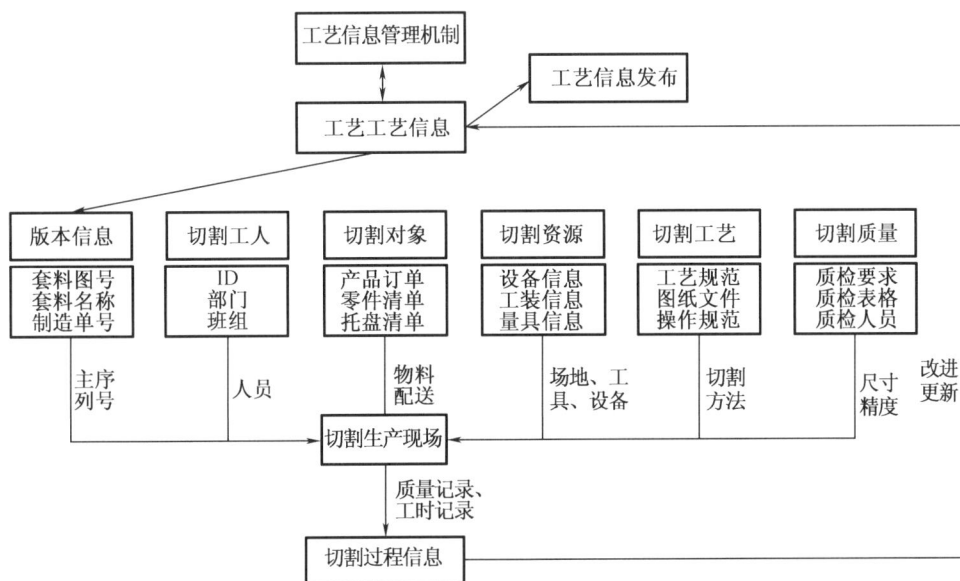

图 2-3　船舶切割工艺信息模型

引起钢材切割误差的具体原因有:切割平台、严重热变形、机械磨损、等离子弧偏心等。

(1)切割平台误差来源分析

基于等离子数控切割工序过程波动偏大、精度偏低的现状,其精度控制应从最基本的更换切割平台开始。

板件的等离子切割是在切割平台上进行的。由于管理部门的疏忽,切割平台长时间未进行更换和清洗,平台表面废渣堆积严重,无法保证其表面的水平度,如图2-4所示,不仅影响了切割板件产品精度,甚至造成等数控离子切割无法正常进行。

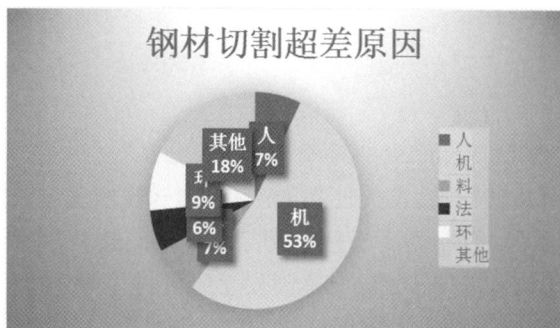

图 2 – 4　钢材切割超差原因饼状图

（2）严重热变形误差来源分析

在过程控制图中，超出控制限的点属于异常点，它们是特殊因素所导致的过程变异现象。根据异常点对应的数据序号，查询现场切割过程所存在的问题。这些特殊问题包括：严重热变形、机械磨损、等离子弧偏心等。

如图 2 – 5 所示，在切割过程中，条形板件产生了较大的热变形，阻碍切割进程，影响切割精度。由于严重热变形的发生，单值控制图中出现了若干连续的异常点。

(a)板件热变形　　　　　　　　　　　　　(b)坡口

图 2 – 5　板件热变形及坡口

板件热变形是数控等离子切割过程中无法避免的一种现象。可适当增加割嘴高度，避免板件上翘影响切割进程。若要减少热变形现象的影响，需要进行实验，改善切割参数并优化切割工艺。

（3）机械磨损误差来源分析

许多板件产品的切割截面与板件表面具有固定的角度，即坡口角度，如图 2 – 6 所示。数控等离子切割机在切割坡口时，其割嘴在切割机内部机械结构的带动下旋转，使等离子束与板件表面成一定角度进行切割。由于其内部机械结构长时间没有保养和维护，导致其机械精度较差，造成坡口切割存在普遍的误差。

正常切割与坡口切割通常是交替进行的，由于机械磨损，交替切割的过程中尺寸偏差的移动极差会产生异常。移动极差控制图中会出现一系列序号相近的异常点。

（4）等离子弧偏心误差来源分析

割嘴由电极和喷嘴组成，电极位于喷嘴内部，其电离的等离子弧经由喷嘴喷出。在数控等离子切割过程中，由于操作员没有按照割嘴的寿命标准及时更换，导致割嘴在烧损情况下继续切割的情况。此时等离子弧是偏心的，所切割的板件产品会发生严重的超差现象。图2－6是正常电极和烧损电极的对比图，图2－7是正常喷嘴和烧损喷嘴的对比图。从图中可以看出，烧损后的电极与喷嘴产生了严重变形。

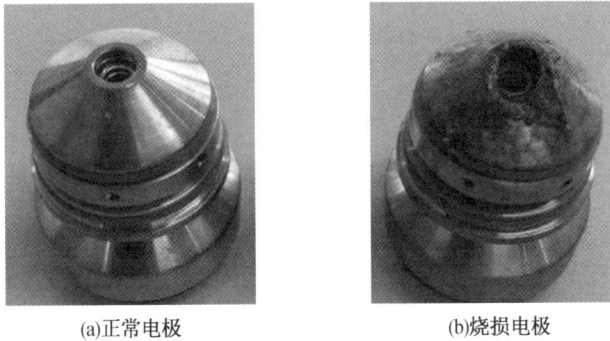

(a)正常电极　　　　　　　　　　　(b)烧损电极

图2－6　正常电极和烧损电极的对比图

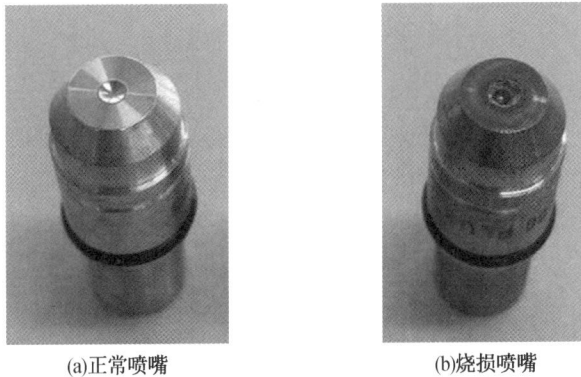

(a)正常喷嘴　　　　　　　　　　　(b)烧损喷嘴

图2－7　正常喷嘴和烧损喷嘴的对比图

割嘴烧损往往发生于割嘴更换前若干块板件产品的切割，对应单值控制图中割嘴更换前的若干异常点。

2.2.2.2　特殊因素贡献度

引入帕累托图分析引起切割板件尺寸超差或异常的主次原因。在帕累托图中，不同类别的数据根据其频率降序排列，并在同一张图中画出累积百分比图。常用于质量分析，确定质量问题的主要因素。统计质量分析中得到45个异常点或超差点，按照不同的超差原因绘制如图2－8所示的帕累托图。

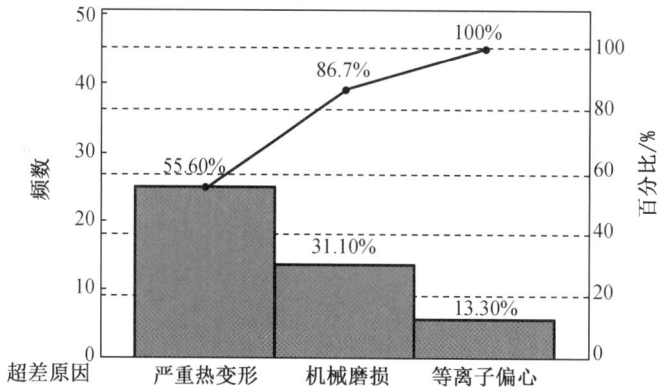

图 2 - 8　帕累托图

从图 2 - 8 中可以看出,板件的严重热变形是造成板件尺寸超差或异常的主要原因,占超差点的 55.6% ;其次是机械磨损,占 31.1% ;最后是割嘴损坏。但是,我们不能简单地以各超差原因的频率大小判断超差原因的重要性。

例如,虽然机械磨损造成的超差频率比等离子弧偏心大,但机械磨损并不是板件产品尺寸超差的充分条件。而所有割嘴损坏时切割的板件都发生了较大的超差现象,即割嘴损坏而引起的超差率为 100% ,所以应该重视割嘴损坏引起的板件超差。

2.2.2.3　切割制造单元数据源集成应用

(1)切割电流规律分析

等离子切割是利用高温等离子电弧的热量使工件切口处的金属局部熔化(和蒸发),借高速等离子的动量排除熔融金属,并随着割嘴的移动以形成切口割缝的一种加工方法。等离子电弧的高温高速焰流使工件割缝处的金属局部融化或蒸发,属于物理切割过程,与气割的化学反应(燃烧)有本质区别。如图 2 - 9 所示为等离子切割弧。

高温高速的等离子体通过喷嘴的约束而喷出,割嘴损坏时,等离子气体电离不规则,引起板件挂渣、烧损、不平整、溅撒等现象。如图 2 - 10 所示是不同喷嘴对应的切割状态。

割嘴损坏是造成板件超差的原因之一,在使用过程中,高温和电常常会损坏割炬的易耗部件如喷嘴和电极。当这些易耗件耗尽或损坏时,必须定期对它们进行更换。如果喷嘴或电极在完全耗尽前就被换掉,则将造成不必要的浪费。另一方面,如果直到喷嘴件和电极已耗尽而尚未进行更换,则由于使用耗尽或用完的电极或喷嘴件而有可能损坏工件,从而导致了成本不必要的提高。

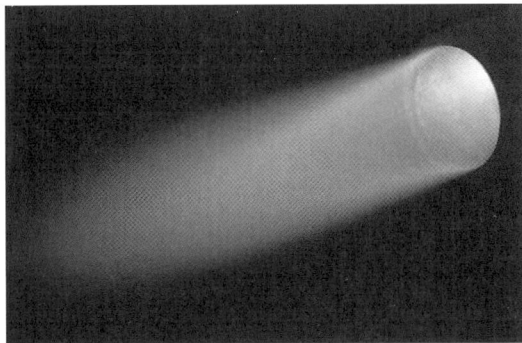

图 2 – 9　等离子切割弧

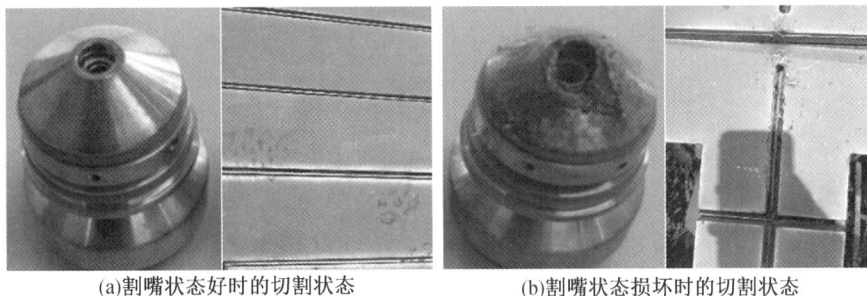

(a)割嘴状态好时的切割状态　　　　　　　(b)割嘴状态损坏时的切割状态

图 2 – 10　不同喷嘴对应的切割状态

板件切割利用等离子弧的高温将割缝处金属熔化,并用高速焰流将其吹走,所以等离子弧热功率在切割过程中至关重要。

在图 2 – 11 的电流时序图中,可以发现随着切割的进行,切割电流会变得不稳定,这是割嘴损坏造成的。因此针对切割单元而开发割嘴电流监控装置,通过检测电流,编写报警程序,当割嘴损坏时及时报警,提醒操作员及时更换。

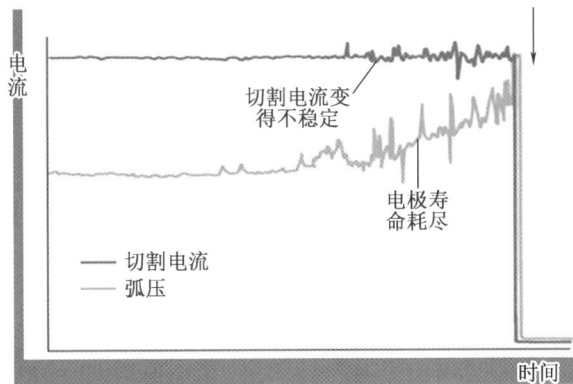

图 2 – 11　电流时序图

切割机制造单元的数据源分析与集成的研究对象前期在梅塞尔 2011 号切割机中展开,

该切割机是德国梅塞尔公司生产的 OmniMat K 系列重型数控切割机,该类型机器工作效率高、数据量大,但是切割状态不稳定。该切割机使用胜卡特 T3926 电极喷嘴和 HYPERTHERM 电极喷嘴。

根据现场切割机电喷使用记录表绘制了两种电极喷嘴使用率直方图,为了探究割嘴使用情况,定义参数:割嘴使用率为平均每个割嘴的切割距离(米/个)。如图 2 - 12 对两种电极喷嘴使用率进行分析,可以得出海宝电极喷嘴使用寿命更长,标准差小于胜卡特的电极喷嘴,即海宝喷嘴工作状态更加稳定。

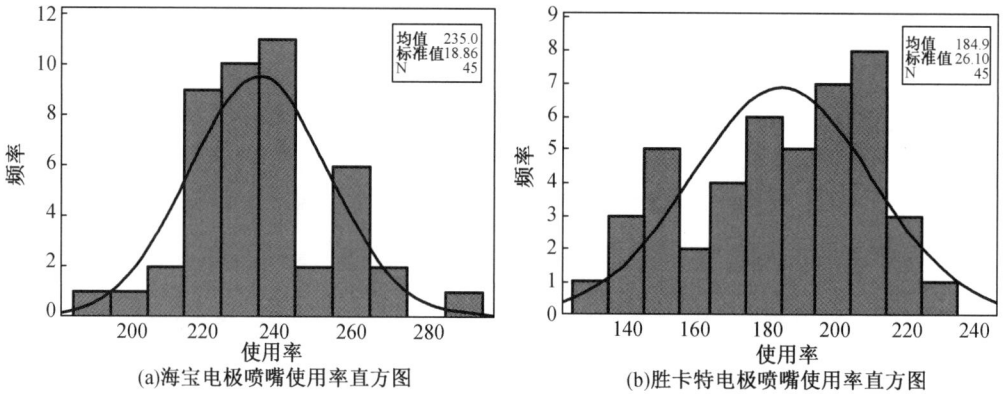

(a)海宝电极喷嘴使用率直方图 (b)胜卡特电极喷嘴使用率直方图

图 2 - 12　不同喷嘴对应的切割状态

(2)集成流程

如图 2 - 13 所示为装置运行流程图,切割机制造单元的数据源分析与集成技术流程从电流检测开始,然后是电流分析和判断,技术要点主要有电流在线检测、复杂工况报警规则以及数据传输。

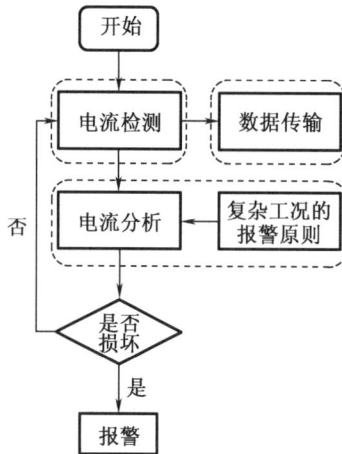

图 2 - 13　装置运行流程图

（3）电流在线检测

如图 2-14 所示为等离子切割机电路图。切割机工作包括三个阶段。首先是初始阶段，电极喷嘴之间产生引弧，为引弧的转移做准备。然后是引弧转移阶段，这个过程中，IGBT 电路（即引弧转移控制板电路）接通，引弧从喷嘴电极之间转入喷嘴和工件之间。第三阶段则是稳定切割阶段，在这一阶段，工件、电极之间形成了稳定的直流回路，此时回路中的电流即切割电流。

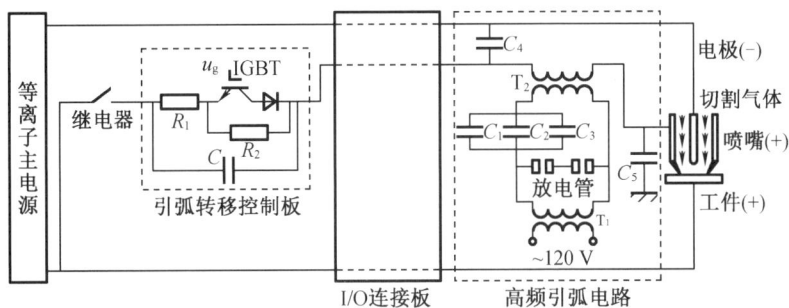

图 2-14 等离子切割机电路图

切割机制造单元的数据源分析与集成技术的电流监控装置主要是在回路电流稳定以后进行的电流监控。此时，工件、电极之间形成了稳定的直流回路，回路中的电流即切割电流。等离子切割机电路如简图如图 2-15 所示。

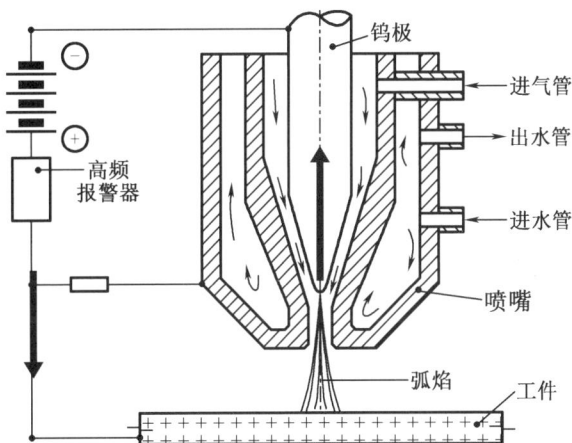

图 2-15 等离子切割机电路简图

如图 2-16 所示，通过对比地线和零线处的电流，最终选择在地线处监控电流。

可以发现，在初始阶段和引弧阶段中，地线处的电流稳定，而零线中电流在启动后 1~2 s 之间时波动大，地线比零线处干扰少。

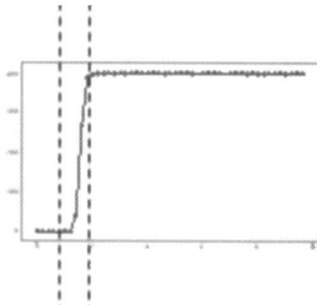

(a)地线处的电流时序图

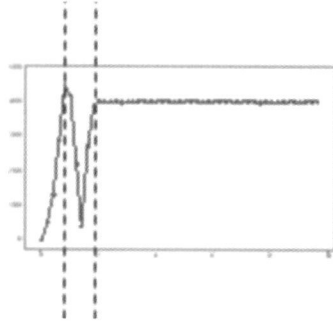

(b)零线处的电流时序图

图 2 - 16　地线、零线处的电流时序图

如图 2 - 17 所示,选用 JLKT - 8 AC450A/DC5V 电流传感器,该传感器有以下优点。

①测量精度高:其测量精度为 0.1 A,微小电流变化可以检测。

②动态性能好:响应时间快,每秒可以检测 50 次电流数据。

③可靠性高,无故障工作时间长。

④体积小、质量小。

图 2 - 17　JLKT - 8 AC450A/DC5V 电流传感器

当主回路有一电流通过时,在导线上产生的磁场被聚磁环聚集并感应到霍尔器件上,所产生的信号输出用于驱动相应的功率管并使其导通,从而获得一个补偿电流 I_s。这一电流再通过多匝绕组产生磁场,该磁场与被测电流产生的磁场正好相反,因而补偿了原来的磁场,使霍尔器件的输出逐渐减小。当与 I_p 与匝数相乘所产生的磁场相等时, I_s 不再增加,这时的霍尔器件起指示零磁通的作用,此时可以通过 I_s 来平衡。被测电流的任何变化都会破坏这一平衡。一旦磁场失去平衡,霍尔器件就有信号输出。经功率放大后,立即就有相应的电流流过次级绕组以对失衡的磁场进行补偿。从磁场失衡到再次平衡,所需的时间理论上不到 1 μs,这是一个动态平衡的过程。电流传感器工作原理如图 2 - 18 所示。

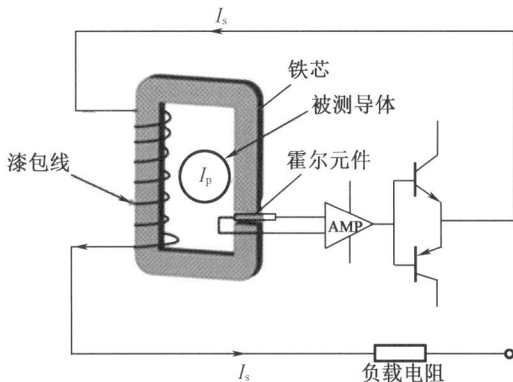

图 2 - 18　电流传感器工作原理图

(4)复杂工况报警规则

制造单元配置优化的目的是在加工质量和工期达到要求的前提条件下,使任务成本最低和能源消耗最少。针对制造任务,制造单元级资源配置(MURD)由 n 个制造单元(MU)有序组成,记为

$$\text{URD} = \{\text{MU}(1), \text{MU}(2), \cdots, \text{MU}(i), \cdots, \text{MU}(n)\}, \quad i \in [1, n]$$

式中:MU(i)为该制造任务中的第 i 个制造单元。

该问题可以简化为多目标优化问题,根据制造任务的基本属性信息,整个制造任务的时间约束为 T,成本约束为 C,质量约束为 Q,其中时间约束 T 可拆分为开始时间 B 与结束时间 E。参与该任务的各制造单元的成本、时间、质量约束分别表示为 C_i、$T_i(B_i、E_i)$、Q_i,则优化的约束条件为

整个任务的总时间约束:

$$\max\left(\sum_{i=1}^{n} T(i) + \sum_{i=1}^{n-1} T(i, i+1)\right) \leq T$$

各制造单元的时间约束:

$$E^i \leq B^{i+1}$$

整个任务的总成本约束:

$$\max\left(\sum_{i=1}^{n} C(i) + \sum_{i=1}^{n-1} C(i, i+1)\right) \leq C$$

整个任务的总质量约束:

$$\min \sum_{i=1}^{n} \frac{Q(i)}{n} \geq Q$$

各制造单元的质量约束：

$$\min Q(i) \geqslant Q^i$$

逻辑回归模型应用于喷嘴损坏的自动诊断。逻辑回归模型适用于推到多元非线性的自变量与因变量关系。我们的报警程序符合这种模型。

假设用 P 表示出现割嘴损坏的概率，Q 表示未割嘴损坏的概率，x_1、x_2、$\cdots$、x_n 表示对结果影响的 n 个因素。

用逻辑回归公式表示发生和未发生结果的概率分别为

$$P = \frac{e^{\beta_0 + \beta_1 x_1 + \cdots + \beta_n x_n}}{1 + e^{\beta_0 + \beta_1 x_1 + \cdots + \beta_n x_n}}$$

$$Q = \frac{1}{1 + e^{\beta_0 + \beta_1 x_1 + \cdots + \beta_n x_n}}$$

式中，$\beta_0 \cdots \beta_n$ 为逻辑回归系数。即：某一因素改变一个单位时，效应指标发生与否的概率之比的对数变化值。

（5）数据传输

切割机制造单元的数据源分析与集成技术的数据传输主要选用 HC - 05 蓝牙传输模块（图 2 - 19），该模块具有以下特点，适合装置数据传输。

①核心模块使用 HC - 05 模块，引出接口包括 VCC、GND、TXD、RXD、KEY 引脚和蓝牙连接状态引出脚（STATE），未连接输出低，连接后输出高。

②LED 指示蓝牙连接状态，快闪表示没有蓝牙连接，慢闪表示进入 AT 模式，双闪表示蓝牙已连接并打开了端口。

③底板设置防反接二极管，带 3.3V LDO，输入电压为 3.6 ~ 6 V，未配对时电流约 30 mA，配对后约 10 mA。

④口电平 3.3 V，可以直接连接各种单片机（51、AVR、PIC、ARM、MSP430 等）。

⑤单片机也可直接连接，无需 MAX232 也不能经过 MAX232。

⑥空旷地有效距离 10 m（功率等级为 CLASS 2），超过 10 m 也是可能的，但不对此距离的连接质量做保证。

⑦配对以后当全双工串口使用，无须了解任何蓝牙协议，支持 8 位数据位、1 位停止位、可设置奇偶校验的通信格式，这也是最常用的通信格式，不支持其他格式。

⑧可以通过拉高 34 脚进入 AT 命令模式设置参数和查询信息。

⑨体积小巧（3.57 cm × 1.52 cm），工厂贴片生产，应保证贴片质量，并套透明热缩管，防尘美观，且有一定的防静电能力。

⑩可通过 AT 命令切换为主机或者从机模式，可通过 AT 命令连接指定设备。

⑪支持从 4 800 ~ 1 382 400 bps 间的标准波特率。

该模块工作原理如图 2 - 20 所示，系统中的 DSP 采用 OMAP5910，该 DSP 是 TI 公司推出的嵌入式 DSP，具有双处理器结构，片内集成 ARM 和 DSP 处理器。ARM 用于控制外围设备，DSP 用于数据处理。OMAP5910 中的 DSP 是基于 TMS320C55X 核的处理器，提供 2 个乘累加（MAC）单元、1 个 40 位的算术逻辑单元和 1 个 16 位的算术逻辑单元，由于 DSP 采用了双 ALU 结构，大部分指令可以并行运行，其工作频率达 150 MHz，并且功耗更低。

图 2 - 19　HC - 05 蓝牙模块

OMAP5910 中的 ARM 是基于 ARM9 核的 TI925T 处理器,包括 1 个协处理器,指令长度可以是 16 位或者 32 位。DSP 和 ARM 可以协同工作,通过 MMU 控制,可以共享内存和外围设备,OMAP5910 可以用在多种领域,例如移动通信、视频和图像处理,音频处理,图形和图像加速器,数据处理。本系统使用 OMAP5910,用于个人移动通信。

DER5460 和 DGI385 的连接是本系统硬件连接的重点,使用 DGI385 的 MCSI 接口连接 DER5460 语音接口。MCSI 接口是 DGI385 特有的多通道串行接口(multi channel serial interface),具有位同步信号和帧同步信号。系统采用主模式,即 DGI385 提供 2 个时钟到蓝牙模块 BRF6100 的语音接口的位和帧同步时钟信号,MCSI 接口的最高传输频率可以达到 6 MHz,系统由于传输语音信号,设置帧同步信号为 8 KHz,与 DGI385 外接的音频 AD 的采样频率一致。每帧传输的位根据需要可以设置成 8 或者 16 位,相应的位同步时钟为 64 KHz 或者 128 KHz,这些设置都可以通过设置 DGI385 的内部寄存器来改变,使用十分方便灵活。

通信使用异步串口实现。为了保证双方通信的可靠和实时,使用 RTS1 和 CTS1 引脚作为双方通信的握手信号,异步串口的通信频率可设为 921.6 KHz、460.8 KHz、115.2 KHz 或者 57.6 KHz 四种。速率可以通过设置 DGI385 的内部寄存器来改变,DER5460 的异步串口速率通过 DGI385 进行设置。

由于其具有一个 ARM 核,双方的实时时钟信号可以使用共同的时钟信号,从而保证双方实时时钟的一致,由 DGI385 输出 32.768 KHz 的时钟信号到 BRF6100 的 SLOW_CLK 引脚。32.768 KHz 信号由外接晶体提供,晶体的稳定性必须满足双方的要求,一般稳定性要求在 5×10^{-7} 数量级。

将此蓝牙模块接入 Arduino 开发板可以实现如图 2 - 21 所示的数据传输流程。

接收器显示效果如图 2 - 22 所示,主要包括:运行时间、不规则波动次数、连接状态等。

2.2.2.3　切割制造单元电流数据报警系统成果

(1)电流公差带建立

布置 6 台切割机,跟踪了 100 个割嘴,记录了 354 块板件,获得了近 240 000 个电流数据。通过对现场电流数据绘制电流时序图并做出各个公差带下的电流范围值进行分析,得到以下电流公差带表格(表 2 - 1)。

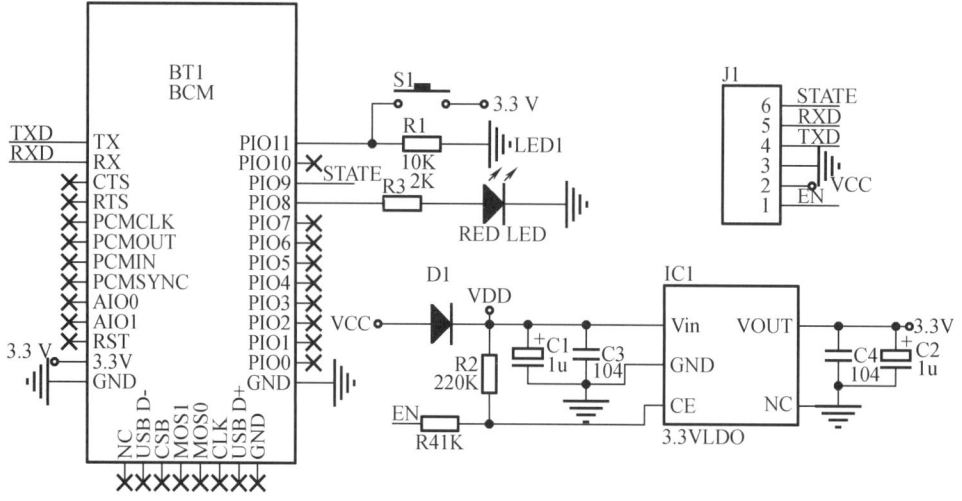

图 2 - 20　HC - 05 蓝牙模块原理图

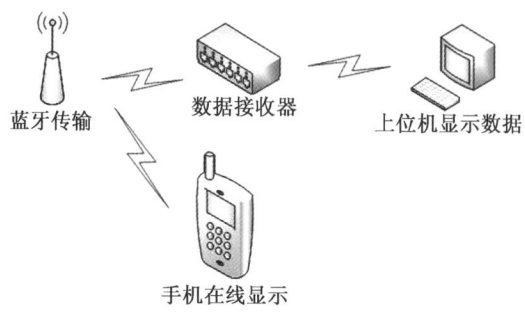

图 2 - 21　数据传输流程图

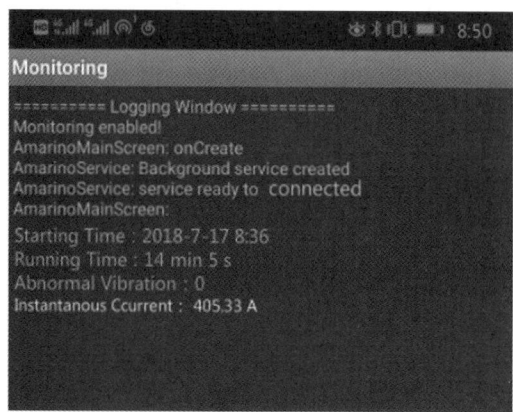

(a)手机接收器

图 2 - 22　接收器显示效果

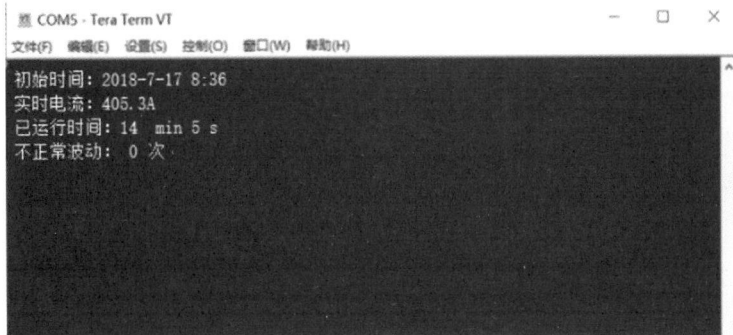

(b)电脑接收器

图 2 – 22(续)

表 2 – 1 电流公差带表格

初始设定 电流值/A	各个工况对电流的影响程度/%				
	无工况	坡口	板厚	切割速度	割嘴损坏
360	− 0.09 ~ 0.12	− 0.33 ~ 0.57	− 0.41 ~ 0.64	− 0.83 ~ 1.38	2.14 ~ 4.7
380	− 0.2 ~ 0.28	− 0.47 ~ 0.66	− 0.57 ~ 0.89	− 0.96 ~ 1.57	2.2 ~ 5
400	− 0.29 ~ 0.44	− 0.53 ~ 0.72	− 0.73 ~ 1.11	− 1.22 ~ 1.74	2.25 ~ 6

根据电流公差带编写了报警程序,程序运行流程图如图 2 – 23 所示。

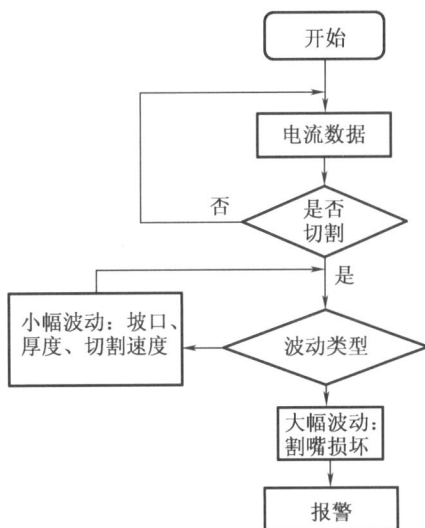

图 2 – 23 程序运行流程图

(2)切割机割嘴电流监控装置介绍

切割机割嘴电流监控报警装置如图 2 – 24 所示,该装置由主机和测量系统组成,整个装置质量 700 g,其中主机部分长 30 cm,宽 20 cm,高 10 cm,测量线长 1.5 m,便于携带,工人只需要将传感器安装好,再接通电源开关即可。当割嘴损坏时装置报警。

图 2-24　切割机割嘴电流监控报警装置

切割机电流监控装置主要由控制模块、显示模块、传输模块和报警模块组成。

①控制模块

图 2-25 是在装置中使用的 Arduino MEGA 2560 开发板,该开发板可以接收传感器输出模拟信号,单片机应具备模/数转换功能,能够连接报警器,实现报警功能。

功能介绍:

a. 使用 USB 数据线连接电脑或者电池驱动即可;

b. 兼容 Windows 系统,使用 Arduino 编程语言,可用电脑直接输入程序;

c. 0~15 为模拟信号输入(输出)端口,可直接与传感器输出端口相连;

d. 可方便地连接各式各样的电子元件,如报警器、传感器等。

图 2-25　Arduino MEGA 2560 开发板

②显示模块

图 2-26 是装置中使用的 Arduino UTFT 480×320 液晶显示屏。Arduino 开发板将电流数据通过 12 个 SPI 接口输入到显示屏中,显示屏中显示电流情况。

功能介绍:

a. 使用 Arduino 开发板 5V 串口驱动或 5V 电池驱动;

b. 兼容 Arduino 系统,使用 Arduino 编程语言,和开发板完美兼容;

c. 12 个 SPI 接口数据输入稳定，与 Arduino 开发板连接好；

d. 可方便地显示实时电流运行情况、装置运行时间。

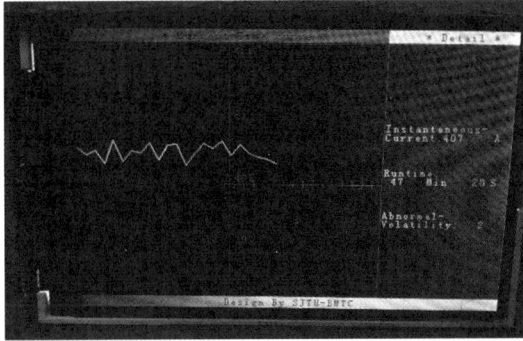

图 2 – 26　Arduino UTFT 480 × 320 液晶显示屏

③传输模块

装置可用通过蓝牙传输和 USB 传输，具有时效性、快速性的特点。

功能介绍：

a. HC – 05 主从一体蓝牙系统可以传输数据到电脑手机，快速方便；

b. Arduino 开发板的 USB 接口（图 2 – 27）可以和电脑相连接，实现对程序的控制。

图 2 – 27　Arduino 开发板 USB 接口

④报警模块

报警模块必须满足现场噪声大、干扰多的复杂情况，飞腾 AD – 103 报警器声压大于 120 dB，闪动频率 150 次/min，如图 2 – 29 所示。

功能介绍：

将报警器接入单片机的电流输出接口，当电流发生不正常波动时装置报警，提醒操作员及时更换割嘴。

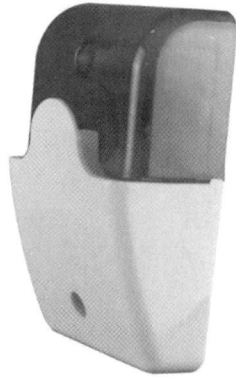

图 2 - 28　飞腾 AD - 103 报警器

（3）切割机割嘴电流监控装置效果验证

使用本装置更换切割机割嘴只要分为四个步骤，一是装置报警，二是工人检查板件，三是更换割嘴，四是继续切割，如图 2 - 29 所示。

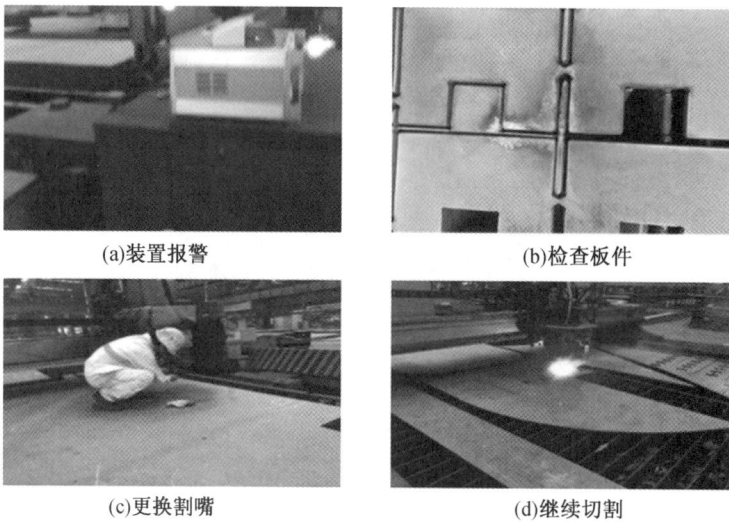

(a)装置报警

(b)检查板件

(c)更换割嘴

(d)继续切割

图 2 - 29　更换割嘴步骤

不断调整程序中的公差带范围，验证效果，并制作装置报警情况表（表 2 - 2）。可以看到出现不良状态的切割距离和装置报警距离有一定缩小。工人使用该装置进行割嘴更换，取得了较好的效果。

表 2 - 2　装置报警情况表

序号	测试日期	报警时切割距离/m	出现不良状态的距离/m	距离差/m	工人更换距离/m
1	6.19	290	220	70	350

表 2 - 2(续)

序号	测试日期	报警时切割 距离/m	出现不良状态的 距离/m	距离差/m	工人更换 距离/m
2	6.20	未报警	170	无	190
3	6.21	200	140	60	220
4	6.21	240	200	40	310
5	6.22	240	300	-60	320
6	6.26	未报警	250	无	270
7	6.27	260	310	-50	320
8	6.28	250	270	-20	330
9	6.29	未报警	无	无	300
10	6.29	200	250	-50	270
11	7.2	240	260	-20	280
12	7.2	260	270	-10	300
13	7.3	350	370	-20	370
14	7.4	390	420	-30	420
15	7.5	380	380	0	380
16	7.6	210	240	-30	320
17	7.6	240	200	40	290
18	7.9	340	320	20	340
19	7.10	260	240	20	260
20	7.11	340	340	0	340

2.2.3　焊接制造单元误差来源分析与集成应用

2.2.3.1　焊接制造单元误差来源分析

焊接作为一种灵活高效的连接方式被广泛应用于船舶等制造业,它是一个涉及传热、电物理、力学等的复杂过程。与铆接技术相比,焊接技术消除了搭接接头的连接方式,同时简化了船体结构,在保证船舶的必要强度的前提下,焊接技术能够将船体质量减小20%;因工艺简化,制造过程的自动化以及消除了钻孔、扩孔、打铆钉等繁琐的工序,降低了船舶的总体造价,同时大部分建造工作转移到车间内进行,解决了因天气因素影响建造进度的问题,使船舶建造速度大幅提高。但焊接技术也带来了一系列质量上的问题,主要表现为焊接后船舶的船体结构尺寸和形状的变化,使船体的后续装配工序达不到工艺要求,需要耗费大量的人力进行修改;另一方面,焊接会产生焊接变形及焊接缺陷,降低了船舶结构的承载能力。焊接缺陷的存在直接影响焊缝的质量,而焊缝的质量直接影响船舶的建造质量。

因此,焊缝质量尤为重要。需要了解焊接缺陷,做到及早发现焊接缺陷,对焊缝的质量做出客观评价,把焊接缺陷限制在一定的范围内,降低缺晦的发生率,焊出合格的焊缝,保证船舶的建造质量,进而保障船舶航行安全。在船舶建造焊接过程中,影响焊接的质量、使焊接产生缺陷的因素很多,如焊条与母材的匹配、焊条本身的质量、焊接人员、焊接技术、焊接设备、焊接应力和变形、焊接工艺参数、坡口的加工及清理、焊接时天气状况等。缺陷的种类主要可以分为以下几种。

（1）焊缝外观尺寸和形状

在焊缝质量检验标准中对焊缝的余高、焊肉的不平度、焊缝的宽窄、焊角、焊喉等焊缝外形尺寸和形状都有要求,不满足要求的焊缝都属于有缺陷的焊缝(余高高低不平、过高或者过低、焊缝的宽窄不齐、过宽或者过窄、角焊缝焊偏向一侧),这种焊缝严重影响了焊接质量及焊接结构的强度,需要及时返修。焊缝外观尺寸和形状不符合要求的原因如下。

①焊接时运条不当,摆动过大或者过小都会使焊缝宽窄不一,这种焊接方式严重影响焊缝的美观,降低焊接结构的强度。

②焊接时运条过慢,余高过高,会形成应力集中区域;运条过快,余高过低,会使焊接结构强度降低。

③角焊缝焊接时焊条与母材之间的角度不对,造成偏边,使应力分布不均,减少角焊缝的有效截面积,减低辉接结构的强度。

④焊接结构的装配间隙不均,坡口角度不对,焊接时的电流不符合工艺要求也会产生焊缝外形尺寸和形状不符合工艺要求的缺陷。

预防的措施是按照焊接工艺规程施工,控制间隙、坡口、焊接时的电流大小及焊接速度,特别是在焊接角焊缝时更要注意焊条与母材之间的角度。

（2）飞溅

在焊接过程中,由于焊工操作不当,使焊缝烙池中的金属炫液瓣射到焊道外,冷却后形成密集球状残渣的现象称为飞溅。飞溅的存在,严重影响目视检查,需要清除。飞溅产生的原因主要是电流过大,焊接时要选用适当的焊接电流。

（3）咬边

在焊接过程中,由于焊接人员操作不当,使焊缝边缘形成凹陷的现象称为咬边,船厂工人一般称之为咬肉。咬边会减小焊接有效工作截面,同时在咬边处极易造成应力集中,减少焊接结构的强度。产生咬边的原因主要是焊接电压过高,电流过大,运条速度过快或焊接手法不对。在角焊缝焊接时,造成咬边的主要原因是焊条角度与母材角度不对,电弧拉得太长。预防的措施是按照焊接工艺规程选择合适的焊接电流和运条手法,角焊缝焊接时应重点注意控制焊条角度和电弧长度。

（4）焊瘤

焊瘤是在焊接过程中,溶池中烙化的金属流溅到焊缝外面,在未烙化的母材上凝固形成金属瘤的现象。焊瘤经常出现在单面焊双面成形的焊缝的背面和横焊,立焊及仰焊焊缝的表面。焊缝存在焊瘤不但影响焊缝成形的美观同时极易造成表面的夹渣,严重影响焊缝的质量。焊瘤产生的主要原因是操作手法不够熟练,运条不均,焊接速度过慢,焊接时电流或者电压过大。预防焊瘤产生的主要措施是掌握熟练的焊接操作技术,严格控制熔池温度,按照焊接工艺规程选取电流电压,均匀运条。

(5)弧坑

在焊接结束时,由于断弧或收弧不当,焊条或者焊丝过早离开焊接区域,在焊缝的末端形成的低注部分称为弧坑,弧坑存在的同时常伴有气孔、裂纹等缺陷,此处焊缝的结构强度降低,机械性能严重削弱,严重影响焊接质量。弧坑产生的原因是焊接时焊工突然中断,导致熄弧的时间过短,或者是焊接时焊接电流过大。预防弧坑产生的主要措施是在手工电弧焊焊接收弧时,不能突然中断,焊条应做短时间停留。焊接质量检验可分为破坏性检验和非破坏性检验。破坏性检验由于要破坏焊缝,一般很少使用,而非破坏性检验又分为目视检验及探伤试验。船舶焊接检验的过程基本上是由焊前检验、焊接过程控制、焊接后检验等三个环节组成。但是目前对焊接检测的自动化程度低,主要依靠人工进行,所以对焊接过程的数据进行检测,并根据实时的信息指导焊接过程可以保证最终产品的质量。

2.2.3.2　焊接制造单元数据源集成应用

(1)集成数据源来源

针对焊接制造单元质量环节进行数据源监测、集成管控能够有效提高焊接质量,主要从六个方面进行数据监测集成,来实现高效高质量的焊接,包括人员信息、焊接设备状态、焊接材料信息、焊接工艺规范数据指导、环境监测以及现场监测。

①人员信息

在船舶焊接作业过程中,焊接工人占有非常重要的地位,船舶焊接缺陷的形成有很大一部分是人为操作不当或是责任心不强所致,这就需要我们提升施工人员的业务能力。为了更好地提升施工人员的业务能力,应对入厂人员信息进行监测,做到以下几点。

a.加强焊工培训,提高焊接技能,确保焊工持证上岗。未取得相应焊工证的焊工不能从事相关的焊接工作。

b.提高焊工的质量意识,建议各个船厂建立相应的奖惩制度。

c.生产部门和质量部门应加强对焊接质量监管,责任落实到人。做到在提交船东检验之前首先进行自检和互检,在自检、互检合格的情况下再行交由船厂质量部门进行检验,检验合格后再行提交船东进行最终验收。

②焊接设备状态

焊接设备如果使用年限过长,需要及时更新换代,这样可以有效地保证焊接质量。对现有的焊接设备需要及时进行维护和保养,使得焊接设备始终处于一个良好的运行状态。咬边缺陷的形成和焊接设备的老化有直接关系,另外其他焊接缺陷也与焊接设备不良有关,所以及时更新焊接设备并进行维护保养意义重大。此外,在日常使用电焊机方面应做到如下几点。

a.操作者必须详细了解焊机性能,熟悉操作规程,掌握日常维护保养办法,严格执行安全技术操作规程。

b.高效焊机不准露天放置,在室外作业使用的高效焊机,必须配备钢制保护箱,保护箱内能够合理摆放焊机电源箱、机头及配属焊机使用的其他附件。箱内物件应清洁、整齐、有序。

c. 在厂房内使用的电焊机应定位摆放,如需经常移动使用的焊机,应配置金属保护框架,高效焊机应配制钢制保护箱。

③焊接材料信息

船舶焊接材料在船舶焊接作业中起着非常重要的作用,因为焊接原材料的好坏会直接影响到焊接产品的质量。所以焊接材料从购买、仓储到使用各个环节都非常重要。在采购焊接材料时,要选择符合标准要求、质量良好的焊接材料。在采购时需要事先考察供方的资质,依据有关部门提供的焊材合格供方名录进行供方选择。另外可以对供方企业进行实地考察,查验其是否获得相应的船级社认可证书并已及时换证。在选择焊接材料时,可以到生产厂家实地查看,选材原则一般包括与母材强度、韧性、塑性、耐腐蚀性等综合性能匹配。还有就是焊接工艺简单,容易实现良好的接头。另外对于不符合相关标准规范要求、质量不过关的焊条杜绝使用。当在使用过程中看到焊芯生锈、药皮失效不能正常使用时,应该及时封存并通知质量管理部门现场查看,同时联系厂家及时找出原因,及时整改,不能按期整改的进行换货、退货处理。针对现场不同的使用环境选择相应材质的合适的焊接材料,另外在对焊接材料的保管与发放方面应做到如下几点。

a. 凡是到货入库的焊接材料(焊条、焊丝、焊剂)应按照品种、规格、材质、批号、类别分开存放,并及时组织相关人员进行检验,合格后方可使用。

b. 对检验不合格的焊接材料要单独存放,并做好标识,妥善保管。

c. 焊材库内需要设有湿度表、除湿机、吊车、消防设施。库内温度不得低于 20 ℃,湿度保持在 60% 以下,要求每天早中晚做温湿度记录,进行焊材保管质量控制。

d. 焊材保管应按品种、牌号、批号、规格和到货时间分类码垛存放。要求标识清楚、摆放整齐、安全可靠,便于检查和发放。

④焊接工艺规范数据化指导

焊接工艺规范是对船舶焊接的指导性规范,对于焊接工人进行焊接作业具有指导性意义。严格地按照焊接工艺规范执行并能够做到对不遵守焊接规范的行为进行制止并改正的行为非常必要。针对焊接工艺规范应该做到如下几点。

a. 制定焊接工艺规范之后能够认真履行相关要求,严格按照程序执行相关焊接工作。

b. 对于焊接的相关工艺进行严格把控,尤其要选择合适的焊接电压、电流,并选用合适的速度进行焊接作业。

c. 对于焊接坡口的大小进行正确选择,并选择合适的角度进行焊接作业,另外留有合适的装配间隙也非常重要。

d. 施行现场巡检制度,告知焊接人员应避免在阴雨天进行焊接操作。

e. 对于坡口周围进行认真清理,应确保不生锈并及时去除油污以及其他杂质。

⑤环境监测

船厂大多都是在沿海或靠近河流的地方,空气湿度较大。在焊接作业时遇到极端恶劣天气,尤其是空气比较潮湿和风比较大的情况时,由于有大量的水分存在,极易引起气孔缺陷的产生,严重的会引起裂纹缺陷的产生。为了减少和避免恶劣环境对于焊接造成的不利影响,我们可以在使用焊条的过程中尽量做到用多少取多少,未使用的焊条及时放到焊条保温筒内。另外,在天气比较寒冷的情况下焊接工人要注意保暖,多穿防寒衣物,避免因低温影响焊接质量,有条件的地方可以搭简易的焊接棚。此外,严格按照焊接工艺执行。这些都会尽量减少不良环境对船舶焊接质量的不利影响。

⑥现场监测

影响焊接作业质量的几大重要因素中包括焊接电压、焊接电流、现场温湿度等。在现场施焊过程中,部分焊接工人片面地为了加快施工速度,未按照焊接工艺规程要求擅自增加焊接电压电流,极易产生烧穿和咬边等缺陷,同时还会损伤母材,并使焊缝温度过高,影响焊缝的机械性能。另外焊接电流太大时,还会造成焊条末端过早发红,使焊条药皮脱落和失效,从而导致产生气孔缺陷。为了抢工程进度,经常出现在现场温湿度未达到焊接工艺规程要求的情况下进行施焊的情况。在潮湿的天气里,热传导率增加,焊接接头冷却速度加快,有冷作硬化的倾向。另外焊缝及热影响区的硬度增大会降低韧性,致使焊接残余应力集中,降低焊缝机械性能。

针对上述问题,如果能够很好地规范焊接电压和电流并控制好温湿度,将会有效地减少焊接缺陷出现的频次和频率。首先,可对焊机的电压、电流进行高位设限,使得焊接电压最高不能超过 300 V,这样客观上就能使得焊接工人不能够采用过高电压和电流进行施焊,从而避免出现质量问题。其次,可以在焊机电流、电压显示处以及温湿度表处安装摄像头,并设置中央控制室,由专人对施工现场施行全程监控。如果发现有违规施工的情况,及时制止并予以相应处罚。此外,对于重要结构件的焊接进行现场录像,对包括焊接前的预热、焊接时的温湿度、焊接电压和电流以及整个焊接过程都记录下来,以保证焊接质量要求,并做到对重要结构件焊接过程可追溯。

(2)电气控制系统

本套系统需控制的分系统包括激光跟踪器、电机等。项目拟采取如图 2-30 所示的总控方案。总控方案由管理层、执行层和物理层构成。管理层即为用户层面,用户通过 HMI 对系统进行操作,实现相应的加工功能;执行层即为控制层面,本系统主要以西门子 PLC 为主控制器,连接激光跟踪器、电机系统、输入输出系统等;物理层即为具体运动的元器件。总控 PLC 预备有以太网数据接口,协议可以是 PROFINET 等,可开放接口连接,实现工序信息流的有效传递和收集。

主要元器件选型方案如下。

①控制器模块

CPU 1513F(图 2-31)1PN 为 SIMATIC S7-1500 系列中央处理器单元,指令内存为 300 KB,数据内存为 1.5 MB,同时需要 CF 卡,选用 4 M。

②数字量输入/输出模块

如图 2-32 所示为数字量输入/输出模块,数字量输入模块选用 32DI,DC 24 V 基本型,25 mm 模块,具有 32 路数字输出;数字量输出模块拟选用 32DQ,DC 24 V/0.5 A 基本型,25 mm 模块,具有 32 路数字输入;由于 PLC 与 DI 和 DQ 模块采用总线背板实现通信,因此选用型号为 6ES7590 – 1AC40 – 0AA0 的安装导轨。

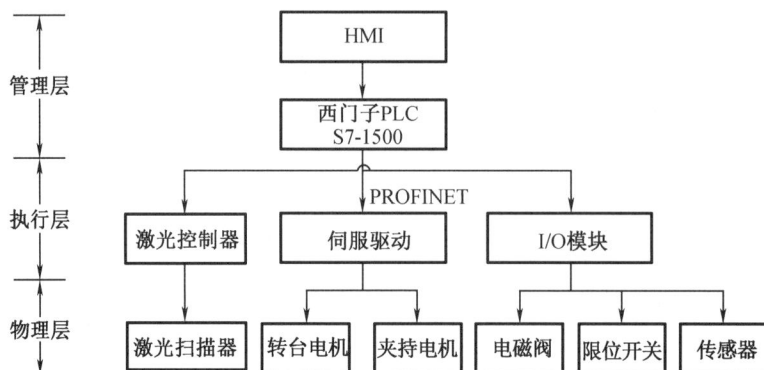

图 2 – 30　总控方案示意图

图 2 – 31　CPU 1513(F)

图 2 – 32　数字量输入/输出模块

③工业以太网交换机

由于需要至少 4 个以太网口, PLC 本身自带 2 个以太网口, 因此选取西门子 SCALANCE X005 交换机(图 2 – 33), 型号为 6GK50050BA001AB2。

图 2 – 33　西门子工业以太网交换机

④运动伺服驱动

本控制系统选用西门子 V90 系列伺服驱动(图 2 - 34),SINAMICS V90 PN 版本集成了 PROFINET 接口,可以通过 PROFIdrive 协议与上位控制器进行通信。

SINAMICS V90 伺服驱动和 SIMOTICS S - 1FL6 伺服电机组成了性能优化、易于使用的伺服驱动系统,八种驱动类型,七种不同的电机轴,功率范围从 0.05 kW 到 7.0 kW 以及单相和三相的供电系统使其可以广泛用于各行各业,如:定位、传送、收卷等设备中,同时该伺服系统可以与 S7 - 1500T/S7 - 1500/S7 - 1200 进行完美配合,实现丰富的运动控制功能。

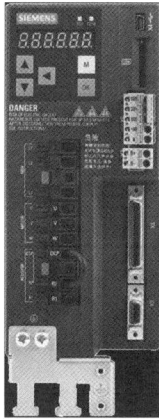

图 2 - 34　V90 伺服驱动

⑤电控柜

为了保证操作人员的安全,对电气柜进行了强弱电分离设计。操作台和电气柜示意图如图 2 - 35 所示,操作台中只存在弱电,包括控制和采集信号;电气柜中放置驱动器等强电设备,操作台和电气柜之间使用一条控制线连接。

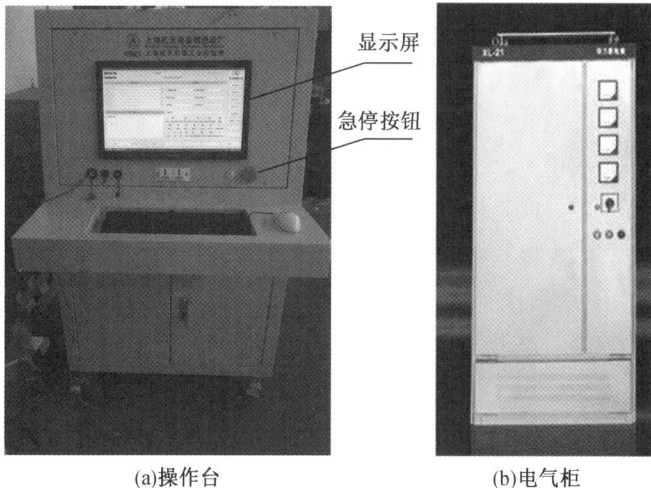

显示屏

急停按钮

(a)操作台　　　　　　　　　(b)电气柜

图 2 - 35　操作台和电气柜示意图

2.2.3.3 焊接制造单元识别与定位集成系统成果

激光焊缝识别与定位集成系统通过计算检测到的焊缝与焊头之间的偏差,输出偏差数据,由运动执行机构实时纠正偏差,精确引导焊头自动焊接,从而实现对焊接过程中焊缝的智能实时跟踪(图2-36)。焊缝跟踪器支持打磨专机设备(专业自动化打磨设备)的连接和控制,支持与常见PLC设备的通信,支持常见的多轴运动控制器的连接,同时支持多种国内外六轴机械臂的通信和控制等功能。

图2-36 激光焊缝识别与定位集成系统

2.2.4 打磨制造单元误差来源分析与集成应用

2.2.4.1 打磨制造单元误差来源分析

随着对船舶的质量和力学性能的提高,相应的工艺及加工方法也越来越成熟。尤其是大型焊接板件的应力要求,在拉力试验中影响应力非常重要的部位就是闪光焊接的焊口。在焊口焊完后经过去刺和压档成型,需要对其表面进行打磨,保证表面平整、光滑、发亮,表面质量符合要求。目前传统的方法是人工持砂轮打磨枪打磨焊缝,但是这样的表面质量很难保证,经常能检查出某些链环的焊缝处表面质量较差,不合格率较高,从而影响生产效率以及在实际使用过程中出现应力较差的情况,无法满足要求。砂带磨削与传统的磨削相比有很大的优点,已经是一种主要的加工工艺。尤其是一些表面形状复杂的零部件等难加工的材料,更是将砂带磨削作为首选的加工方式。砂带磨削是一种特殊形式的磨削,基材、磨粒和黏接剂合称砂带必备三要素。砂带表面的许多磨粒在一定的压力作用下与工件表面直接接触以实现磨削加工。嵌入在砂带表面的磨粒以一定的速度和切削力在工件表面做切削。影响表面预处理的因素主要有三个:砂轮速度、进给速度、磨削深度。

2.2.4.2 打磨制造单元数据源集成应用

（1）打磨工艺参数

在磨削过程中，关键问题之一是对打磨工具的运行参数和打磨作用力（磨削深度）的控制。控制打磨工具在给定的路径轨迹和速度下，保证磨削头与接触表面的作用力适当，以达到打磨抛光的目的。

磨削的过程相当于磨削头上磨削刃对待加工工件表面的切削作用，Preston 模型是最著名的一个研磨材料去除模型，通过对加工过程中的曲面曲率进行控制，可以实现对材料去除率的预测，从而提高工件被研磨表面的粗糙度。Preston 模型如下：

$$\frac{\mathrm{d}h}{\mathrm{d}t} = K_p \times F \times v_s$$

式中　$\dfrac{\mathrm{d}h}{\mathrm{d}t}$——单位时间内工件材料去除量的变化率；

　　　K_p——Preston 系数；

　　　F——打磨面上的压力（与磨削深度 a_p 成正比）；

　　　v_s——磨削头与工件表面之间的相对线速度。

由于受到待加工表面的材料性能和特性限制，在实际的不锈钢材料表面的表面打磨中，F 和 v_s 将在合适的参数值范围内满足上式；F 与打磨时的磨削深度成正比，v_s 与打磨刀具与工件的轨迹路径有关，可以通过调节打磨刀具的横向进给速度 v_f 设定。

因此，对不锈钢器械表面加工效率和表面质量影响比较大的磨削工艺参数主要包括磨削工具线速度（v_s）、进给速度（v_f）、磨削深度（a_p）以及法向磨削力（F）。

打磨工艺参数制定路径如图 2 – 37 所示。

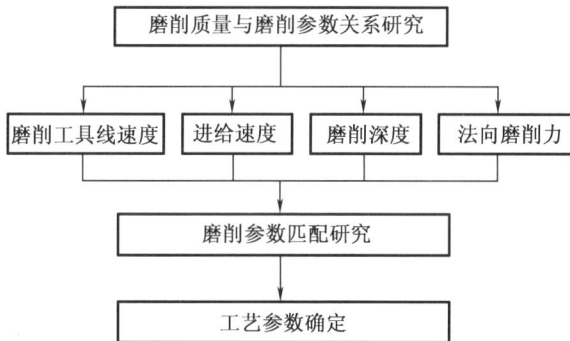

图 2 – 37　打磨工艺参数制定路径

结合前期的打磨工艺基础，本项目拟采用正交试验法对 4 因素多水平进行正交试验，以表面粗糙度或材料去除率为指标，设计如下试验。

试验采用正交表 $L_{16}(4^5)$ 来安排试验，以表面粗糙度 R_a 为指标，砂带线速度 v_s、进给速度 v_f、磨削深度 A_p、法向磨削力 F、单个焊漏的磨削时间 t 为试验因素，每个因素各选取四个水平，如表 2 – 3 所示为实验因素水平表，表 2 – 4 所示为试验方案及结果。

表 2 – 3　试验因素水平表

水平	砂轮线速度 A /(m·s⁻¹)	进给速度 B /(mm·s⁻¹)	磨削深度 C /mm	法向磨削力 D /N	磨削时间 E /s
1	20	2	0.2	40	1.5
2	36	5	0.6	60	2
3	45	8	1.0	80	2.5
4	60	12	2.0	100	3

表 2 – 4　试验设计及结果

试验号	列号				
	A	B	C	D	E
1	1	1	1	1	1
2	1	2	2	2	2
3	1	3	3	3	3
4	1	4	4	4	4
5	2	1	2	3	4
6	2	2	1	4	3
7	2	3	4	1	2
8	2	4	3	2	1
9	3	1	3	4	2
10	3	2	4	3	1
11	3	3	1	2	4
12	3	4	2	1	3
13	4	1	4	2	4
14	4	2	4	1	4
15	4	3	2	4	1
16	4	4	1	3	2

　　根据试验结果分析各个参数的变化对于表面粗糙度或材料去除率的影响,以及各个参数所占的比重。

　　(2)打磨系统整体集成方案

　　该系统实现打磨所需的动作有:工件台平移、工件台旋转、打磨头电机旋转、自动换取刀具、刀具柜门开闭、除尘设备启停等。整体电气功能的连接如图 2 – 38 所示。

　　该系统的控制器选用 Simotion D 和伺服 Sinamics S120 来实现,并选用 5 个伺服电机实现工件台平移、工件台旋转、打磨头工具旋转功能;通过 PROFINET 通信方式实现 Simotion D 和机器人之间的通信;Simotion D 通过 TCP/IP 网络总线与人机交互进行通信;选用数字

I/O 来控制快换接头、刀具库门气阀、除尘设备、报警装置和接收限位开关信号。

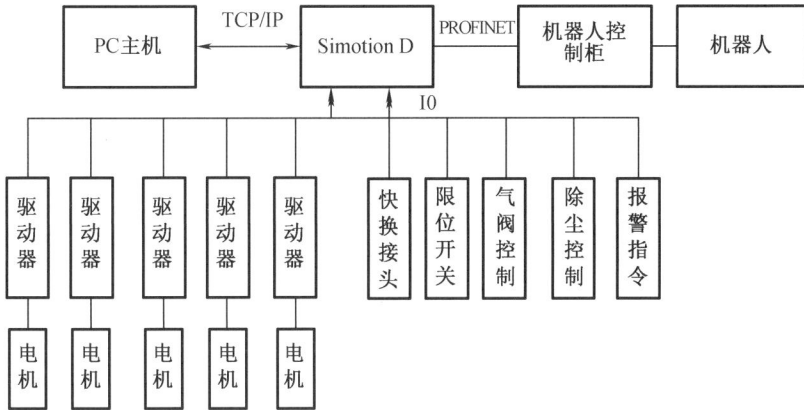

图 2 – 38　整体电气功能连接逻辑

由控制方案设计的控制系统层次结构示意图如图 2 – 39 所示。

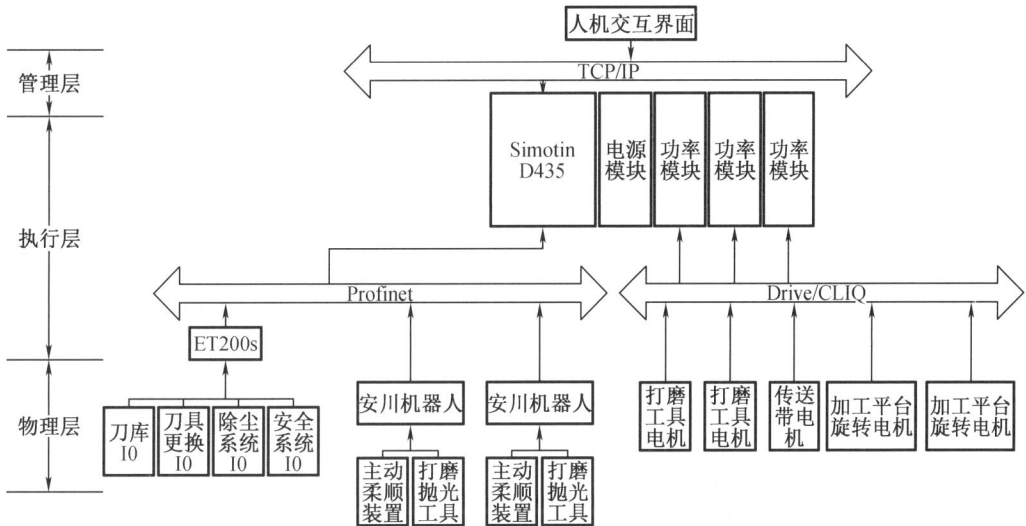

图 2 – 39　控制系统层次结构示意图

主要电气设备或元器件选型如下。

①西门子运动及逻辑控制器

西门子 Sinamics S120 系列与可编成逻辑控制器 PLC 集成系统,其组成如图 2 – 40 所示。该系统主要由 CPU 模块、运动模块、逻辑模块、信号模块、功能模块、通信处理器、电源模块等组成。

图 2 –40　西门子 Simotion D 与 Sinamics S120 系列

伺服驱动系统在整个数控系统中的作用是实现位置环、速度环、电流环的闭环控制,本方案采用西门子 Sinamics S120 DC/AC 双轴驱动器,Sinamics S120 是西门子公司推出的全新的集 V/F、矢量控制及伺服控制于一体的驱动控制系统,它不仅能控制普通的三相异步电动机,还能控制同步电机、扭矩电机及直线电机。其强大的定位功能将实现进给轴的绝对、相对定位。内部集成的 DCC(驱动控制图表)功能,用 PLC 的 CFC 编程语言来实现逻辑、运算及简单的工艺等功能。

电源模块的作用是将输入的三相交流 380 V 交流电压通过整流电路转换成 600 V(DC),供给伺服驱动模块,同时产生驱动模块控制所需的辅助控制 24 V 电压。输入的三相交流电首先需要经过电源滤波器、匹配电压器、整流电抗器等电源三件套进行处理。整流电抗器的作用是抑制电网干扰,提高可靠性,以满足电源模块能量存储方面的需要,如图 2 –41所示。

电机模块就是所谓的西门子伺服驱动器,如图 2 –42 所示,本项目中工件输送平台的电机选用西门子伺服电机,配合运动控制模块和光栅尺信号反馈以实现精确定位功能。

图 2 –41　电源模块　　　　　图 2 –42　电机模块

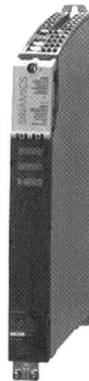

西门子 ET 200 分布式系统是自动化系统的基础,现场层的各个组件和相应的分布式

设备通过 PROFINET、PROFIBUS 和上层的可编程控制器(PLC) 实现快速的数据交换,是可编程控制器系统的重要组成部分。开放 PROFINET 和 PROFIBUS 通信标准,给自动化系统带来灵活的连接方式,如图 2 - 43 所示。

图 2 - 43　西门子 ET 200S

②打磨/抛光机器人

综合考虑打磨机器人末端执行器的总重和座椅底座的尺寸,本套机器人选用了某公司某六轴工业机器人,其运动域范围如图 2 - 44 所示,该机器人为典型的工业 6 自由度机器人。该机器人性能指标如图 2 - 45 所示,重复定位精度 ±0.07 mm,机器人本体质量为 550 kg,工作温度为 0 ~ 45 ℃。

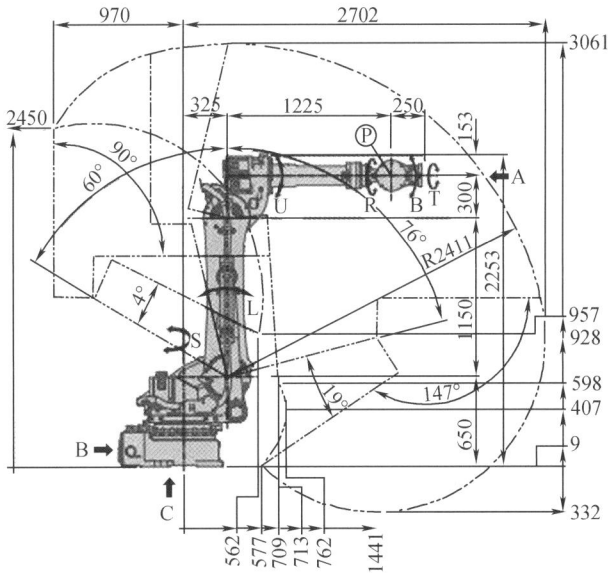

图 2 - 44　机器人运动区域范围

图 2 - 44（续）

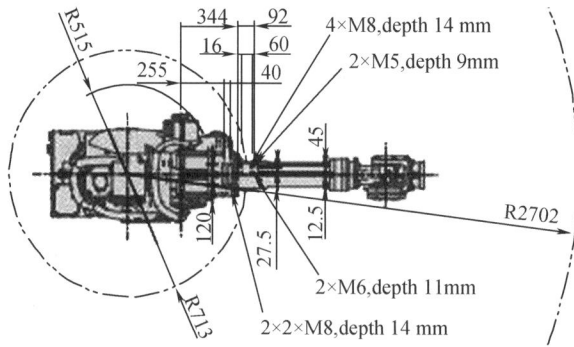

图 2 - 45　机器人性能指标

机器人系统组成如表 2 - 5 所示。

表 2 - 5　机器人系统组成

型号组成	型号	数量
Robot 机器人		1
DX200 控制柜		1
示教器	MOTOMAN MS165	1
Profinet 通信模块		1
Profinet 软件		1

③除尘系统

本方案拟采取"房间整体集尘"的除尘设计方案。美国 UAS 公司提供有打磨工作间 MCB 系列除尘器,如图 2 - 46 所示。MCB 系列滤筒除尘器在捕集粉尘的同时,还能给工人提供足够的作业空间,使工人行动不受限制。MCB 滤筒除尘器可以单独使用或者拼起来做打磨工作间。MCB 工业除尘器使用脉冲清灰技术,比同类产品降低 50% 的噪音等级。而且这种除尘器安装时不需要安装任何管道,减少模块组装和简化电力安装。根据不同的粉尘,选用不同的过滤介质,处理风量范围处于 4 500CFM 到 36 000CFM 之间。除尘器由两个按钮控制,即"Power""Clear"。

图 2-46　MCB 系列除尘器

④伺服电机

考虑到兼容性,该系统中的工作台平移、工作台旋转、打磨头电机选用西门子电机。具体型号根据机械部分设计确定。由于该系统中的平台移动、平台旋转都需要精确的定位,所以选用西门子的 1FK7 系列紧凑型同步伺服电机,如图 2-47 所示。

1FK7 电机是高度紧凑型的永磁同步电机。根据不同的应用,可以选择相应的编码器,以完成速度和位置的精确控制。电机只能自然风冷,没有外部冷却系统,热量通过电机表面散发。该电机有很强的过载能力。

图 2-47　西门子 1FK7 系列电机

⑤接近开关

为了保证移动平台的安全性,确保平台移动不超出导轨或受撞击,需在移动平台的两端安放接近开关,为实现冗余感应,在导轨的每一端放置两个接近开关。该系统中选用欧姆龙的 E2B 系列接近开关 E2B - M30KS10 - WP - C1 2M,其实物如图 2-48 所示。

图 2 - 48　接近开关图

欧姆龙的 E2B 系列黄铜标准长度圆柱电感接近传感器设计用于提供可靠的性能,适用于标准工业环境。此系列的电感传感器具有易于读取的代码。它们还具有明亮的圆形 LED 指示灯,可快速通过视觉识别其工作状态。这两个特点可减少维护所需的成本和时间。其相关参数如表 2 - 6 所示。

表 2 - 6　接近开关相关参数指标

参数	指标
IP 防护等级	IP67
切换电流	200 mA
切换频率	250 Hz
外壳材料	黄铜
尺寸	41 mm
屏蔽	完全
最低工作温度	- 25 ℃
最高工作温度	70 ℃
最大直流电压	30 V
极性反接保护	是
检测范围	15 mm
电源电压	12→24 V 直流
螺纹尺寸	M30
输出类型	NPN
长度	41 mm

⑥报警装置

该系统中主要的报警装置为警示灯,选用上海天逸有限公司的单层多色警示灯 JD501 - C04RGY024。

该警示灯具备单层多色功能,免去了多个灯体实现多色占据的空间,灯闪形式可选。

采用5050贴片封装,LED色彩比老产品更加艳丽。三色灯具备红、黄、绿三色,防护等级IP65,实物如图2-49所示。

⑦气阀

该系统中刀具柜的门在机器人取完刀头后需要关闭,利用电磁阀实现气动门的开启和关闭控制。选用PARKER公司的P31系列的电磁阀,如图2-50所示,相关参数如表2-7所示。

图2-49　警示灯图

图2-50　电磁阀

表2-7　电磁阀相关参数指标

参数	指标
主体材料	铝
制造商系列	P31
功能	3/2
安装样式	独立
执行类型	先导/弹簧
最低操作温度	-10 ℃
最大操作压力	10 bar
最大流量	36SCFM
最小操作压力	3 bar
最高操作温度	50 ℃
线圈电压	24 V 直流
螺纹尺寸	1/4 in
螺纹标准	G
装有电磁阀	是
连接口螺纹	G 1/4

（3）电气系统逻辑设计

电气系统逻辑主要包括了正常工作逻辑、机器人换刀逻辑和异常情况处理逻辑,本书只对日常工作逻辑进行展示。

正常工作逻辑示例:

正常工作下状态在上电后需要对所有状态进行检测,一切正常后进行打磨。在打磨过程中,需要对各种检测传感器进行读取以确保各种动作到位。当检测到异常时,需要暂停工作进行人为干预。其整体流程逻辑如图 2 – 51 所示。

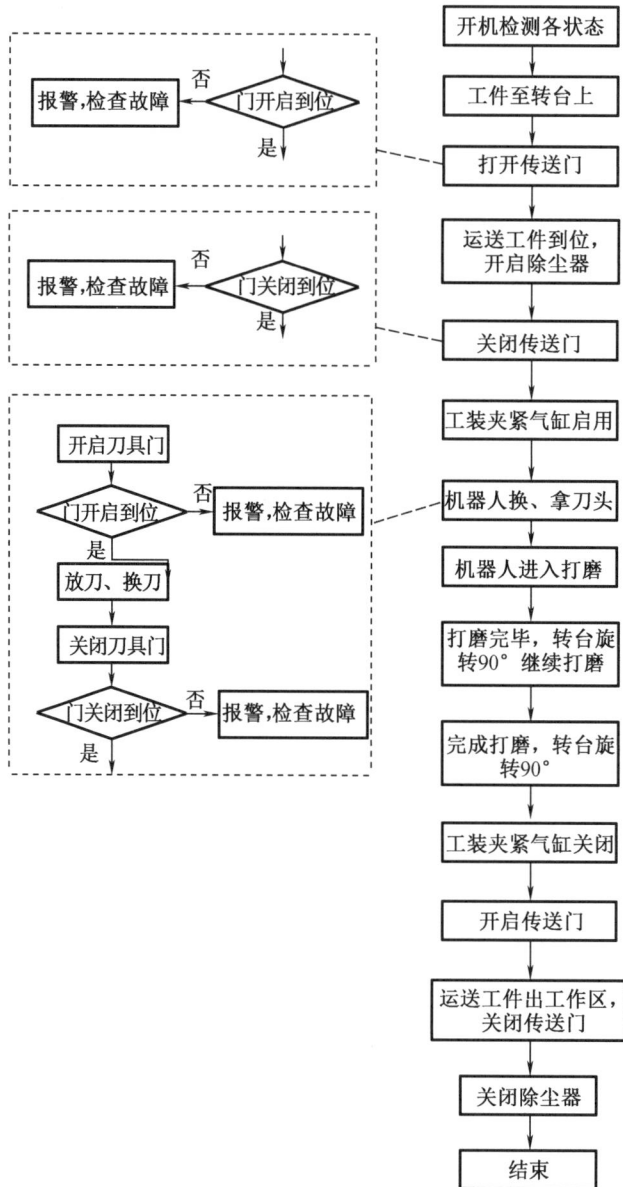

图 2 – 51　打磨基本流程逻辑图

（4）打磨装置设计

根据焊漏的空间位置和分布状态，首先对自控座椅底座的 38 个待打磨焊漏进行分类，如表 2 -8 所示。

表 2 -8　焊漏分类（38 个）

焊漏类别编号	焊漏位置	分布状态	焊漏个数/个
A	上表面（不含靠近螺钉的 2 处焊漏）	水平分布	10
B	上表面（靠近螺钉的 2 处焊漏）	靠近螺钉	2
C	前面板	靠近凸起	2
D	左侧面（不含靠近螺钉的 1 处焊漏）	近似水平分布	8
E	左侧面（靠近螺钉的 1 处焊漏）	靠近螺钉	1
F	右侧面（不含靠近螺钉的 1 处焊漏）	近似水平分布	8
G	右侧面（靠近螺钉的 1 处焊漏）	靠近螺钉	1
H	后背板	圆弧拐角分布	6

根据焊漏类型，进行定制型砂带打磨工具的设计和加工，如下所示。

①焊漏（A 类、D 类、F 类、H 类）

A 类、D 类、F 类及 H 类的焊漏打磨/抛光中，拟采用平面打磨砂带机打磨实现。

②焊漏（B 类、C 类、E 类、G 类）

由于空间位置的局限，常规砂带打磨工具在打磨过程中容易产生干涉，焊漏如图 2 -52 所示。因此，为了提高上述区域的光整性，拟采用超窄带砂带机进行打磨抛光处理。

(a)B类　　　　　(b)C类　　　　　(c)E类、G类

图 2 -52　焊漏

因此，本套装置设计专用于上述四类焊漏打磨的定制窄带平面打磨砂带机，如图 2 -53 所示。

2.2.4.3　打磨制造单元整体装备集成系统

在装备设计的同时，根据加工制造需求进行工艺方案摸索，建立工艺数据库，并制定自动化打磨抛光工艺规范，总体方案如图 2 -54 所示。

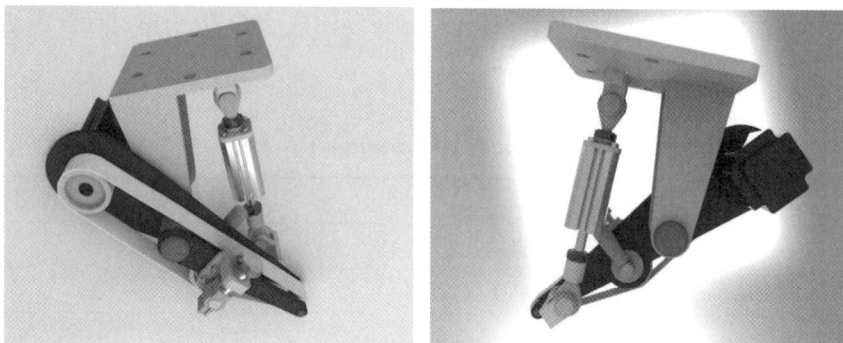

图 2-53 专用窄带打磨工具

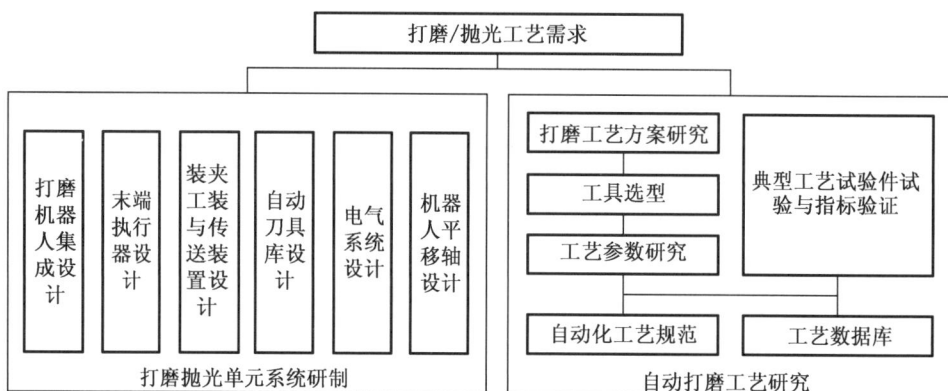

图 2-54 总体方案

打磨/抛光机器人集成控制系统包括打磨/抛光控制单元、工装/除尘控制单元、安全控制单元。所有控制单元由中控系统实现协调控制，并通过人机交互系统反馈至操作人员，以便于操作人员对整体系统的操作控制。人机交互系统可实现 CAD/CAM 仿真软件、人机交互操作，以及安全监控与故障诊断处理等功能，以提高系统交互的友好性与安全性。打磨/抛光机器人系统集成方案如图 2-55 所示。

依工艺要求，两个半型材框在焊接为整框前，需对半框连接处开坡口。对接截面为不规则形状，厚度范围为 3~25 mm。要求坡口形式为 30°/40°/45°，留根 1/1.5/2 mm。

由于坡口尺寸较大，切削力较大，这与倒角有较大差别，因此利用开坡口工具实现。坡口用于后续焊接工艺，因此对尺寸精度要求不是很高，为方便起见，结合工艺要求设计开坡口工具如图 2-56 所示。

开坡口工具由进口电动主轴驱动，利用铣刀对待加工面进行铣削。由于坡口尺寸较大，因此铣削功率较大。此外，型材框截面较为复杂，加工难度较大，但对尺寸精度要求不太高，因此利用机器人完成整个截面的坡口加工。

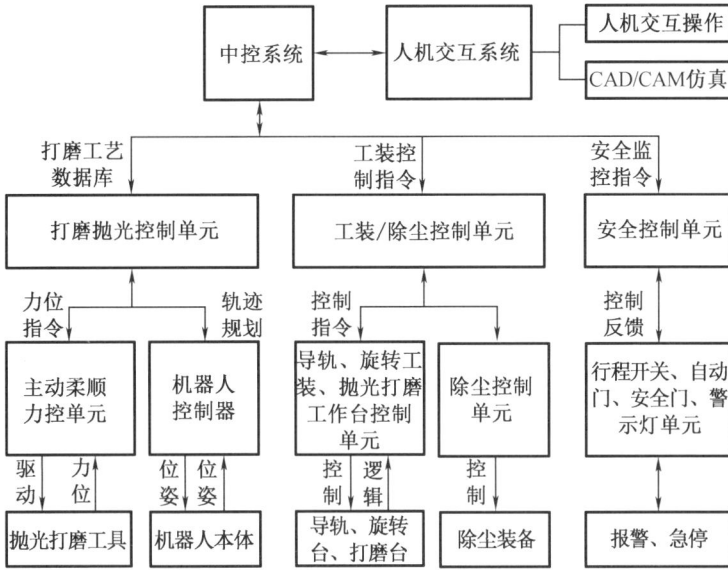

图 2-55　打磨抛光机器人系统集成方案

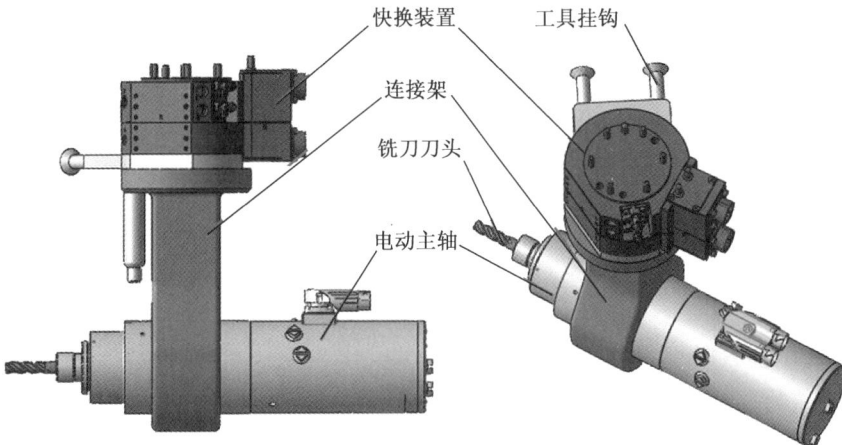

图 2-56　开坡口工具示意图

2.2.5　装配制造单元误差来源分析与集成应用

2.2.5.1　装配制造单元误差来源分析

船舶总段的对接装配是船舶制造过程中的关键环节,对接装配质量的高低往往影响着船舶的建造效率和制造精度。船舶制造具有离散化、物理尺寸大、作业环境恶劣等特点,导致自动化水平低,难以实现自动对接装配,故主要由操作工人手动调整船台小车集群实现总段的对接。手动操作极易出现船段对接的干涉现象,导致重复对接装配次数比较多、对接时间长、对接后对接处局部应力过大以及对接精度低等现象。目前,巨型总段的对接水平仍然不高,自动化水平低,主要以人工调整对接船台小车集群为主,这种方式对现场操作工人的操作经验要求较高,对接过程中由于多仰仗工人的经验,很容易出现干涉现象,导致重复装配次数较多,极大地增加了总段对接的时间,还会导致对接后对接部位的局部应力过大,对接精度低下。而且由于大型船舶自身的特点,每艘船舶几乎都不一样,经验往往也无法迁移到其他船舶的对接过程中去,这也是对接自动化难以实现的一个重要原因。所以,为了提升船舶对接的效率和灵活性,实现巨型总段对接的自动化是极为关键的一个环节。船舶总段自动对接技术如图2-57所示,主要包括工艺规划、测量系统、模拟搭载、智能修型、定位机构、多车协调、智能管控、应力计算和集成软件,对接技术质量的高低对于提高船舶建造的质量和效率意义十分重大。

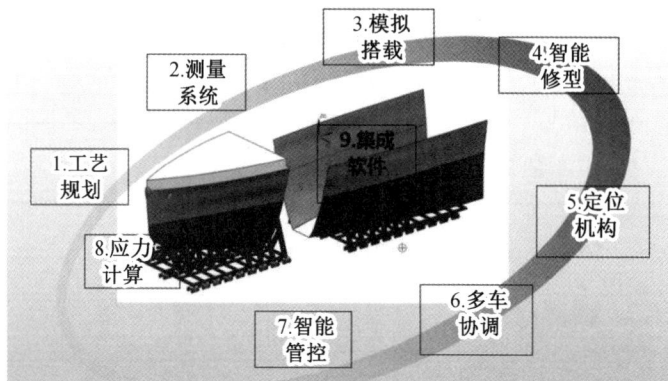

图2-57　船舶总段自动对接技术

2.2.5.2　装配制造单元数据源集成应用

(1)装配工艺数据

装配工艺数据是产品在工艺设计、工艺执行、工艺反馈到最终归档的整个装配周期的各个阶段工艺活动所产生的数据。根据工艺数据产生的三个部分,可将装配工艺数据分为三种类型。

①工艺设计数据

工艺设计层产生的数据称为工艺设计数据,主要包括初始版本装配工艺文件中的所有数据、补充的和更改的工艺数据。根据对装配工艺数据演变过程的分析,装配工艺设计数据主要以完整的装配工艺文件为表现形式,体现为装配工艺流程图、工艺布局、物料配套表、工装工具表、装配工艺卡、检验卡、实测记录表等内容,其他还包含附表附图、三维模型、演示动画、装配工艺的审批数据等。补充的工艺数据体现为临时装配工艺通知单,更改的装配工艺体现为工艺更改后升级版本的装配工艺。

②工艺执行数据

将工艺执行层产生的数据称为工艺执行数据,工艺执行层主要包括车间调度阶段的数据和装配操作阶段的数据。车间调度阶段的数据主要有班组派工数据、资源分配数据、额定工时分配数据、工位分配数据;装配操作是依据装配工艺文件和调度任务数据进行的,与这两个阶段对应产生的装配工艺数据主要包括装配工艺卡的完工签署数据、检验卡的检验实测数据、物料配套表的物料消耗数据、工装设备使用数据、操作工人的实做工时等。

③工艺问题数据

将技术问题处理与反馈层产生的数据称为工艺问题数据,包含问题描述数据、工艺划改数据等。

(2)船舶装配工艺数据集成要求

在分析船舶研制过程中装配工艺演变过程和装配工艺数据组成的基础上,提出了船舶装配工艺的演变过程及其数据的管理要求,具体如下:

①装配工艺设计数据建模与管理要求

复杂产品装配工艺设计数据是工艺演变过程及其数据管理技术的主要研究对象之一。工艺设计数据模型作为工艺数据管理的底层模型支撑,必须保证集成度高、表达信息完善且能满足工艺演变过程各个阶段数据管理的要求。要对船舶装配工艺设计数据进行建模和管理,需要分析装配工艺设计数据的产生和转化流程,建立结构化、流程化的工艺设计数据模型、工艺资源数据模型和物料数据模型。同时,针对三维装配工艺数据的集成和应用等问题,需设计三维工艺数据传递接口,定义数据的规范化表达,并提出三维非结构化工艺数据的管理方法。

②面向执行过程的装配工艺数据管理要求

船舶研制过程中,现场装配会出现较多的工艺问题,工艺设计与工艺执行之间数据频繁交互,带来前后版本的工艺数据组织混乱、反馈不及时、关联性弱的问题。在这种情况下,需要实现装配工艺数据的实时传输、有效的组织和整合。因此,需要从车间现场工艺执行全过程的角度出发,在分析工艺数据与执行过程互动关系的基础上,建立正向装配工艺执行数据和逆向装配工艺问题处理数据模型,并针对工艺更改设计不同版本和不同类型的工艺数据一致性维护算法。

③多维度装配工艺数据集成管理要求

船舶装配工艺研制过程中,装配工艺按照三个维度进行演化,最终形成成熟的装配工艺,在此过程中,产生的工艺数据类型多、关系复杂、数据量大。因此,需要根据复杂产品装配工艺数据可追溯的需求,构建多维度装配工艺数据演变模型,定义工艺数据在粒度、版本、周期上的关联关系,并设计装配工艺数据包的生成算法,实现不同版本、不同层次、不同阶段工艺数据的汇总,为质量追溯和工艺持续性改进提供数据源。

(3)装配制造单元数据源集成应用

在巨型总段对接过程的实际应用中,针对目前现场自动化水平低,缺少系统集成软件等特点,将虚拟仿真技术、系统化集成软件、低延迟和高可扩展性的控制系统融入到对接过程中,提高对接的质量和效率,同时改善工人的工作条件。

现有的调姿过程精度比较低,局部应力比较大,通过将对接过程自动化可以减少这种风险的出现。同时,由于船段空间尺寸的多样性,小车集群中小车的数量需要动态调整,需要设计灵活可靠的控制系统。船段具有复杂的结构,通过虚拟仿真技术可以提前模拟船段搭载的过程,及时发现对接过程中可能出现的碰撞问题,及时采取有效的措施。本小节以上海交通大学和某船厂联合研制的巨型总段对接实验平台作为对象,从小车集群协调控制、虚拟仿真技术、集成软件的构建等方面展开具体和深入的研究。

①建立从全站仪测量数据到小车集群三个自由度的控制指令的逆解算法

在对接船段上面布置靶标点,然后通过全站仪自动测量这些点的数据,通过这些数据计算出船段的旋转矩阵和平移矩阵,通过它们可以得到船段的旋转角度和平移向量,通过编写的程序将角度和平移向量转化成小车集群每个轴的控制指令。

②船段的虚拟仿真技术研究

利用全站仪所测量的数据作为船段模型虚拟仿真的相关初始参数的设置,通过初步的船段路径规划驱动船段模型进行运动,然后验证对接的过程中是否有干涉,如果有干涉,更改对接方案。

③编写巨型总段自动对接软件

软件主要有三大模块:测量模块、虚拟仿真模块和控制驱动模块。测量模块负责和全站仪、激光跟踪仪等测量仪器之间的通信和信息的传递;虚拟仿真模块演示船段对接过程的虚拟仿真,验证对接效果;控制驱动模块通过预处理的模块计算小车集群所需要的控制指令,发送控制指令到控制器中。

④自动对接系统实验

依托所搭建的巨型总段对接实验平台,以制作的船段模型作为实验对象展开自动对接系统的实验。利用从全站仪等测量设备获取的测量数据,将相关信息数据传入到计算机中进行处理后,利用编写的总段对接集成软件,对这些信息加以利用,对船台对中小车进行不断输入控制指令,移动船段模型进行自动对接,验证技术方案,为实际的船段对接积累技术和经验。

该巨型总段对接实验平台的冗余驱动控制方案、控制系统数据传输、坐标系统与运动模型具体如下。

①冗余驱动控制方案

船段对接系统可以等效成 12 - PPPS 冗余并联机构,由前述分析可以得到船舶对接分段的自由度是 6,由于支撑的需求必然存在驱动冗余的问题,下面介绍冗余驱动布局方案,如图 2 - 58 所示为三点支撑型布局方案,其中小车有 4×3 共 12 个,所有的驱动轴都是主动控制,大写字母对应主动控制信号,小写字母对应随动控制信号,使用随动控制信号的驱动轴的电流作为小车所受负载大小的反馈信号。本小节使用三点支撑型布局方案,第一行第二列、第四行第一列以及第四行第三列的小车使用 $X - Y - Z$ 轴作为主动控制信号,其他轴使用随动控制信号。

②控制系统数据传输

由于实验平台环境的要求,这里全站仪中的数据传输到 PC 端的过程是以无线通信的方式实现的。首先在全站仪中插入带有 WIFI 功能的 Flash AiTM 存储卡,该存储卡的读取速率是 90 M/s,写入速度是 70 M/s,插入该卡后,全站仪会形成一个 WIFI 热点,上位机可以通过连接这个热点,从网络上获取全站仪中的数据。可以编写一个自动读取全站仪内部数据的 python 脚本,这样就无须点击本地浏览器,进行数据的获取,该 python 脚本通过 python 中的 urllib 库以及 Numpy 进行编写。数据传输的原理流程如下:首先,利用 urlopen 中的函数读取远程文件中的内容,然后对文件的内容进行 ASCII 解码,最后将数据清洗成常规的数据矩阵的形式。测量数据从全站仪到上位机的整个过传输流程如图 2 – 59 所示。

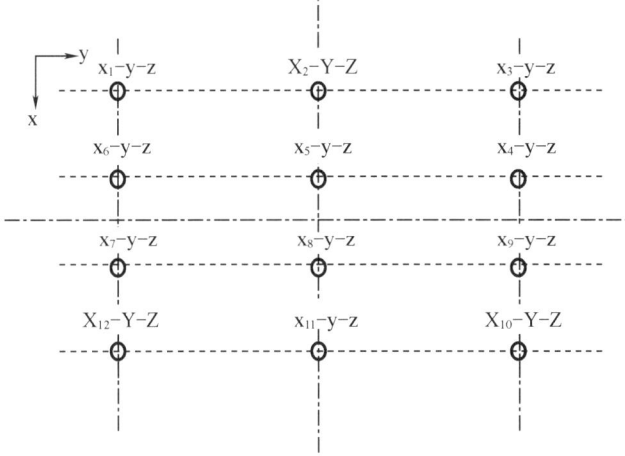

图 2 – 58　三点支撑型布局方案

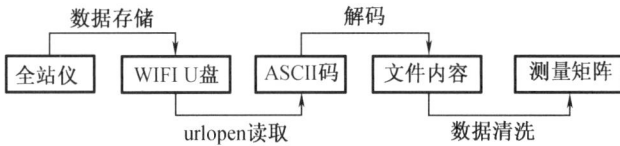

图 2 – 59　上位机和全站仪数据传递流程

上位机和工控机之间的通信是这里的难点。工控机和上位机之间的连接是通过 ADS (automation device specification)通信实现的。ADS 是一种自动化设备规范,是 TwinCAT 实时内核与外部环境交互的通信接口,TwinCAT 中提供了标准的 DLL 和 API 接口可以供各种开发语言来调用,不仅如此,如果有需要,可以下载 ADS 开放的源代码来定制开发 ADS 客户端。系统中的每个模块都具有唯一的设备标识符,包括用于确定设备硬件的 NetId 和用于确定软件服务的 AdsPort。系统中各个模块之间是独立的,每个任务都有服务模块、服务端或者客户端,并且是由 Message Router 统一进行数据的交换。各个 ADS 模块的端口号是唯一的,无法变更,例如,PLC 的端口是 801,NC 的端口号是 500,不同设备之间可以通过端口号进行数据的交换。图 2 – 60 是数据在 ADS 通讯协议中数据交互的方式。

③船段对接坐标系统与运动模型

为了精确地分析船段对接的过程,将系统内所有的物体在三维空间中的位置和姿态进行量化是基础的步骤,也就是在每个物体上建立物体的坐标系,以及在外部环境中建立一个世界坐标系。物体坐标系和物体坐标系之间的关系可以通过世界坐标系中的数据进行转化,坐标系之间的转化存在着精确的数据关系,这是实现船段小车集群运动控制的基础。

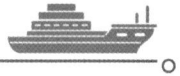

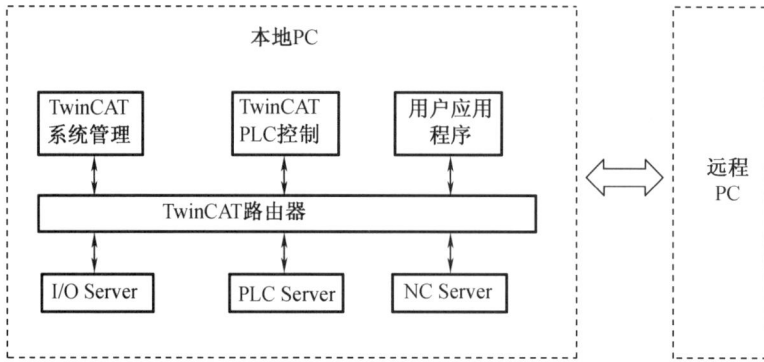

图 2 - 60　ADS 通信协议中数据交互方式

对于整个船段自动对接系统来说,系统内所有物体的位姿的表示主要包括下面这些坐标系。

a. 世界坐标系,世界坐标系是整个船段对接系统的绝对坐标系,是其他局部坐标系得以建立的基础参考系。

b. 船台小车集群坐标系,对接之间,应首先将所有的船台小车集群的 z 轴数值调整为同一个水平面,船台小车集群坐标系原点就建立在球铰中心所在平面的中心,坐标系的三个轴的方向和世界坐标系的方向一致。

c. 对接船段坐标系,由于对接船段的型面不规整,所以将对接船段的坐标系建在与其相固连的铝型材框架下面的球窝球心所在平面上,坐标系的三个轴的方向与世界坐标系的三个轴的方向相同。

d. 固定船段坐标系,固定船段坐标系和相对世界坐标来说是静止的,可以将世界坐标系作为固定船段的坐标系。

设立坐标系后,不同的坐标系下的数据经常需要转化。不妨设同一组点在两个不同的坐标系下的点的集合分别是 PP 和 PQ,其中

$$PP = \{p_1, p_2, \cdots, p_n\}$$
$$PQ = \{q_1, q_2, \cdots, q_n\}$$

点的集合的大小是 n,这里需要假设在两次不同测量时间的两组坐标点的集合重心应该重合的,需要求解一个 L2 范数意义下的最优化问题,目标变量是平移矩阵和旋转矩阵,也就是求解这样一个最优化问题:

$$(R^*, T^*) = \mathrm{argmin} \frac{1}{2} \sum_{i=1}^{n} \| \boldsymbol{R} p_i + \boldsymbol{T} - q_i \|^2$$

其中,$\boldsymbol{T}$ 是三维向量,将 $\boldsymbol{T}$ 视作变量,将求和式对 $\boldsymbol{T}$ 求导,可以得到

$$0 = \sum_{i=1}^{n} (\boldsymbol{R} p_i + \boldsymbol{T} - q_i) = n\boldsymbol{T} + \boldsymbol{R} \sum_{i=1}^{n} p_i - \sum_{i=1}^{n} q_i$$

将集合 P 中的所有点的均值记作 p,集合 Q 中所有点的均值记作 q,那么两组点集合之间的平移向量可以记作

$$\boldsymbol{T} = q - \boldsymbol{R} p$$

将上面所得的平移矩阵的表示代入到误差公式内,这样就可以得到

$$\sum_{i=1}^{n} \| \boldsymbol{R}p_i + \boldsymbol{T} - q_i \|^2 = \sum_{i=1}^{n} \| \boldsymbol{R}p_i + (\bar{q} - \boldsymbol{R}\bar{p}) - q_i \|^2 = \sum_{i=1}^{n} \| \boldsymbol{R}(p_i - \bar{p}) + (q_i - \bar{q}) \|^2$$

小括号内公式的意义是将所有的点进行中心化,不损失一般性,可以记作

$$p_i = p_i - p$$
$$q_i = q_i - q$$

则最优的旋转矩阵相当于求解下列问题:

$$\boldsymbol{R} = \operatorname*{argmin} \frac{1}{2} \sum_{i=1}^{n} \| \boldsymbol{R}p'_i + \boldsymbol{T} - q'_i \|^2$$

将上式整理可得

$$\boldsymbol{R} = \operatorname*{argmin}_{R} \frac{1}{2} \sum_{i=1}^{n} \| \boldsymbol{R}p'_i + \boldsymbol{T} - q'_i \|^2 = \operatorname*{argmin}_{R} \sum_{i=1}^{n} {q'_i}^{\mathrm{T}} \boldsymbol{R}p'_i = \operatorname*{argmin} \operatorname{tr}(\boldsymbol{R}\boldsymbol{P}\boldsymbol{Q}^{\mathrm{T}})$$

其中,$\boldsymbol{P}$ 和 $\boldsymbol{Q}$ 分别是由 PP 和 PQ 点集中的点作为列向量组成的矩阵。然后将 $\boldsymbol{PQT}$ 进行奇异值分解:

$$\boldsymbol{P}\boldsymbol{Q}^{\mathrm{T}} = \boldsymbol{U} \sum \boldsymbol{V}^{\mathrm{T}}$$

推导公式即可得到

$$\boldsymbol{R} = \boldsymbol{V} \begin{pmatrix} 1 & & & & \\ & 1 & & & \\ & & \ddots & & \\ & & & 1 & \\ & & & & |\boldsymbol{V}\boldsymbol{U}^{\mathrm{T}}| \end{pmatrix} \boldsymbol{U}^{\mathrm{T}}$$

将平移矩阵和旋转矩阵计算完毕之后,可以利用旋转矩阵求解旋转角度。

船段对接系统整体可以看作一个6自由度冗余驱动并联机构,由12台对称分布的调姿小车、对接船段和固定船段组成。可以将船段对接系统简化成一个 12 – PPPS 并联对接机构,如图 2 – 61 所示为对接系统简图,各个支链和船段的连接用球面副实现,每个支链都由3个互相正交的移动副组成,而且各个支链所对应的移动副互相平行,对接系统通过12条支链3个方向的移动的协调控制实现船段的定位和姿态的调整。

当船段位于水平位置时,小车集群中每个小车的球面副中心所在的平面中心是坐标原点,建立连体坐标系,在该坐标系下,第 i 条支链的运动螺旋为

$$\begin{cases} \boldsymbol{S}'_{i1} = (0,0,0;1,0,0) \\ \boldsymbol{S}'_{i2} = (0,0,0;0,1,0) \\ \boldsymbol{S}'_{i3} = (0,0,0;0,0,1) \\ \boldsymbol{S}'_{i4} = (1,0,0;0,z_i,-y_i) \\ \boldsymbol{S}'_{i5} = (0,1,0;-z_i,0,x_i) \\ \boldsymbol{S}'_{i6} = (0,0,1;y_i,-x_i,0) \end{cases}$$

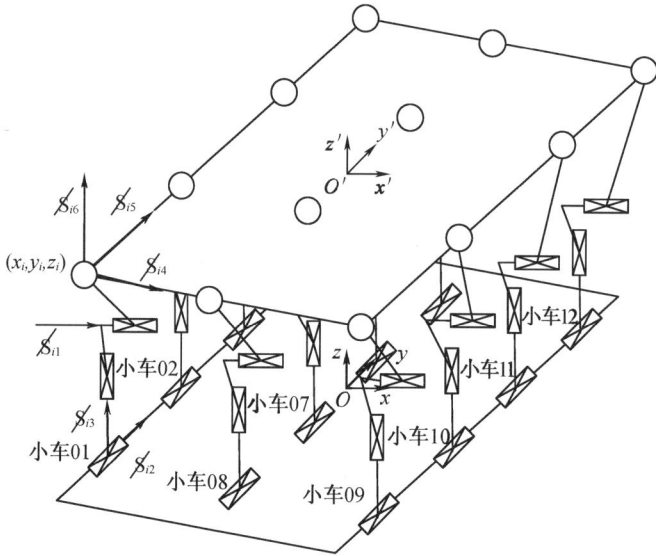

图 2-61　对接系统简图

该支链的运动螺旋组成运动螺旋集,利用线性代数的知识可以得到运动螺旋集合的最大线性无关数是 6,所以该支链不会对动平台施加约束螺旋,即并联机构的结构约束螺旋为空集,所以船段的自由度是 6。船段的运动是运动学模型的输出量,小车集群的移动自由度的控制量是输入量,建立船段的运动学模型,本质是找到控制量和船段的运动之间的函数关系。每个船台小车都是并联结构的一个支链,对接船段的初始位姿可以通过测量仪器获取,最终位姿可以通过船模的相关数据得到,对接船段从初始位姿到最终位姿之间的路径需要进行规划。

首先建立世界坐标系,世界坐标系和固定船段的坐标系可以重合,为了降低计算的复杂度,对接船段的坐标和小车集群的坐标系三个坐标轴的方向和世界坐标三个轴的方向相同。可以在对接船段上建立一个与对接船段固结在一起的坐标系 $O_a x_a y_a z_a$,可以使用对接船段下面的平面的中心点作为对接船段的坐标系。

对接船段在世界坐标中的位置可以用 6 个参数进行表征,6 个参数可以合在一起写成一个 6 维的向量,其中 C 代表对接船段的位姿:

$$C = (x, y, z, \alpha, \beta, \gamma)^{\mathrm{T}}$$

式中,向量的前面 3 个参数代表着在世界坐标系中,对接船段坐标系的原点的坐标值,后面 3 个参数表示对接船段坐标系相对于世界坐标系的欧拉角,分别是俯仰角、横滚角和偏向角。

船段坐标系可以由世界坐标系绕着 y 轴旋转 β,然后绕着 x 轴旋转 α,接着绕着 z 轴旋转 γ,最后平移一个三维空间中的向量。船台小车集群共有 12 台对中小车,可以假设船台小车顶端所连接的球面轴承的球心在世界坐标系 $Oxyz$ 中,则位置参数可以表示为

$$\boldsymbol{r}_i = (r_{ix}, r_{iy}, r_{iz})$$

在船段坐标系中的位置矢量是

$$^{1}\boldsymbol{r}_i = (\,^{1}r_{ix},\,^{1}r_{iy},\,^{1}r_{iz})$$

利用坐标转化的原理可以得到如下的公式：

$$\boldsymbol{r}_i = {}_1\boldsymbol{R}^1\boldsymbol{r}_i + \boldsymbol{p}_1$$

式子中的 p_1 指的是一个三维空间的平移向量

$$_1\boldsymbol{R} = \begin{bmatrix} c\gamma c\beta & c\gamma s\beta s\alpha - s\gamma c\alpha & c\gamma s\beta c\alpha + s\gamma s\alpha \\ s\gamma c\beta & s\gamma s\beta s\alpha + c\gamma c\alpha & s\gamma s\beta c\alpha - c\gamma s\alpha \\ -s\beta & c\beta s\alpha & c\beta c\alpha \end{bmatrix}$$

得到了位移之间的函数关系,可以通过对等式两边对时间 t 求导,得到船台小车集群的速度之间的函数关系为

$$\dot{\boldsymbol{r}}_1 = {}_1\dot{\boldsymbol{R}}^1\boldsymbol{r}_i + \dot{\boldsymbol{p}}_1$$

将上式整理可得输入和输出之间的雅可比矩阵的形式为

$$\dot{\boldsymbol{C}} = \boldsymbol{J}\,\dot{\boldsymbol{r}}$$

雅可比矩阵反应的是对接船段的广义速度和船台小车集群各个自由度之间广义速度的线性关系,对分析对接船段运动误差有着重要意义。对上述式子进行进一步求导,就可以得到船台小车集群中每个小车的加速度矢量为

$$\ddot{\boldsymbol{r}}_i = {}_1\ddot{\boldsymbol{R}}^1\boldsymbol{r}_i + \ddot{\boldsymbol{p}}_1$$

假设现在知道对接船段位姿矢量的运动轨迹,那么可以通过上述式子计算出各个船台小车顶端的球铰中心在世界坐标系中的位置、速度和加速度的运动轨迹,从船体分段位姿的调节到船台小车集群顶端球铰的运动轨迹的求解就是船段对接系统中逆运动学的求解问题,可以通过这种方式对并联机构进行轨迹规划。

2.2.5.3　装配制造单元整体装备集成系统成果

总段对接系统集成软件需要将很多的硬件设备联通起来,包括对接船段、固定船段、测量仪器(全站仪等)、上位机、工控机、小车集群的驱动器,还要传递数据和分析数据。总段对接系统集成软件的目的是将测量仪器所测量的数据进行记录和分析,实现各种各样的算法,对工控机实现控制,向小车集群驱动器中发送数据,记录操作过程和日志。本章首先对集成软件的需求进行分析,其次,对集成软件系统的总体结构进行了详细阐述。再次,分析实现这个软件系统所需要的集成软件开发环境,包括 Qt 和 visual studio 2015 社区版联合开发的配置以及集成软件开发中的 OpenSceneGraph 的配置。通过将所有的模型导入虚拟场景中,并通过已经获得的相关测量数据得到船段模型等 52 个节点的位姿数据,最后,通过节点回调函数对对接过程进行仿真,最终可以得到对接完成后,整个对接系统的状态如图 2－62所示。

为了从多角度对整个对接过程进行观察,可以使用多视图模式 composite view 对程序进行改写,可以从中观察对接船段和固定船段是否发生碰撞,及时地更改运动路径规划方案。整个对接视图分成四个部分,左上是整个对接系统的俯视图,右上是船段对接系统的主视图,左下是对接系统的左视图,上面三个视图是固定的,不可以对模型进行旋转,右下的视图可以调整视图的观察角度和观察距离,类似于三维建模软件的操作。仿真过程多视图模

式具体如图 2 −63 所示。

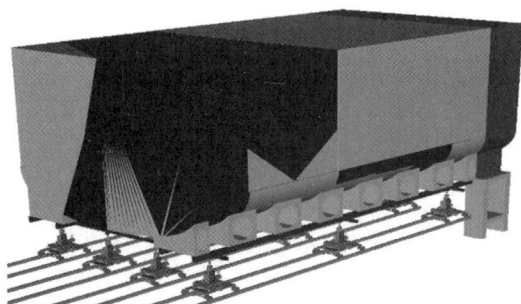

图 2 − 62　船段对接仿真

图 2 −63　仿真过程多视图模式

上位机和全站仪之间的通信实验基于 WIFI U 盘实现。首先,需要验证 FIFI U 盘相关性能,在 5 m 以内程序可以实现全站仪和计算机之间的通信,说明 WIFI U 盘的信号功能覆盖范围是一个以全站仪为中心,直径为 10 m 的通信圆面,满足原型样机对接的测量范围要求。在通信圆面以外,断掉连接后,无法再次搜索相关 WIFI 信号。接下来验证上位机可以通过 python 脚本读取相关测量信息。将 WIFI 设备插入到全站仪的 USB 接口上,然后通过上位机连接 U 盘的 WIFI 信号,通过 python 的自动化脚本对数据进行读取,通过 python 的网络解析模块 request,可以从网站 http://flashair/处获取已经测量得到的数据。上位机连接好 WIFI U 盘后,打开网络界面的显示情况、文件中数据以及用脚本读取数据的情况如图 2 −64 所示。

在验证实际对接效果的实验中,通过将全站仪所测数据换算到统一的坐标系下,通过船模得到最终位置理想情况下的坐标位置,利用求解算法可以得到相关的旋转矩阵和平移向量,求解得到相关的旋转角度和沿着每根轴所需要的移动量,利用求解算法得到小车集群的运动量,然后写入到工控机中,驱动小车集群运动,实现船段系统的自动对接。船段的初始位置和理想位置坐标如表 2 −9 所示。

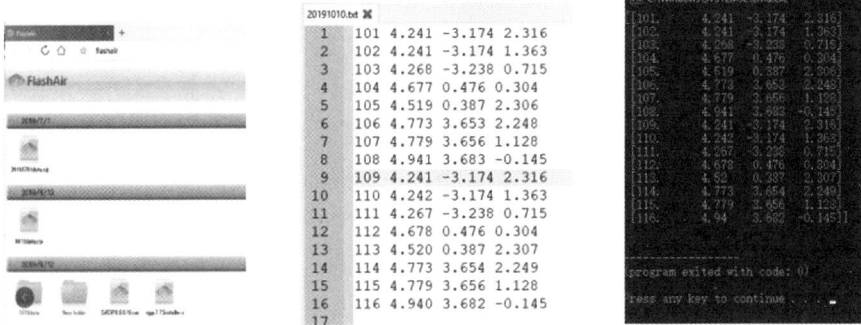

图 2 - 64　文件数据脚本自动读取

表 2 - 9　船段初始位置和理想位置的坐标

特征点编号	初始位置坐标/m	理想位置坐标/m
01	$(3.474, -2.368, 0.151)$	$(3.534, -2.367, 0.156)$
02	$(3.277, -1.731, 1.223)$	$(3.337, -1.737, 1.233)$
03	$(3.412, -1.613, 0.398)$	$(3.473, -1.614, 0.408)$
04	$(3.390, -0.135, 0.383)$	$(3.451, -0.136, 0.403)$
05	$(4.116, -0.059, -0.151)$	$(4.176, -0.056, -0.130)$
06	$(3.165, 1.366, 0.430)$	$(3.226, 1.365, 0.461)$
07	$(2.986, 1.863, 0.833)$	$(3.046, 1.858, 0.868)$
08	$(3.100, 2.121, 0.240)$	$(3.161, 2.122, 0.276)$

2.3　制造现场多数据源误差分析

2.3.1　多工序制造过程多数据源误差建模与传递

2.3.1.1　总段自动对接装配系统组成

目前,分段的对接水平仍然不高,自动化水平低,主要以人工调整对接船台小车集群为主,这种方式对现场操作工人的操作经验要求较高,对接过程中由于多仰仗工人的经验,很容易出现干涉现象,导致重复装配次数较多,极大地增加了总段对接的时间,还会导致对接后对接部位的局部应力过大,对接精度低下。而且由于大型船舶的自身特点,每个船舶几乎都不一样,经验往往也无法迁移到其他船舶的对接过程中去,这也是对接自动化难以实现的一个重要原因。所以,为了提升船舶对接的效率和灵活性,实现巨型总段对接的自动化是极为关键的一个环节。

为了实现船舶巨型总段的自动对接,探索一种具有低延迟、可扩展的装配控制系统具有重要的意义。船段的姿态是通过下面的小车集群进行调整的，小车集群中每个小车三个自由度的移动需要同时进行才能保证船段位姿的顺利调整，所以用来驱动小车集群的控制系统延迟应该足够小，才能保证控制指令被精确的执行。不仅如此，不同的船舶对接的过程中，所需要的船舶小车的数量也不同，所以选择的控制系统，应该能够快速适应被控制设备的数量变化，也就是必须具有极高的应变能力和可扩展性。

为了适应具有不同特点的船舶的自动对接，除了对船台小车集群的控制系统要求低延迟、扩展性好之外，研究船段自动对接的虚拟仿真技术也同样有着重大的意义。巨型总段对接处结构复杂，穿刺结构众多，现有的人工操作多会出现某些穿刺结构的碰撞。利用虚拟仿真技术，实现船段模型进行虚拟仿真对接的过程，可以预先了解是否有碰撞，及时地调整对接方案。

除此以外，船段对接过程中，测量模块、调姿模块、控制模块等几乎都是孤立的，需要一个集成软件将整个过程连接成一个整体。首先，将测量仪器所测得数据发送到集成软件中的测量模块中，最后通过调姿模块将测量模块清洗完毕的测量数据通过逆解算法，得到小车集群每个自由度的移动量，最后通过集成软件中的控制模块将控制指令发往控制器，驱动小车集群整体的协调运动。

为了提升船舶巨型总段对接装配的自动化水平，提高船舶的装配效率，减少重复装配次数，同时满足现场对接任务的复杂性。本小节基于小车集群协调控制的自动调姿方式，取代原有的凭借人工经验进行对接的方式，通过全站仪测量布局在对接船段上的靶标点，将数据通过 ADS 协议传输到计算机中，然后通过这些测量数据计算船段运动到目标位置所需要的旋转量和平移量，并且计算出船台小车上三个自由度所需要的移动量，通过计算机中的写入指令将这些控制指令写入到小车集群中的每个驱动轴中，进而调整船段的位姿。同时，针对船段模型的复杂特点，通过虚拟仿真技术对船段的对接过程进行虚拟仿真，验证对接方案的正确性。巨型总段自动对接技术是大型船舶制造过程中的核心技术之一，主要包括工艺规划、测量系统、定位机构、多车协调和集成软件，对接技术质量的高低对于提高船舶建造的质量和效率意义十分重大。

为了使得对接船段能够实现空间中任意的调姿，需要船台小车的顶端能够实现空间中的三个平移的自由度。通过运动平台的不断叠加，可以实现顶端三个平移的自由度，从而实现对对接船段的调姿控制。

这里设计能够实现顶端三平移的船台调姿小车，船台小车结构如图 2-65 所示，主要分成以下几个部分：Z 轴升降伺服电缸、X 轴伺服电机及 X 轴移动平台、Y 轴伺服电机及 Y 轴移动平台、底座移动平台以及同步带轮。船台小车和上面的球铰相互连接，通过各个平移自由度的运动，驱动球铰端的运动。

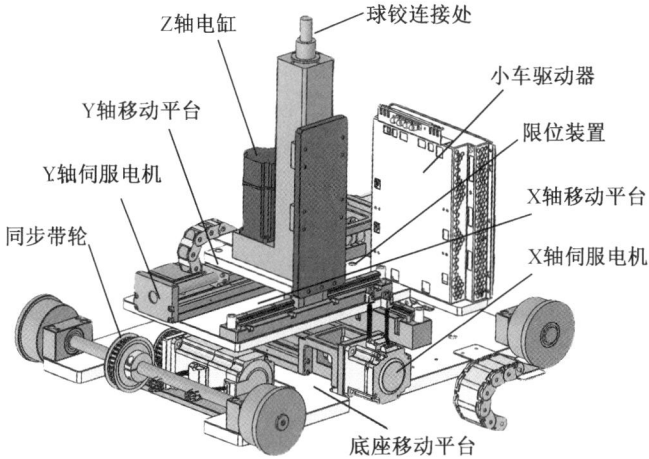

图 2 - 65　船台小车结构图

2.3.1.2　船段对接系统搭建及实验验证

为了证实本小节中所提出的自动对接过程中船段对接集成软件的集成功能正常运行以及小车集群的控制技术,本章主要从两个方面展开实验验证方案,一是船段对接系统的搭建,二是主要功能的实验验证。船段自动对接系统的搭建部分主要包括控制器的选型、全站仪的选型和上位机的选型。主要功能的实验验证部分则主要包括实验数据从全站仪传输到上位机的过程的畅通性、上位机将控制指令写入到工控机中的过程的畅通性、船段控制性能以及船段的最终对接效果,实验验证将会详细地描述实验的流程。

(1)船段对接系统搭建

根据船段对接系统实验平台的要求,准备好相应的硬件和测量设备后,可以进行整个船段对接系统的搭建工作。具体来说,搭建整个自动对接系统的流程如下。

①将全站仪置于对接船段一侧,全站仪与对接船段相距大约 4 m,利用三脚架及电子水平仪将全站仪调整至水平,并对对接船段上 8 个点进行打点跟踪,对接船段上面的 8 个点按照从上到下、从左到右的顺序进行编号。

②利用 USB 延长线将 WIFI U 盘插入到全站仪中,上位机将通过 WIFI 从全站仪中读取数据,利用以太网线将工控机和小车集群上的驱动器串接,上位机是主站,其他所有通过以太网线与上位机连接的都是从站,从站的编号顺序对应着从站距离主站拓扑距离的变化,拓扑距离越大,编号顺序也越大。

③启动全站仪,对特征点进行测量,然后将数据发送到集成软件中,通过前述运动学逆解算法计算船台小车集群中每个小车的运动轴的驱动量,然后通过对接集成软件将数据写入工控机中,工控机控制驱动器,进而驱动船台小车集群的运动。

按照上述步骤,将实验平台搭建完毕之后,船段对接系统实验平台布局如图 2 - 66 所示。硬件如下:船台对中小车共有 12 台。

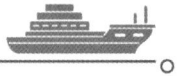

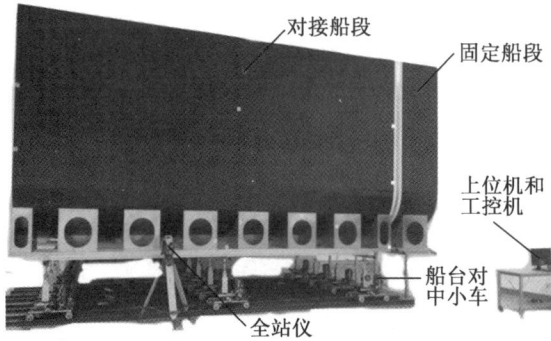

图 2 – 66　船段对接系统实验平台布局图

（2）船段对接系统实验验证

本小节所提出的船段自动对接系统的主要目的是减少船段对接对工人经验的依赖，提高船段对接的自动化程度，提高船段对接的质量和对接的效率；编写集成软件，将数据的测量、船段的调姿以及小车集群的控制联通起来。所以，船段对接系统实验主要包括三个部分：全站仪和上位机之间的通信实验、上位机和工控机之间的通信实验以及船段调姿控制实验。全站仪和上位机之间的通信实验，主要验证全站仪所测量的数据和上位机之间的联通性；上位机和工控机之间的通信实验，主要验证上位机所发出的运动指令可以准确地传递到工控机中；船段调姿控制实验，主要验证船段实际调姿和控制器发出的控制指令的一致性问题。

（3）船段运动控制性能实验

船段运动控制性能实验的目的是验证基本指令的性能，实验过程分成两个部分，一个是验证小车集群的重复定位精度，另一个是验证小车的定位精度。重复定位精度的验证指的是驱动小车集群顶端球铰沿着三个坐标轴移动后，再次回到原来位置时和船段初始位置之间的偏差。船台小车集群的定位精度是小车三个自由度方向的理想的移动指令和真实运动数据的偏差，偏差越小，精度越高。

在验证小车集群的重复定位精度实验中，船段模型上布置 8 个特征点，特征点布局如图 2 – 67 所示。

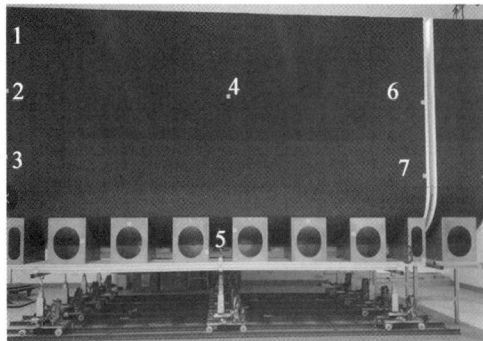

图 2 – 67　特征点布局图

将对接船段沿着坐标轴的 X 轴方向、Y 轴方向、Z 轴方向分别移动 24 mm，26 mm，20 mm，然后分别移动回原来的位置，比较两次位置的差值，可以作为衡量小车集群运动重复定位精度的一个评价标准。

在验证小车集群的定位精度实验中，实验流程如下：将移动的相关指令输入到工控机中，驱动小车集群共同运动，然后使用全站仪对船段位姿进行测量，得到统一坐标系下的坐标数据，然后比较实际的数据和指令之间的偏差，进而利用偏差衡量定位的精度。首先将全站仪所用的 60 mm × 60 mm 大小的贴纸置于特征点处，布局图如图 2－68 所示。

利用全站仪得到初始状态的相关特征点的坐标数据，称此时的状态为状态 0，具体的移动指令的输入流程如下：将船段沿着 Z 轴正方向移动 20 mm，记此时的状态为状态 1，接着向 X 轴正方向移动 60 mm，记此时的状态为状态 2，然后回到原始位置，再向 Y 轴正方向移动65 mm，记此时的状态是状态 3，可以得到下面的结果。

图 2－68　验证小车特征点布局图

利用编写的 MATLAB 程序，将上述状态的特征点的数据显示在同一个坐标系中，如图 2－69所示，其中上三角代表状态 0 的坐标数据，加号代表状态 1 的坐标数据，正方形代表状态 2 的坐标数据，星号代表状态 3 的坐标数据。

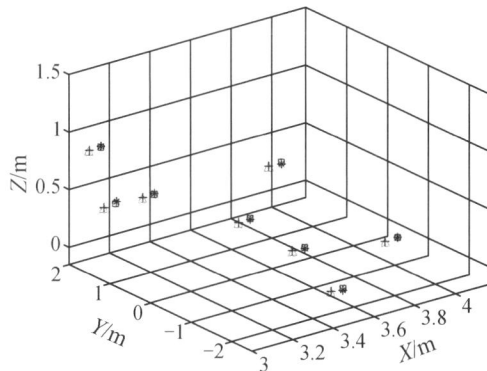

图 2－69　不同状态下特征点的坐标

利用各个状态之间的特征点数据的变化,可以求得不同状态之间的关系,从而求得相关的旋转矩阵和平移矩阵,然后与理想指令进行比较,进而评价小车集群的控制性能的高低,其中较小的数量级的数值可以选择忽略不计,具体所得结果如下所示,其中 R_{01} 代表状态 0 到状态 1 的旋转矩阵,P_{01} 代表从状态 0 到状态 1 的平移向量,其余变量表示同理。

$$R_{01} = \begin{bmatrix} 1.000\ 0 & 0.000\ 1 & -0.000\ 3 \\ -0.000\ 1 & 1.000\ 0 & 0.000\ 1 \\ 0.000\ 3 & -0.000\ 1 & 1.000\ 0 \end{bmatrix}$$

$$P_{01} = (0.000\ 6, 0.000\ 1, 0.019\ 7)^{\mathrm{T}}$$

$$R_{12} = \begin{bmatrix} 1.000\ 0 & -0.000\ 0 & 0.000\ 0 \\ 0.000\ 1 & 1.000\ 0 & 0.000\ 0 \\ -0.000\ 0 & -0.000\ 0 & 1.000\ 0 \end{bmatrix}$$

$$P_{12} = (0.060\ 1, 0.002\ 9, 0.000\ 0)^{\mathrm{T}}$$

$$R_{03} = \begin{bmatrix} 1.000\ 0 & 0.000\ 1 & -0.000\ 2 \\ -0.000\ 1 & 1.000\ 0 & -0.000\ 3 \\ 0.000\ 2 & 0.000\ 3 & 1.000\ 0 \end{bmatrix}$$

$$P_{12} = (-0.003\ 3, 0.064\ 8, -0.000\ 4)^{\mathrm{T}}$$

求得旋转矩阵,将高阶小量略去,退化为单位矩阵,可以得知状态的变换都是平移向量,与理想指令互相符合,将上述三个状态分别记为实验 1、实验 2 和实验 3,可以得到理想指令与实际指令的偏差量,结果如图 2 - 70 所示,从图中可知偏差在 3.5 mm 以内。

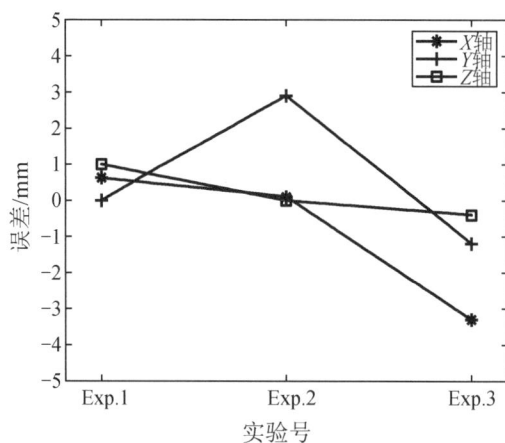

图 2 - 70　不同实验中不同方向的偏差值

(4)船段对接验证实验

在验证实际对接效果的实验中,通过将全站仪所测数据换算到统一的坐标系下,通过船模得到最终位置理想情况下的坐标位置,利用求解算法可以得到相关的旋转矩阵和平移向量,求解得到相关的旋转角度和沿着每根轴所需要的移动量,利用求解算法得到小车集群的运动量,然后写入到工控机中,驱动小车集群运动,实现船段系统的自动对接。

由船段的初始位置的坐标和理想位置的坐标,可以得到变换前后的旋转矩阵和平移指令:

$$\boldsymbol{R}_{03} = \begin{bmatrix} 1.000 & 0.000\ 1 & -0.000\ 0 \\ -0.000\ 1 & 1.000 & -0.0069 \\ 0.000\ 0 & 0.006\ 9 & 1.000\ 0 \end{bmatrix}$$

$$\boldsymbol{P} = (0.060\ 3, 0.000\ 5, 0.022\ 4)^{\mathrm{T}}$$

对应旋转矩阵,可以得到旋转角度为 $0.395\ 3°$,理想的旋转角度为 $0.382°$,角度的偏差为 3.5%,理想的平移向量为 $\boldsymbol{P}_{01} = (0.060\ 0, 0.000\ 0, 0.020\ 0)^{\mathrm{T}}$,实际的平移向量为如上所示,平移的向量的三个分量的偏差分别是 $0.3\ \mathrm{mm}$, $0.5\ \mathrm{mm}$, $2.4\ \mathrm{mm}$,按照上述数据将运动指令输入工控机中,并控制小车集群运动,实现船段的对接,实验效果如图 2 – 71 所示,本套技术方法能够实现船段的精确的自动对接。

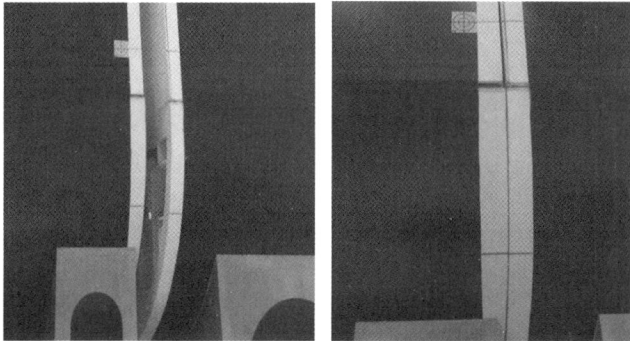

图 2 – 71　对接前后的对接端面

2.3.2　船舶制造现场多数据源误差分析技术及技术展望

本小节利用 Ether CAT 作为整个控制系统的控制手段,将上位机作为主站,小车集群作为从站,建立了整个的控制系统。通过上位机下发 12 辆船台小车的驱动指令,指出了各个设备之间的通信方式,实现信息在整个对接系统中的流通,连接对接系统中的所有设备,并提出船段小车集群运动控制的整体策略和思想。

同时,综合论述了船段对接虚拟仿真技术,梳理了船段对接系统中的三维模型之间的相互关系及搭建方法。船段对接的仿真过程包含船段模型的导入和船段模型的运动控制,模型的导入可以通过测量的数据进行保证,船段模型的运动控制通过节点回调函数去实现。通过 52 个模型解之间的关系梳理,最终实现的船段对接过程虚拟仿真技术为巨型总段的自动化对接提供了指导。

2.4 中间产品与制造系统的现场数据协同技术

2.4.1 中间产品与制造系统技术方案

2.4.1.1 船体零部件车间的作业过程

船体零部件车间的作业内容总体上可以分为零件加工配套与部件装焊。其中,零件加工配套是钢板与型材经过边缘加工、成形加工后成为船体零件。车间作业区域划分如图2-72所示。

整理配送包含的工艺过程有划线作业、切割作业、弯板作业(成形加工)以及理料作业;部件装焊则是指将多个船体零件组合成船体部件的过程,通常按照部件名划分工艺过程,如肋板装焊、纵桁装焊、框架装焊等。

船体零部件车间作业区域根据工艺过程命名,各工艺过程在车间中固定的区域开展,在划线作业区中,整片钢板吊运至划线机工作台位,划线工人根据工艺规范操控划线机将船体零件的展开形状、施工符号及零件编号标记在钢板上;划线后的钢板经桁吊转运至切割作业区,切割工按照切割版图与相关工艺规范将钢板切割分离成船体零件,如图2-73所示,切割作业由切割平台上的数控切割机完成,作业效率较高;形成船体零件后需要在理料作业区进行修整与分托盘,修整主要包括打磨零件边缘并根据焊接技术要求对部分零件进行坡口加工,零件分定托盘后按照物流计划送往目的工位;对于有空间形状要求的船体零件需要在弯板作业区进行折弯。

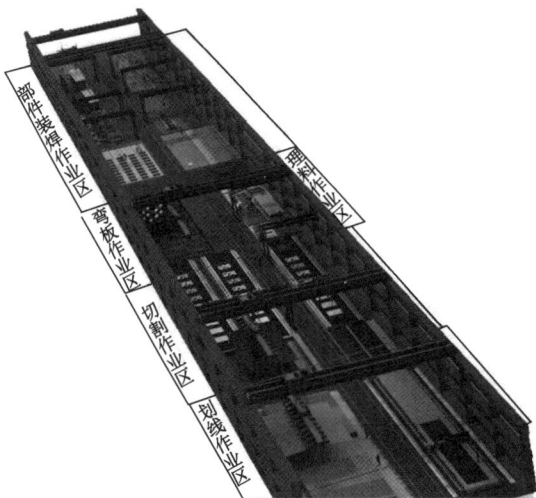

图2-72 船体零部件作业车间作业区域划分

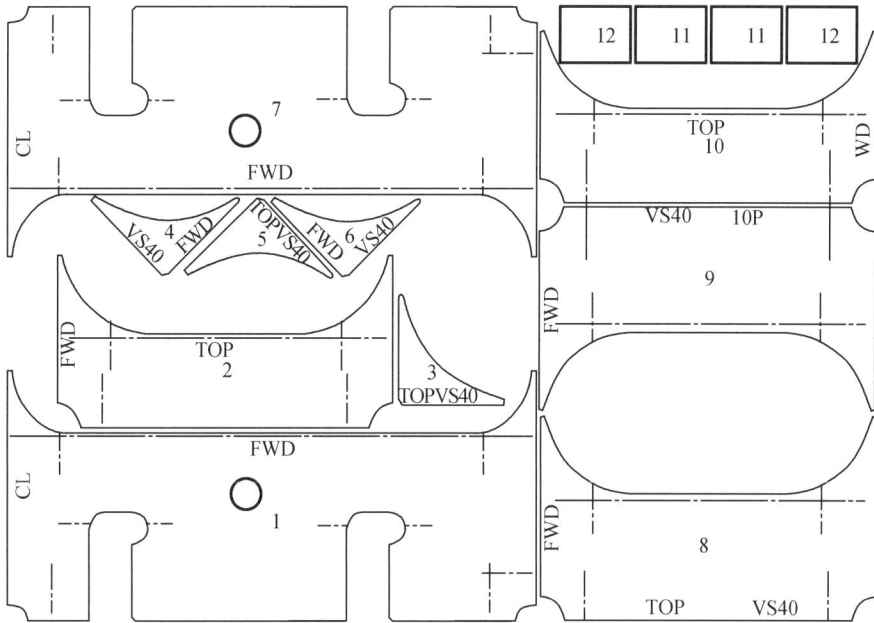

图 2 – 73　船体零件切割图

　　零件抵达部件装焊作业区,进行部件装焊作业,船体部件按照成组技术进行分类,由装焊工人在装焊平台上进行,通过对船体零部件车间现场调研,按照形状、结构大小及复杂度归纳出三类常见的船体部件列于表 2 – 10 中,梳理各类部件装焊工艺。

表 2 – 10　船体部件常见结构形式

名称	常见形状结构
肋板	
纵桁拼板	
小组部件 (框架、舱壁)	

船体零部件车间中各作业阶段通过零件物流关联起来,如图 2 – 74 所示,上下道生产相互影响。

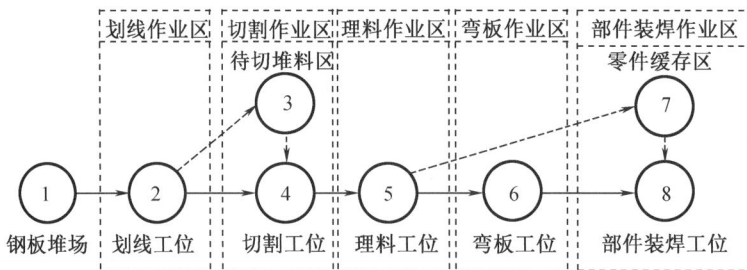

图 2 – 74　船体零部件车间物料流动

当上下道生产协调时,多数零件会沿主流程方向流动(图 2 – 74 中实线箭头所指方向),物流投入较少。但是因为零件加工配套阶段多使用自动化设备生产,效率较高;而部件装焊多为手工作业,受到装焊工序约束、人力资源约束、场地资源约束,效率较低。部件装焊缺少有效的调度手段,使其成为制约船体零部件制造车间作业效率提升的瓶颈。上下道之间生产不协调是常态,暂时未有需求的零件提前切割送至部件装焊会有两种可能:一是将零件送至零件缓存区堆放,待满足装焊条件后运回部件装焊工位进行装焊;二是对暂未有需求的部件提前进行装焊,占用装焊人力资源与场地资源。需求紧迫的零件无论是否满足供应,因生产资源被占用,都无法及时开工,造成存在任务先序约束的装焊任务无法开始,后道任务装焊资源空闲等待。两种可能都会导致船体零部件车间的作业效率的下降。

2.4.1.2　船体零部件车间工艺数据建模

基于船体零部件车间作业流程模型的分析可以得出:每个作业任务(活动)总会涉及工人、设备、物料、工艺及时间五个要素,对于船体零部件作业而言,作业场地(空间要素)具有特殊性,可以将空间要素归入设备要素,如图 2 – 75 所示。

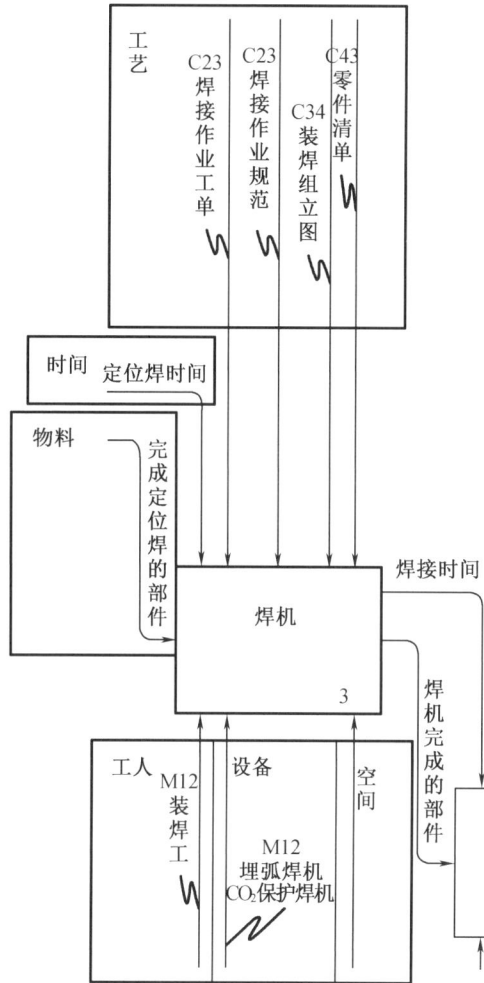

图 2－75 基于船体零部件车间作业流程抽取工艺要素

可以将完成一个船体零部件车间作业任务分解为三个步骤：①生产准备，检查待开始作业任务所涉及工艺要素的齐备性；②处理作业任务，作业工人使用作业任务中规定的工装设备，参考工艺规范对指定物料进行加工处理；③物料转运，接收到达本工位的物料或发送本工位已加工完成的物料。

综上所述，基于面向对象的思想，梳理船体零部件车间作业过程的工艺数据，从船体零部件车间作业流程出发抽取作业过程的工艺要素实例，基于实例抽象出工艺要素类别，按照作业任务执行过程组织起工艺要素，形成船体零部件车间工艺数据模模型。

2.4.2 船体零部件车间作业协同调度

通过对船体零部件车间流程分析得出部件装焊阶段是船体零部件车间效率提升的瓶颈，现有部件装焊阶段缺少科学的调度方法，装焊计划仅根据船体分段车间生产需求确定交付日期，按经验规定一个分段下所有部件的统一开工时间与完成时间(图2－76)，计划颗粒度大,没有给出部件在场地内的布置方式,导致人力资源与场地资源无法合理利用,部件装焊作业效率无法进一步提高,因此需要分析部件装焊作业调度。

部件组立作业区（1）跨11月计划																
工程号	分段号	分段数量	结构吨位	部件工时	部件周期	部件计划日期		部件实际日期		曲T开工	曲T完工	型钢	切割状态				组立部件需求
						开工	完工	开工	完工				门切	切割跨间	数切	坡口	
H1471	225/235	2	0			10月26日	11月1日										11月13日
H1471	727/737	2	0			10月27日	11月2日										11月13日
A1020	383/393	2	0			10月29日	11月4日										11月14日
H1471	328/338	2	0			10月31日	11月6日										11月15日
A1020	312	1	0			11月2日	11月8日										11月22日

图 2-76   船体零部件车间部件装焊作业计划

部件装焊与零件加工配套生产节拍不协调是船体零部件车间作业效率不高的又一个原因,需要以部件装焊作业调度方案为基础进行调整,以提高整个船体零部件车间的作业效率。

2.4.2.1   船体零部件车间拉动式生产方案

为了协调船体零部件车间各个作业过程计划与节拍,进行船体零部件车间拉动式生产方案设计,如图 2-77 所示,根据部件需求计划与船体零部车间工艺数据,调用部件装焊作业调度算法,部件装焊调度将产生三个方面的信息用于指导装焊作业:①作业的任务序列;②任务工人配置;③任务场地分配。其中①任务序列包含了零件的需求时间,可以用于生成零件需求计划,考虑到通过船体零部件物联网采集的物流信息,进而可以形成零件物流计划。借助船体零部件车间作业协同管控系统将零件需求计划物流计划沿图 2-77 中信息流方向推送,在划线、切割、理料、弯板工位形成本工位的零件加工计划与配送计划,实现船体零部件车间协调生产。综上所述,部件装焊作业调度是船体零部件车间协同调度的关键。

2.4.2.2   问题描述与条件假设

部件装焊作业时,部件会按照结构大小、形状归类,由多工种工人配合在焊接平台上进行装焊。常见的部件结构之间存在装配关系,小组部件由纵桁与肋板两类部件组成,船体零部件车间的最终产品为小组部件。

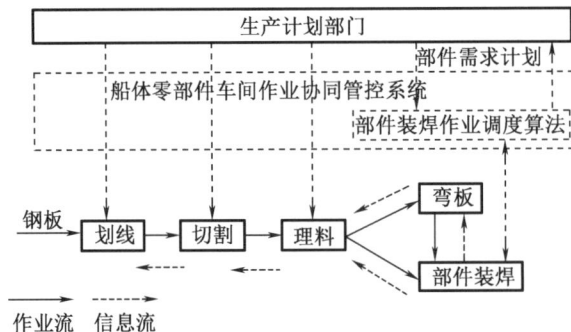

图 2-77   船体零部件车间拉动式生产方案

部件装焊过程工序之间存在严格的先后关系与零件装配数量关系,可以将这种关系抽象为如图2-78所示的部件装焊任务先序图。图2-78表示2件肋板与1件纵桁装焊成1件小组部件,将装焊一个小组部件视为一个工单,每个部件(单个肋板或纵桁)的装焊视为一个任务组,该部件的每道装焊工序视为一个任务,节点(1.1)表示任务组1中的任务1,其中(0.0)与(-1.-1)为虚拟任务,作业时间为0,不占用资源。

任务组内的任务存在先后约束,视具体的工单而定,任务组之间也存在先后约束与装配数量约束,如图2-79中任务组1,2与任务组4之间,任务组3与任务组4之间;一个任务完成后释放该任务占用的工人资源,开始一个任务组时需要申请场地资源;存在装配数量约束的两任务组之间,释放前序任务组的场地资源的条件是后续任务组中包含装配数量约束的任务可以开始作业,例如若图中任务(4.3)可以开始作业,则释放任务组1与任务组2占用的场地资源,同理如果任务(4.1)可以开始作业则释放任务组3占用的场地资源。

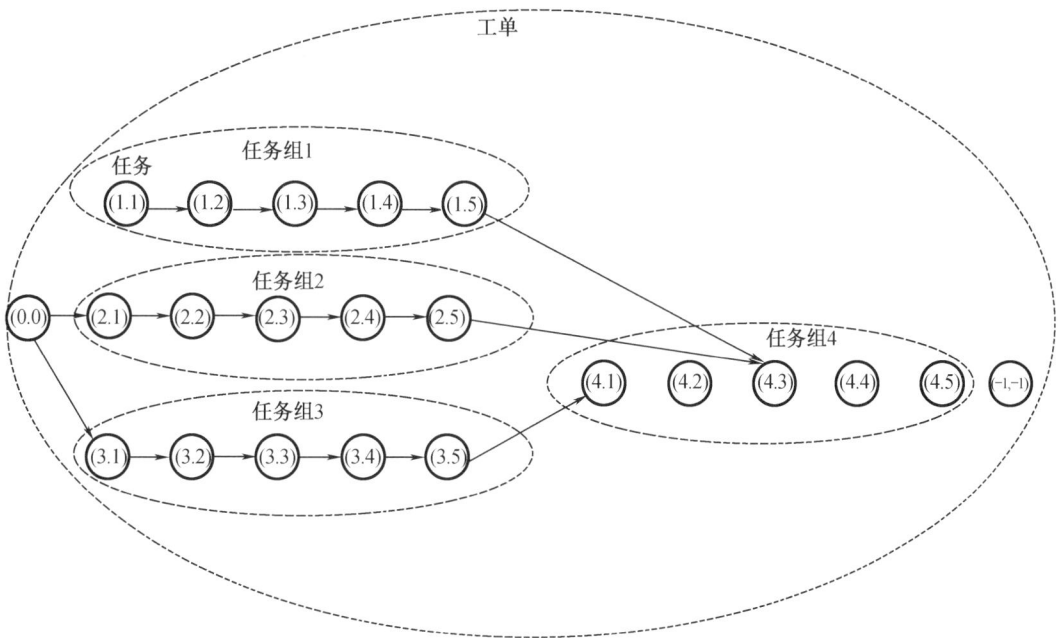

图2-78　典型部件装焊任务先序图

部件装焊作业各项任务需要装焊工、打磨工2个工种的工人配合完成,其中装焊工为主体工种,各工种工人有数量的限制。

部件装焊需要在焊接平台上进行,焊接平台分为肋板装焊区与纵桁、小组部件装焊区,如图2-79所示。焊接平台有作业面积的限制,每个部件进行装焊时需要占用焊接平台的面积,占用面积的大小抽象为部件主板包络凸多边形的面积,如图2-80所示。

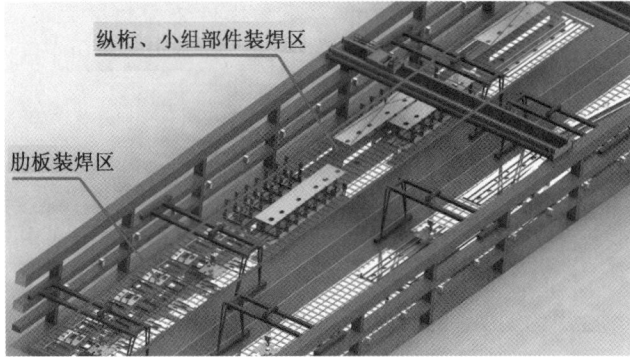

图 2 - 79　装焊作业区划分

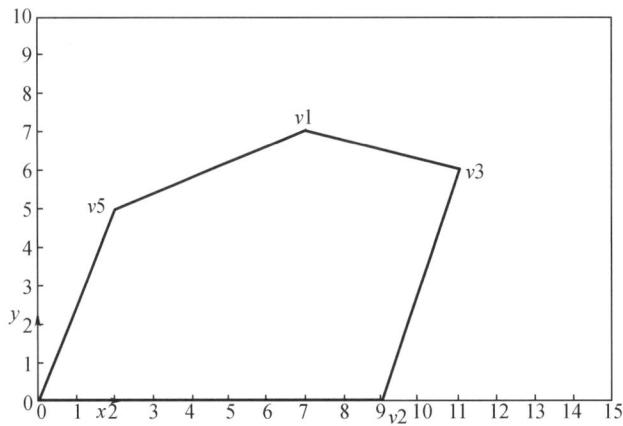

图 2 - 80　部件的形状表示

对于部件装焊作业作出如下假设：

（1）场地资源与任务组之间存在对应关系，指定的场地只能进行特定任务组作业。

（2）装焊平台抽象为二维空间矩形，以装焊平台左下角为顶点建立右手坐标系，结合部件坐标系描述部件在场地中的位姿。

（3）部件形状以其主板形状代替，抽象为凸多边形，以凸多边形左下顶点建立部件坐标系，描述凸多边形的形状。

（4）物料供应充足，不存在需要等待零件到位的情况。

2.4.2.3　基于遗传算法的部件装焊作业调度

具体算法流程、生成初始种群的流程、染色体解码流程分别如图 2 - 81、图 2 - 82、图 2 - 83所示。

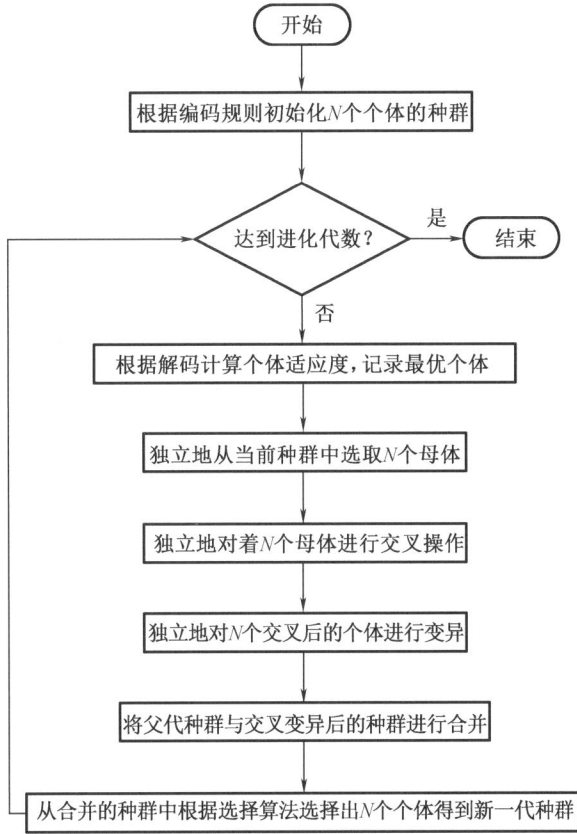

图2-81 算法总体流程

2.4.2.4 船舶装焊过程数据协同要求

(1)优化设计工具,提升工艺数据建模的完整性

利用设计工具自身的功能并辅助二次开发程序,实现船体相关专业设计、工艺数据的全面建模,从而解决多软件、多数据库间的数据协同问题。

以焊接设计为例,通过开发焊接辅助设计程序,实现对焊脚高度、焊接姿态和焊接类型的定义,并根据一定的业务规则,快速统计焊材物量并预估焊接工时。最终将该设计结果保存在扩展数据库中。该扩展数据库起到的作用与设计软件自身的数据库作用相同,但仅保存设计软件数据库中未定义的属性。同时,利用企业数据库,仅保存设计软件无法定义的属性,保证这部分属性的唯一性。此外,辅助设计软件的入口依然在设计软件端,设计人员无须在多个软件端频繁切换,辅助设计软件依赖的数据也都实时从设计软件端读取,自然地解决数据协同的问题。

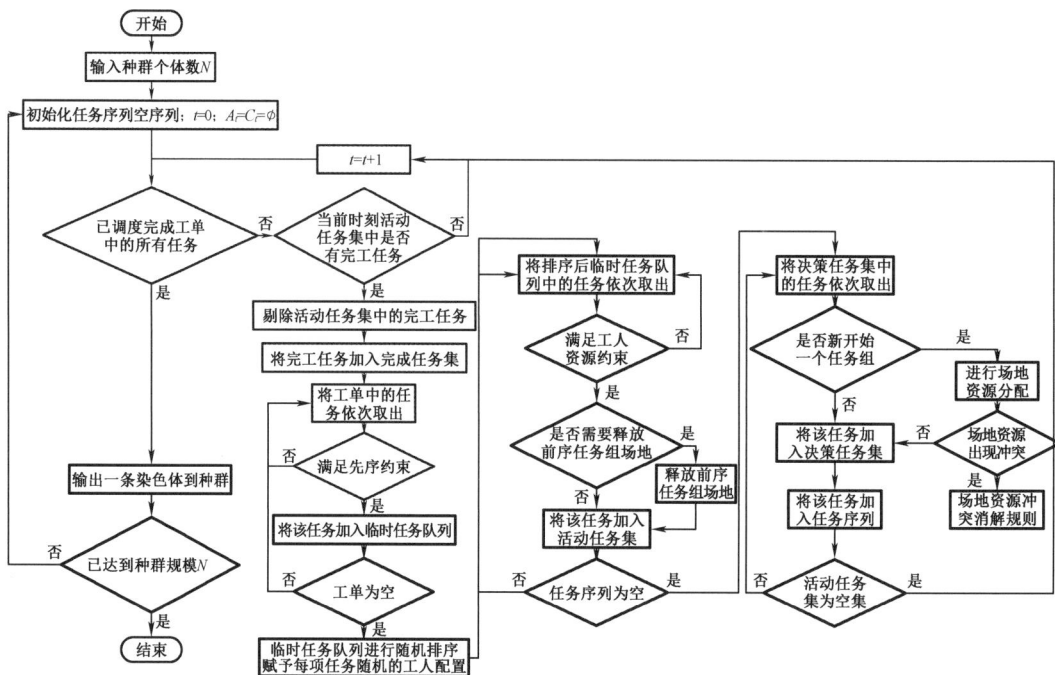

图2−82　生成初始种群的流程

（2）梳理业务对象，形成设计端统一数据源

与焊接数据和涂装数据不同，船体结构的大部分属性已在设计软件端进行管理，仅有一小部分属性无法管理。对于这部分属性，可通过外部数据库进行扩展。从设计软件端的信息定义入口，对这部分数据进行定义。同时，结合文本加密和数据库加密等技术，避免设计人员直接更改相关属性。由此，保证单一设计数据仅在一处定义和存储，这样既可减少设计人员更新属性时的重复操作次数，减少数据间的协同，又可避免因数据多源而产生冲突，保证数据的准确性和一致性。

（3）设计数据校验，管理设计数据的准确性

为保证数据的准确性，在设计工作结束之后，需对设计结果进行必要的检查和审核，只有校验通过的数据才能下发至企业级数据库。设计人员还需校验建模零件和下料零件的工艺信息是否相同、建模零件是否有对应的下料零件和下料零件是否有对应的建模零件等。

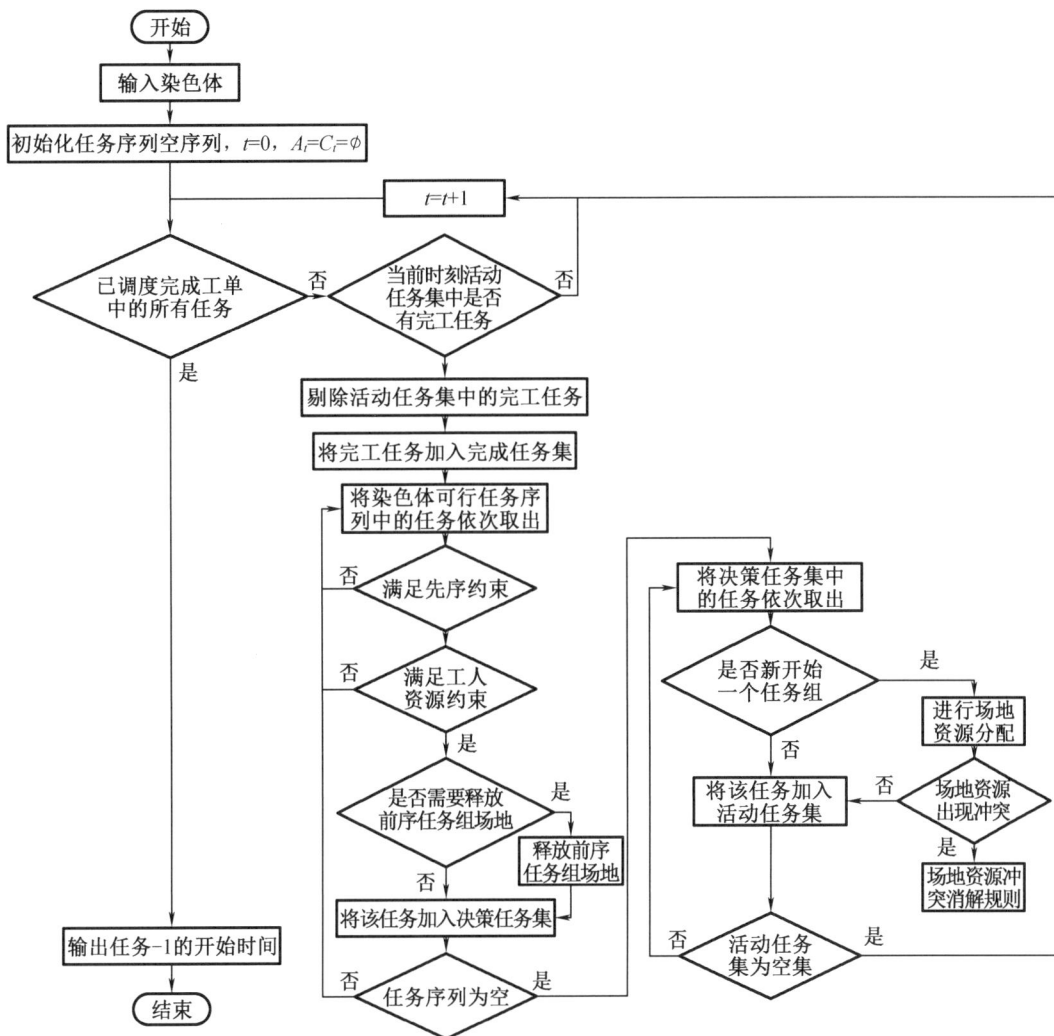

图 2 - 83 染色体解码流程

2.4.3 船舶建造中间产品与制造系统的现场数据协同技术应用分析及展望

根据前述数学模型与算法流程编写求解程序,进行任务调度,其中种群大小设为 60 h,迭代 100 次,产生的最优调度序列如图 2 - 84(a)所示,求得完工时间为 96 h,比现场实际作业时间 116 h 缩短了 20 h(约 17%),实际作业调度序列如图 2 - 84(b)所示。

对比图 2 - 85 中的场地占用率曲线,可以发现:算法可以提高场地资源的利用率,缩短场地资源的更新周期,从而缩短整个装焊作业的完工时间,场地占用时间是指场地占用率从 0 升高再降到 0 的时间,平均占用率是指在占用率曲线围成的面积与占用时间的比值,可以衡量场地使用的效率。

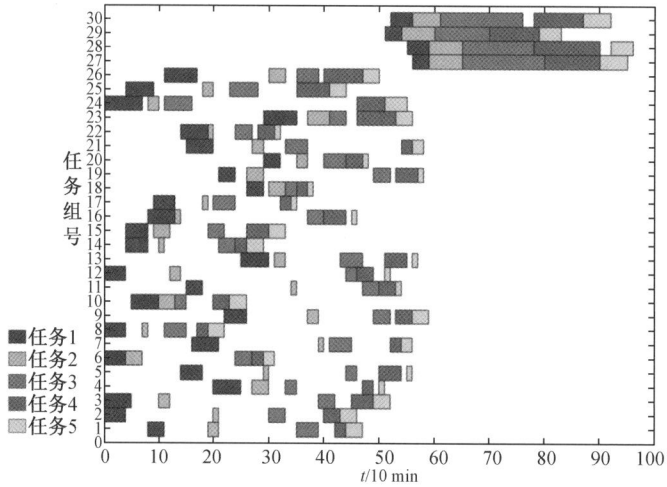

(a)算法产生的任务调度甘特图

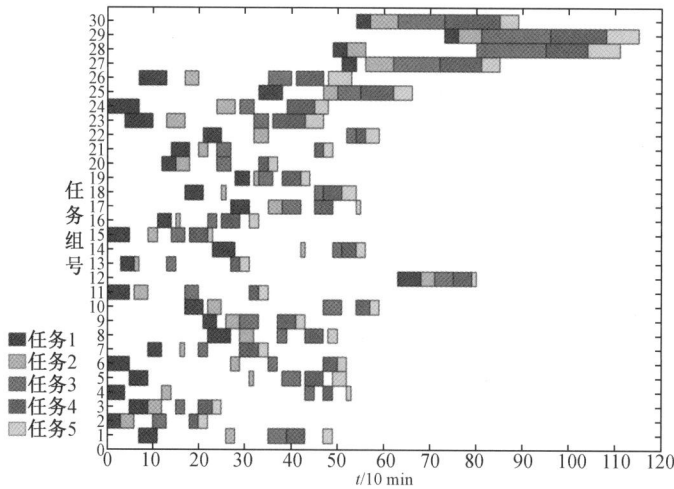

(b)实际作业中任务调度甘特图

图 2-84　任务调度甘特图

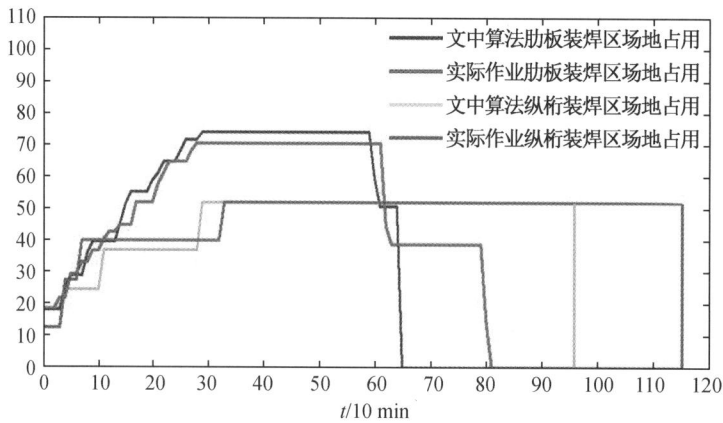

图 2-85　场地占用率曲线

本小节提出了中间产品与制造系统的现场协同管控共性技术，在制造生产过程中，采用上述研究方法，能够有效提高场地资源的利用率，缩短场地资源的更新周期，从而缩短整个装焊作业的完工时间，得出肋板装焊区域中活动任务组正在进行作业的任务、相应的工人配置以及场地配置。其中工人配置以"装焊工人数，打磨工人数"形式给出。该技术为整个系统瓶颈解决提供了思路和方法，发现生产过程中的瓶颈环节并对优化方案进行仿真验证，为企业管理人员改善生产系统的效率提供了数据支持，可以得出场地内已布置的部件由于工人资源的限制并不是都在进行作业，并行作业的任务数量受工人、场地资源的限制，这会对装焊完工时间产生影响。

2.5　工艺执行结果的多源数据集成技术

2.5.1　工艺执行结果多源数据的融合

2.5.1.1　制造现场工艺执行多源数据的管理

依据船舶中间产品质量数据和下一步制造的需求数据的标准和规范，在多源异构数据识别、关联集成的基础上，以分段、组立、零件为对象，对中间产品现场制造状态数据、偏离评价指标数据和工艺过程数据等多源数据，进行特征提取、重叠删减和集成融合，对船舶制造执行结果信息的提取与重构，建立各阶段产品制造工艺执行数据的协同集成系统，实现船舶中间产品、分段制造、检验等阶段的质量与可靠性数据的统一管理。

以产品设计数据、过程工艺数据、现场检测数据、关键特性相关数据为类别设计制造工艺执行数据包，以统一建模语言 UML 和可扩展标记语言 XML 为工具，完成船舶产品生产过程的工艺执行信息的采集汇总和产品制造偏离信息的汇总；建立数据包内和数据包之间数据的约束与关联关系，设计多重分类，如工序顺序、产品结构树，对其进行特征提取、重叠删减和集成融合，实现对船舶制造信息的多维度的提取与组织。制造现场工艺执行的多源数据融合和管理流程如图 2－87 所示。

2.5.1.2　基于 MBOM 的工艺执行数据关联关系分析

采用关联性分析、模式映射、频段耦合等方法手段，探究中间产品数据与工艺执行数据之间、工艺执行数据与工艺规划数据之间、工艺执行数据与设计模型数据之间的关联关系；通过分析各类信息之间的匹配与关联，以 MBOM 为数据组织结构，建立船舶小组立、中组立、分段等中间产品完整、有机、相互关联的工艺执行数据集；为实现中间产品和制造现场数据对工艺设计的闭环反馈提供数据基础，为下阶段的制造提供中间产品状态的数据输入，从而提高工艺执行质量的稳定性。

2.5.1.3　K－Means 聚类方法的性能分析

为了分析聚类方法的性能，将聚类中心设为 3 个，分别运用 3 种方法进行聚类分析。

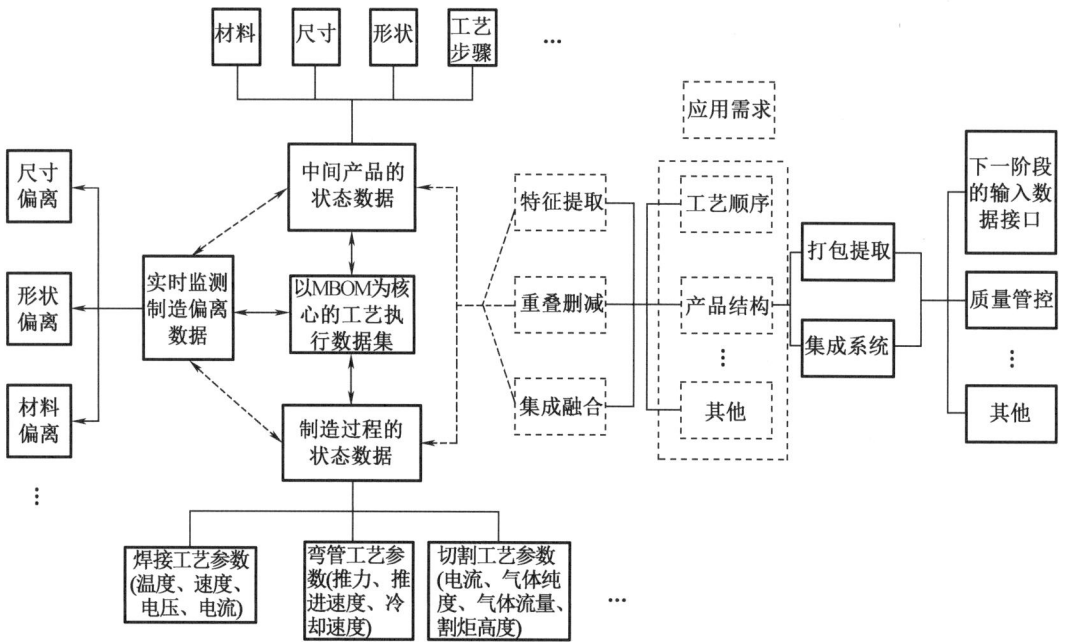

图2-86　制造现场工艺执行的多源数据融合和管理流程

（1）聚类稳定性

短片段的速度特征是描述片段的重要参数，每个类的速度分布也能较直接地反应聚类效果。为了描述聚类稳定性，计算相关变量，比较聚类中心偏差值ε，ε越小，稳定性越高。计算公式为

$$\varepsilon = \dfrac{\sum\limits_{j=1}^{K}\sum\limits_{i=1}^{N}\sqrt{\dfrac{(n_{ij}-\overline{n})^2}{N}}}{3}$$

式中，K为聚类中心数量；N为试验次数；n_{ij}为第i次试验，第j类聚类中心坐标；$\overline{n}$为N次试验的平均值。

（2）样本适应性

轮廓系数（silhouette coefficient）是描述轮廓团聚性的变量。对于单个样本，计算公式为

$$S = \dfrac{|b-a|}{\max(a,b)}$$

式中，a为其与同类别中其他样本的平均距离；b为其与距离最近的不同类别中样本的平均距离。

对于一个样本集合，轮廓系数是所有样本轮廓系数的平均值。轮廓系数取值范围是$[0,1]$，同类别样本距离越相近且不同类别样本距离越远，即数值越大，团聚性越高。

（3）紧密性与分离性指标

为了量化描述聚类效果以及聚类的稳定性，采用紧密性（compactness，CP）与分离性（separation，SP）指标。前者描述各点到聚类中心的平均距离，越小说明同一类紧密度越高，

效果越好;后者描述各聚类中心两两之间的平均距离,越大说明不同类间隔性越高,效果越好。

（4）K – Means 聚类改进

K 均值聚类对初始值较敏感,结果发生突变的主要原因是初始聚类中心选到了数据集中的边缘点或者孤立点。针对这一问题,对数据集进行统计学分析。

在数据空间中,通常认为处于低密度区域的点为噪声点。每个维度都采用置信度90%区间范围计算的联合分布概率为 75.98% ,点平均密度增加为原来的 15 万倍,即舍弃了原空间中的边缘点与孤立点。采用置信度90%区间作为 K 均值聚类初始聚类中心的选择区间,改进前、后聚类中心偏差减小,轮廓系数增加,CP 和 SP 指标方差减小,稳定性提高显著,且计算效率相近。

2.5.1.4　基于 K – Means 聚类方法数据处理

利用数据聚类算法 K – Means 对测量来的海量工艺结果数据聚类处理为多个簇,计算各个簇的中心,并将其作为该簇数据的代表信息,该步骤实现了对数据的预处理;然后求取各个簇中心的 BPA 作为各个簇的代表证据体;最后,利用证据理论对各个簇代表证据体基本概率赋值（BPA）进行组合,完成数据的融合。算法的主要实现步骤如下。

（1）根据采集数据和融合目标的特点,确定数据的所有属性 A_i。例如,若某次实验利用加速度传感器和位移传感采集的是两种数据类型,则认为是两个属性 A_1 和 A_2。

（2）根据实际问题,确定系统辨识框架

$$\theta = \{\theta_1, \theta_2, \cdots, \theta_r\}$$

（3）根据所采集数据的规模和数据类型特点,选择聚类算法 K – Means 的聚类数目 k 和最大迭代次数。

（4）通过 K – Means 聚类算法,将数据进行聚类处理得到 k 个簇 C_i, $1 < i < k$。

（5）求取 k 个簇的代表信息,可用聚类中心 Q_i, $l < i < k$ 来表示。

（6）求取各个簇中心的 BPA,即证据 m_i。若数据有多个属性,应先对各个属性 A_i 的 BPA 进行求取,并利用组合公式对各个属性产生的 BPA 进行融合,得到各个簇的 BPA;若数据只有一个属性,可直接求取各个簇中心的 BPA。

（7）对各个簇中心的证据支持度进行加权处理。因为证据理论认为越多的证据体支持某个对象,则该对象获取的信任度就会越高,故应对各个簇中心所获得证据进行加权处理。

$$\mu_i = \frac{\text{第 } i \text{ 个簇的数据量}}{\text{总数据量}}$$

（8）由（6）（7）得到每个簇对目标的证据体 μ_i 后,用证据理论组合公式对其进行融合,得到最终融合结果。

2.5.2 工艺执行结果多源数据的协同和集成

2.5.2.1 基于模型的制造偏离数据的协同和集成

采用 MBD 技术后,三维数据模型成为工艺和制造的唯一数据依据。直接从三维设计模型提取相关检验要求信息,结合中间产品和制造现场所获取的状态检验检测数据,运用多种数据集成和分析方法,面对各类检验检测需求,形成全面的船舶小组立、中组立、分段等中间产品制造偏离数据集,开发基于 MBD 模型的船舶制造偏离检测工具,支持对多源制造偏离数据的预判,形成制造偏离数据与三维设计模型的闭环反馈,实现基于模型的制造偏离数据的协同和集成。

2.5.2.2 制造现场关联数据包的重构和管理

针对制造工艺执行结果数据不同的需求应用,以设计船舶产品制造现场工艺执行数据包为基础,以不同维度,对其进行特征提取、重叠删减和集成融合,实现对船舶制造信息的提取与重构,建立指向需求的相互关联的船舶中间产品及制造现场数据包。对其有序关联信息进行打包提取,形成脱离数据包系统的单独模块,既可脱离系统按照应用分类逐级展开,查看制造执行相关信息;也可还原至整体系统中,实现系统的汇总、统计等功能,为下一步智能制造和管控提供准确的数据基础。

2.5.3 船舶制造工艺执行结果的多源数据集成技术应用分析及展望

本小节涉及到的两项关键技术如下。

(1)基于模型的制造现场检验数据集成技术

基于制造质量数据的标准和规范,结合三维设计模型提取相关特征检验要求信息,中间产品和制造现场所采集的检验检测数据,采用统一建模语言(unified modeling language,UML)和可扩展标记语言(extensible markup language,XML),围绕中心产品建立工艺设计和基于制造现场状态的工艺执行数据集,完成中间产品的状态数据、实时监测制造偏离数据、制造过程的加工数据的建模。

(2)基于 MBPM 的数据关联关系分析技术

通过搭建中间产品数据与工艺执行数据之间、工艺执行数据与工艺规划数据之间、工艺执行数据与设计模型数据之间的关联关系,解析出船舶小组立、中组立、分段等中间产品完整、有机、相互关联的工艺执行数据集,完成数据相互关联的关系分析。

根据以中心产品为核心建立的制造现场工艺数据集,建立数据间的约束与关联关系,以 MBPM 为基础建立完整的、相互关联的船舶中间产品及制造现场数据集,并对其进行特征提取、重叠删减和集成融合,实现了对船舶制造信息的提取与重构。针对船舶智能制造中的典型环节和过程的应用需求,开发数据快速提取和集成应用工具,为下一步工艺准备预留接口,实现船舶中间产品制造现场工艺执行在数据层面的集成和协同应用。

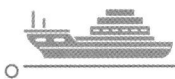

2.6　本　章　小　结

本章首先通过明确船舶制造单元数据来源,应用数据协同分析技术,构建了船舶建造信息融合体系结构,减少了船舶制造过程中数据来源不明确、浪费现象严重的情况,为基于数据驱动的在线诊断系统打下基础。对切割机喷嘴电流监控报警系统开展综合分析,制定切割机喷嘴损坏更换标准,提高切割精度。系统可对焊接、表面预处理过程进行数据监测,实现数据的集成应用,同时对船舶最终对接进行数据集成,保证船舶的高效对接。

接下来,根据对接船段系统的功能模块组成,搭建相应的实验平台。结合船段对接的具体需求,列举了船段对接系统的硬件设计、测量仪器选型以及模块之间的连接和通信方式,详细展示了船段模型具体参数、船台小车集群具体参数以及工控机和上位机的具体参数。利用船段对接实验平台对系统的功能模块进行了全站仪和上位机的通信实验、上位机和工控机之间的通信实验以及船段调姿的控制实验等实验验证和分析。

(1)全站仪和上位机的通信实验主要验证了全站仪的数据顺利地传递到上位机中,并以具体的对接动作进行了测试。

(2)上位机和工控机的通信主要是验证上位机中的数据能顺利写入到工控机中,并且能够正确地驱使船台小车集群控制船段进行指定的位姿调整动作。

(3)船段调姿的控制实验主要验证了控制指令和船段实际位姿调整的实际效果,包含两个部分:一是分别发出三个平移的控制指令,然后利用全站仪测量得到特征点的数据,计算并且证实了船段按照指令进行平移;二是验证船段的实际调姿效果,达到了预期的精度要求。

同时,基于遗传算法,将制造系统技术应用到中间产品离散生产系统中,提出系统优化的思路,并对中间产品生产系统进行建模及优化,从而实现对整个中间产品离散生产系统的优化。

最终,通过对制造现场工艺执行多源数据进行特征提取、重叠删减和集成融合,以MBPM为数据组织结构,分析工艺执行数据的关联关系,采用聚类的方法进行数据融合,协同并集成基于模型的制造偏离数据,将制造现场关联数据包进行重构,实现了工艺执行结果的多源数据集成,大大提高了船舶生产效率。

参 考 文 献

[1] 马岩.大型船舶平面分段车间智能化研究[D].哈尔滨:哈尔滨工程大学,2017.

[2] 刘畅.数字化车间分段小组立流水线均衡生产研究[D].大连:大连理工大学,2018.

[3] NIP K M, WANG Z B, NOBIBON F T, et al. A combination of flow shop scheduling and the shortest path problem[J]. Journal of Combinatorial Optimization,2015,29(1):36-52.

[4] 谢志强,张晓欢,高一龙,等.考虑串行工序紧密度的择时综合调度算法[J].机械工程学报,2018,54(06):191-202.

[5] CAPUTO, GABRIELLA. Optimization of production plan through simulation techniques [J]. WSEAS Transactions on Information Science and Application. 2009(6):352-3621.

[6] 黄华.基于Petri网的造船企业跨车间作业建模与优化调度[D].哈尔滨:哈尔滨工业大学,2012.

[7] 王长武.船体平面分段生产线生产节拍研究[D].镇江:江苏科技大学,2017.

[8] 曹大鹏.基于虚拟流水线的船舶分段建造调度问题研究[D].镇江:江苏科技大学,2011.

[9] 罗岱.基于车间单元的船舶生产系统建模与仿真[D].上海:上海交通大学,2011.

[10] 姚竞争.数字化造船一体化数据平台关键技术研究[D].哈尔滨:哈尔滨工程大学,2011.

[11] 俞力生.船舶制造平面分段流水线优化设计研究与实践[D].上海:上海交通大学,2007.

[12] 罗来友.工时物量分析在平面分段流水线中的应用[J].广东造船,2011(1):66-68.

[13] 梅先志,姚飚,马晓平,等.薄板平面分段流水线多工位协同的计划管控[J].造船技术,2018(6):77-82.

[14] 于晓义,孙树栋,褚崴.基于并行协同进化遗传算法的多协作车间计划调度[J].计算机集成制造系统,2008(05):991-1000.

[15] 郑俊丽.船舶分段制造车间的模块空间调度模型及算法[D].上海:上海交通大学,2011.

[16] 高博彧.面向船体分段车间的生产调度与仿真技术研究[D].哈尔滨:哈尔滨工程大学,2017.

[17] 陈宁,王真,杨浩,等.仿真技术在船舶分段建造计划中的应用研究[J].船舶工程,2014,36(1):96-99.

[18] 韩丽敏,周泓,冯允成.解流水车间作业排序问题的一种禁止搜索算法[J].航空计算技术,1999(1):45-50.